Histoires Orientales
en III Parties
1ere Partie De la

Republique

Des Turcs

par

G. Postel Cosmopolite

A Poitiers
De l'Imprimerie d'Enguilbert
de Marnef 1560.

Histoire Orientale

an III Portier

Prelude De la

Acoustique

Des Turcs

par

G. Portier

Le Portier

De Mars 1860

HISTOIRE

ET CONSIDERATION DE

L'ORIGINE, LOY, ET COVSTV-
me des Tartares, Persiens, Arabes, Turcs, &
tous autres Ismaelites ou Muhamediques,
dits par nous Mahometains, ou Sarrazins.

A POITIERS,

De l'Imprimerie d'Enguilbert de Marnef.

M. D. LX.

Auec Priuilege du Roy.

Au Roydauphin.

EV S qui par leur ſapience ont gagné, entre les autres mortels authorité, peu moins que diuine, nous
ont laiſſé par eſcrit, Syre, qu'alors vrayement l'eſtat de ce monde ſera heureus, Quant il ſera commandé ou par
Prince en vraye ſapience fondé & excellent, ou qui deſire & fait
ſon effort de tant la pouuoir acquerir, que ſelon icelle puiſſe ſon
peuple regir. Laquelle authorité, encores que de Socrates ne de
Platon n'euſt eſté proferée, eſt tant conforme a la raiſon, qu'il faut
neceſſairement qu'elle ſoit tenue pour Diuine, & non pour Humaine ſeulement. D'autant que puis qu'il eſt du tout impoſſible
qu'homme du monde, en choſe ſi facile & baſſe ſoit elle, puiſſe aucunement vſer de ſa puiſſance, s'il n'a Sçauoir, ou Sapience &
Beneuolence, ou affeçtion eſgale a icelle : combien deuons nous
penſer qu'il eſt plus impoſſible de regir vn peuple equitablement
(qui eſt la choſe, comme la plus noble, auſſi la plus difficile du
monde) ſans auoir la Sapience, Sçauoir ou Prudence, & la Beneuolence, non ſeulement eſgalle, mais s'il eſtoit poſſible beaucoup
ſuperieure a telle Puiſſance. Et tant eſt vraye laditte authorité, qu'il eſt impoſſible que Dieu le createur meſme, aye voulu
créer, ou iuſques icy gouuerner le monde, ſi a ſa Puiſſance infinie
ſln'euſt eu Sapience infinie, & Beneuolence infinie pour indiuiſible
compagnie, en vne ſeule Eſſence ou nature Diuine. Eſtant donc
reſolu que la Sapience vniuerſellement, en toutes les bonnes &
ordönées açtions tant Diuines comme Humaines, eſt le moyen par
equel deuement gardé, toutes choſes viēnent a perfeçtion: & ſans
lequel moyen bien & deuement gardé, toutes choſes vont en ruine
& confuſion, il faut iuger que c'eſt la choſe la plus Honnorable,
Plaiſante, Vtile & Neceſſaire du monde, a quelconque perſonne
que ce ſoit, & principalemēt aus Princes & gens qui pour autruy
ont a reſpondre, d'auoir ou de s'efforcer d'acquerir parfaittement
cette ſapience. Pour autant donc, Syre, que vous eſtes n'ay ſoubs
celle felicité, que par voſtre Droit de primogeniture ou d'aiſneſſe,

deués commander au peuple, & le plus antique & le plus obedient
a son Prince qui soit au monde : Ie, combiē que sois fait de Gaulois,
Cosmopolite, ayant cure & soing esgualement de tout le Monde,
ne me pense pouuoir faire chose plus aggreable a Dieu, ne plus vtile
ou profitable a nous, comme futur Empereur de mon pais, que d'ayder en toutes les sortes que ie pourray, a vous rendre facile la sapience, de la connoissance & vray vsage de laquelle vous aués necessairement affaire, pour le gouuernement a vous destiné. Combien donc que le Treschrestien Roy Henry II. vostre pere, pour se
monstrer vrayement plus par vray amour & par esprit (s'il feust
possible) vostre pere que selon l'ordre ou condition du corps aus bōs
& mauuais commune, vous aye en la choisie & eslite de Mon-
sieur vostre instituteur M. Pierre Danés, monstré qu'il vous desi-
re estre le plus excellent en sapience, qui oncques fut au monde:
car il vous a recommandé au plus excellent homme, soit en vertu,
soit en sçauoir, qu'il aye peu trouuer en son siecle, autrement de
gents seulement lettrés trop abondant. Tellemēt que le Roy Henry
vostre pere, vous a plus donné en Danesius, que iadis ne fist Philip-
pe Macedon en Aristote a son filz Alexandre : neantmoins pource
que ledit Danesius mien præcepteur & amy, vous peut de toute
la sapience des choses par le passé escrites, soient aus autheurs
Grecs, soient aus autheurs Latins contenues, & soient aus
vulgaires langues comprises suffisamment enseigner, & parce
que l'experience des choses presentes souuent ayde ou esmeut plus,
que ne fait des anciennes, & pour autant que les Princes ne peuuent ainsi que personnes priuées aller voir en diuers regnes ladit
te experience, & vraye maistresse des choses certaines a eus plus
qu'a nul autre necessaires, i'ay reduit cet estat du Prince Turc,
& de sa Court, Empire & Reuenu, en la plus grande breueté,
facilité, & simplicité de parler & d'escrire que i'ay peu : a celle
fin que par cette experience de l'histoire Orientale (par moy con-
siderée au long, & souuent auant que l'auoir escritte) vous receués les fruicts de sapience qui s'ensuyuent : Premierement affin
que vous receués en ma diligence le tesmoignage d'vn de vos tres-
humbles seruiteurs, autant prest a vous seruir, & voir vne fois du

Diuin honneur general protecteur, & de tout ce monde Seigneur,
autant que iamais en tout le mõde bien affectioné a son Prince fut
seruiteur, sans excepter Zopyrus Persien. Secondement a celle fin
que voyant l'histoire, & l'image du plus grand estat & Prince de
l'Orient, puissés, ou en blasmant & fuyant ses vices, ou en loüãt et
imitant ses vertus (car les choses nouuelles, & qui sont encor'en
estre, mouuët plus que les passées) vous rendrés si digne & parfait,
que vrayement vous soyés iugé trésdigne de posseder les biens,
païs & estats desquels, ou par plus grand vice, ou par moindre vertu non seulement les Turcs, mais tous le Princes de ce monde, se
rendent indignes possesseurs. La tierce cause est, affin que vous deuement, & par le menu informé, puißiés non seulement comme
Treschrestien Prince, mais comme priué & particulier Capitaine ou Souldart, tirer & faire vtilité des choses de vostre plus
grand ennemy, quant a la religion, & de tout ce que congnoistrés
vtile auec vostre authorité rendre vos subgets & bien affecti-
onnés capables. Vray est que la premiere cause, qui est de l'honneur & amour Diuin & du vostre, est la principale auec la quarte, laquelle a cette heure diray, combien que bien a plain l'aye touchée en la cause de la premiere partie, ou consideration de cette
histoire. Il me semble que ce ne peut estre sans diuin motif, &
que Madame Margarite de bonne memoire Royne de Nauarre
vostre tante, ayant esté ça bas subget plus digne du Ciel que de la
Terre, & esprit plus haut que celluy des humains, & quelque autre bon Escriuain François en diuers lieux d'vn mesme accord vous
ayent accommodé a vostre Natiuité les Vers de la Sybille, escriuant le Siecle doré, iadis par Virgile des liures Sybillins tournés,
desirant ledit eage ou Siecle doré venir par vous en son estre, &
parce qu'il me semble que c'est le Diuin esprit qui les a meus a chanter cecy de vous, ie pense que vous (en vous ou en nostre dignité de
primogeniture, cela est certain) serés cestuylà, auquel vrayement
estant donnée la raisonnable & eternelle victoire des cœurs,
sera de besoing mettre enuers tous les peuples du monde les armes
de rayson & de force en auant, contre les rebelles a icelle raison.
Pour autant donc qu'on ne peut, venant a l'effet de la concorde du

monde (pour la paix vniuerselle, duquel ie me nomme Cosmopolite,
desirant le voir accordé, sous la Couronne de France) aucunement
parler par raison auec l'ennemy, sans connoistre tout son estat
comme luy, & que la plus grande puissance soit en Religion, soit en
Armes, qui onc fut, est l'Ismaelique, & qu'entre les Ismaelites
c'est la Turquesque, ie vous en donne ici la congnoissance. Ayant
donc donné au second de la concorde du monde (ainsi comme au
premier & au tiers) les moyens comment par raison Naturelle
nous monstrerons estre faus ce est qui contraire a la Religion Chrestienne, & principalement l'Alcoran ou loy Ismaelique, ce qui
appartient au Magistrat sacré & facultés Treschrestiennes plus
qu'aus autres, & demonstré aus raisons de la Monarchie cöment
le droit d'icelle Monarchie appartient aus Roys par les peuples
Gauloys esleus, ce qui est pour informer le Roy, Noblesse & Iustice, il ne me reste chose plus a propos que de vous monstrer par exa-
cte description, qu'elles forces a vostre plus apparent ennemy, affin
que les congnoissant, vous preparés a les debiliter. C'est donc ici le
sommaire de ma resolution. Estant de necessité que toutes opiniös
contraires a l'eternelle verité de l'Euangile, soient auec la raison
destruittes, & que laditte verité eternelle soit receüe par tout le
monde: affin que Dieu & celluy qu'il a enuoyé. IESVS CHRIST
soit non seulement creu, mais auec raison conneu. Et est neces-
sayre que le Prince du peuple qui a le premier & seul droit a la
Monarchie, soit cestuy là qui aydé de toute puissance, sapience,
& beneuolence humaine, procure en tout le monde que cette verité soit receue, & principalement entre ceus qui plus l'ont ignorée
ou impugnée. Autrement iamais ny aura paix au monde, pour laquelle toutesfois y mettre soubs l'aisné d'icelluy, Dieu créa tout
ledit Monde. Affin donc de rendre vrayement heureus & vostre peuple François, & apres luy tout le monde, Syre, efforcés vous
de vous enrichir de sapience, & principalement de celle qui est
par l'histoire acquise (car l'histoire est le miroir de la vie humaine) acelle fin que comme soubs la Couronne de France y a droit de
puissance a toutes celles du reste du monde superieure, il y aye aussi Sapience & Bonté a telle puissance esgale. Par laditte Sapien-

De la Republicque des

TVRCS: ET LA' OV L'OCCASION
s'offrera, des meurs et Loy de tous Mu-
humedistes en bref.

P OVRTANT que je voy quelques vns ja a-
uoir traitté cet argument, il me sembleroit superflu escriuant, ne pouuoir autre
chose faire que les imiter: pource que tous ceus qui
ont escrit, parlent seulement, & le plussouuent par
liures ou incongnus, ou aus aduersaires reprouués,
de choses odieuses,& de vices, sans aucune memoire
de vertu : ce qui en nul peuple vniuersellement, tant
Barbare soit il, ne peut estre. Parquoy il faut que le
docte escriuain,en l'ennemy,auec les vices escriue au
moins quelque vertu ou son image, affin d'exciter
tous mortels a prendre quelque fruict d'imitation:
aus ja vertueus, de perseuerer en vertu, jusques aus
meschants approuuée : aus vicieus donner cueur
pour le moins de les ensuïuir en vertu. Pour euiter
donc blasme, veus iceus surmontant, si je puis en
quelque endroit,apres bonne & diligente inquisition
non seulement de vices,parler:mais generalemét les
vices & vertus attaindre,pour deus raisons,qui a mon
jugement en tous bons traitteurs de cette & telle
matiere, se doiuent requerir. La premiere est,affin
que les aduersaires cognoissent nostre equité d'es-

crire,& que nous ne prenons les chofes comme juges affectés,mais a la verité,fans rien difsimuler : &
ainfi aïant de nous l'affeurance, par le moyen d'integrité (car a grand' pene parties fufpeçonnées, fans
moien de connue verité, font jamais bon accord)
nous jugent, eftre dignes d'auoir le pareil d'eus, en
referant de nous & noz meurs (defquelles entr'eus
ne jugent autrement que nous faifons d'eus) la mefme verité qu'ils cônoiftront enuers nous auoir lieu.
L'autre caufe, eft affin que toutes perfonnes auec la
delectation connue en l'hiftoire, qui eft la verité &
congnoiffance, trouuent, comme deffus ay dit,& terreur de vices,& perfeuerâce, auec imitation de vertu.
I'efcriray donc premier du mariage, communement
obferué entre tous Muhamediftes : pourtant que ce
fera l'occafiô de parler de la principale partie de cette
vie,& auffi pource qu'il eft commancement a l'en-
fant:duquel pour le paindre jufque a la mort, efcriray
enfuiuant la plus cômune & des riches vfitée nourriture,car par tout le monde cela eft vrai, POVVRE-
TE'ET NECESSITE'SONT SEVRS, dont l'une ne
l'autre n'a loy. Apres ces particulieres defcriptions,
nous dirons des chofes publiques : & pour le premier parlerons de la loy,& des ceremonies,& autres
chofes qu'ils ont entre Dieu & les hommes. Puis
s'enfuiura le droit des hommes auec les hommes d'-
vne diuerfe & mefme loy, afçauoir de Iuftice. Et en
apres l'origine tant des Turcs que d'autres de cette
loy, fuyuant la maifon du Prince, a fçauoir comme
il eft traitté chés luy,& a quoy il paffe fon temps,en

temps de Paix. Apres s'enfuyura la Guerre & les estats, & gouuernement du Roiaume. Au dernier lieu
parlerons du grand païs qu'auiourd'huy tient cette
loy, principalement ce qu'en a le Turc. Mais deuant
que rien commancer, je veus prier & supplier a tout
lecteur qui lira ce present liure, qu'il y vienne nud de
toutes affections, faignant comme vn homme neutre, de ne congnoistre personne des deus parties, en
proposant a luy mesme ce cas : a sçauoir s'il seroit e-
quitable de croire a quelque estranger, comme cela
soit certain & vulgaire qu'aucuns mesmes des Chre
stiens, viuent communement aussi mal, comme ils
ont bonne & parfaitte loy, raportant auoir esté mal
traitté d'aucuns de quelque contrée, qu'vniuersele-
ment tous fussent tels en tel païs. Il me semble qu'il
seroit fort inique Iuge, qui ainsi condamneroit le
tout pour partie : voiant encor' communement en ce
monde, que la pire est la plus grande, plus forte &
plus commune, & que le mal est de si trespres joint,
& quasi encouplé auec le bien, qu'a grand peine, sans
grande prerogatiue du souuerain bien, les plus par-
faits, par naturelle & bonne instruction, aidée de pareille inclination, en peuuent congnoistre la juste difference : & apres auoir pensé audit cas, alors life jusques a la fin, auant qu'assoir aucun jugement, lequel
je ne doubte receuoir d'vn chacu equitable Lecteur.

De la mode et cerimonies que les Turcs, et autres Muhamedistes, vsent à se marier: et qui se peut marier entr'eus.

Qui se peut ma-rier.

IL n'y a nul entr'eus qui soit exclus, s'il ne veut, de se marier & pouuoir espouser vne femme, telle qu'il luy plaist, soit Prestre, clerc, ou autre: sinon que communement les nommés Religieus ou Fous en sont exempts: non par aucune contrainte, mais volontairement: que s'il leur en venoit volonté comme aus autres, il n'est a personne deffendu: car il n'y a point là de lien aus choses que nature donne & oste seule. Reste que quant quelquun change ainsi estat, il en est moins prisé par le populaire, qui aime autant les choses exterieures comme cil de deça. Mais pource que du nombre des femmes il y en a grosse difference, non entr'eus, car par la loy il est arbitraire, mais entre les escriuains de deça: pour mõstrer laverité & oster d'erreur ceus qui sont en fausse opiniõ, premieremẽt je diray: la pluspart des escriuains dit que les populaires & riches peuuent espouser ou auoir douze Femmes, & tant d'esclaues ou captiues qu'ils veulent ou peuuẽt entretenir & nourrir: & les Princes, des Femmes septãte: des Serues tant qu'ils veulent: les autres quatre ou six Femmes: ce qui est en partie faus, pource que tous escriuẽt nombre certain pour incertain. Quant est du nombre de douze, ils l'ont prins d'un lieu mal entendu au liure des Traditions, là ou il ne dit pas qu'un homme assés empesché d'une, prenne douze Femmes.

Liure des tra-ditions.

mes.

mes:mais pourdefprifer les Femmes dit,que la douzaine ne vaut pas vn feul homme : ce qui rend merueilleufement fugettes lefdittes Femmes. Quant eft
au nombre des Efclaues & Femmes, Muhamed dit
en l'Alcoran, qu'on en achette & prenne tant qu'on
veut & peut nourrir,& que c'eft la poffeffió de l'hom
me achettée de fon argent,& qu'il en peut faire a fon
plaifir.Des autres nombres,comme de quatre,fix,dix
felon ce que chafcun en a vù a quelqu'vn, ou ouï dire
en quelque lieu,il en a efcrit nombre particulier pour
general:Cela eft vray qu'il y en a tel,felon le pouuoir,
qui peut auoir efpoufé en diuers lieux plufieurs femmes,ou fans efpoufer en tient diuerfes en diuers lieus:
principalement fi c'eft quelque marchant,qui ait traffique en diuers païs,ou quelque Capitaine abfent:
mais toutesfois cela eft le plus commun & general,
que chafcun en ait vne feulement efpoufée en vn lieu.
Et pource qu'il eft deffendu en leur loy, de toucher a
Femme qui eft groffe, depuis qu'on s'en apperçoit,
jufque atant qu'elle foit deliurée, de peur qu'elle ne
print double charge,& greuaft nature,il eft permis l'v-
fage des diuerfes Efclaues, foit qu'elles foient auec la
Femme,ou a part.Mais qui autrement,au fceu des parens de la premiere efpoufée, feroit connu en auoir
publiquemét en vne mefme maifon,ne luy feroit permis: ou pour le moins feroit reputé par les parens de
fa premiere, tel qu'en France les mauuais & adulteres Maris. Les Princes & fort riches gens, qui ont
raifon pour leur plaifir,pour l'accompagnement du
feigneur qui leur rend tout homme fuget, ne font

ſoubmis a cette loy, de diuers lieus. Dont les aucuns,
a la meſure de leur argent, achettent & donnent Femmes à leur plaiſir, car ils n'ont parens de par leur Fem
me, qui leur peuſt ou oſaſt contredire: pource que leſdittes Femmes ſont ou de plus pauures maiſons que
luy, ou par dons, ou par menaces, ou beauté ſien-
nes, ou qu'il les achette, dont de la multitude, encor'
qu'elle ſoit enſemble, reproche ne luy peut venir. Les
Princes ou gouuerneurs de Court ou de païs, en ont
quarante, cinquante, autant du plus que du moins,
toutes en vn enclos comme vn monaſtere, chaſcune a
ſa part & chambres gardées par Eunuques ou Gardecouches, ſi bien hors des dangers de malfaire, qu'il ne
les faut de rien douter. Iceus gardent ſur la vie qu'il
n'y ait homme du monde qui y voiſe, ou les regarde
ſeulement, fors le ſeigneur a qui elles ſont. Le Prince
Turc en a en diuers Parcs ou Serrails grandes multi-
tudes, & principalement en vn Serrail de Conſtantinople, qui eſt au meilleu de la ville, là ou a mon partir
y en auoit plus de trois cens, & ne demeure guere ce
nombre en equalité, qu'il ne croiſſe ou diminue.
Croiſſe pour les continuelles guerres qu'ils ont, là ou
toutes les plus belles dames du monde ſont portées
au Prince pour preſent : de la condition deſquelles je
diray apres, quãt je parleray de la nourriture tant des
Enfans que d'Eſclaues: Et diminuët, pource que depuis que le Prince ſans en auoir eu enfant les a con-
nues, & qu'elles ont aſſés aprins de broderie, & autres ouurages dignes d'vne Princeſſe ou grand dame,
on les donne en mariage a Eſclaues du Prince, quant

on le met en dignité & gouuerneurs de quelque païs
ou frontiere. Des Efclaues Chreftiennes (car Turcs
ne Perfes ne fe vendent point l'vn l'autre, comme
font les Mores) vous en trouués là a vendre comme
des moutons au marché, tous les jours:& les anciens
Turcs de la Natolie les fouloient acheter le temps
paffé, non feulement pour les conuertir à leur Loy &
en vfer, mais pour les marier auec Efclaues, pour leur
feruir de proletaires a faire des enfans pour leur patrõ.
Mais aujourd'huy, pourtant qu'ils n'ont que trop de
peuple, il ne les marient plus finon auec foy, & quant
elles font regniées. Voila de la multitude arbitraire
des femmes:combié qu'en vn lieu en l'Alcoran il dit,
D'en auoir trois ou quatre qu'il eft bon, qui plus n'en
veut. Maintenant il faut parler de la mode d'efpoufer.

Donc vn jeune homme, ou autre de quelque aage
foit cõnu par les mefmes moiens qu'on vfe ici:com-
me par voifiné, parenté, richeffe, vertu, bruit ou endi-
ãté, s'il eft de loing, & autres telles occafions a ce acou
ftumées, non de moindre aage que de x x ou x x v
ans, (les riches & ceus qui font de la maifon d'Otto-
man ne font fubiets a telles lois) apres auoir parlé a-
uec les parents d'elle, ou de par les fiens, ou de par les
autres, va voir vne fois la fille ou femme dont eft queftion, & regarder s'elle eft belle, forte, feine : comme
ils font en Italie, principallemét aus nobles dames de
Venize:car & en Italie & en Turquie, quant a garder
& regrder les femmes & jeunes filles, ont vne mefme
couftume, qui ne me femble trop mauuaife. C'eft
que communement elles ne parlent librement, oui

Marginalia (printed):

Efclaues Chre-
ftiennes.

En quelle ma-
niere fe voyét
ceus qui fe ma-
rient.

Cõme ils gar-
dent filles &
femmes en Ita-
lie & Turquie,
aus groffes
maifons.

conuerſent auec autre homme que leur Pere, Frere,
ou proche parent, deuant qu'a leur Mari, ou cil qui les
demande:& en leur jeuneſſe vont peu ou point al'E-
gliſe qu'on puiſſe voir, ſinon aus hautes feſtes, & ce la
face voilée, principalement ſi elles ſont de quelque
maiſon d'eſtat & mediocre: car extremes choſes ſem-
blent a vertu repugnãtes. Ledit perſonnage aiant veu
celle qu'on luy preſente, ou qu'il demande pour parti,
ſi elle lui plaiſt, il conuient auec les parens de ce qu'il
lui veut bailler : & faut qu'il luy aſsigne douaire, ou
qu'il promette, s'il eſt perſonne paiable : par telle condition que s'il auient qu'elle, par quelque malle verſation ſoit repudiée, elle le ſera ſans luy bailler aucun
douaire, autre que ce qu'elle auoit apporté de ſa maiſon. Mais ſi par faute de luy elle ſe depart, il ſera contraint luy bailler le promis douaire, & les biens apportés, ſinon qu'en commun vſage fuſſent deſpendus
ou qu'autrement par contract en fuſt ordonné. Mais
le repudier en ferme mariage, n'eſt aucunement permis, ſans connoiſſance du Iuge, ou Cadi, ou Soubaci.

I'ay deſſus dit, en ferme mariage, quel eſt celuy qui
s'obſerue pour le plus cõmun, & par l'intention commune de leur vſage, a la difference d'vn autre qui eſt
mariage fait a plaiſir ou conditionné, & ne s'appelle
pas communement mariage, mais *kebin* ou douaire,
duquel la cõdition eſt telle: Que celuy qui eſt pour le
pluſſouuent eſtranger, & durant qu'il eſt en eſtrange
païs, ou qu'il luy plaiſt, fait vne paction auec quelque
dame qui ne peut eſtre que femme de parti. Qu'il
luy donnera toutes les fois qu'il la voudra laiſſer, tãt,

ou tant: comme quatre mille, cinq mille, fept, huit,
deus cents afpres, autant du plus que du moins: chacũ
afpre vaut enuiron vn carolus, mille afpres x x ducats, &c. Et ce pendant qu'il vfera d'elle, l'entretien-
dra a fes defpens. Elle ne fera en rien tenue a luy, fors
a l'vfage du corps. S'elle luy fait quelque prefent de
linge ou broderie, il le faut recompenfer au double.
Elle baille l'vfage de fa maifon, ou d'vne neutre : &
quant il plaift au concubinaire, il s'en deffait : & quit-
te comme deuant. S'il y a enfans, il les nourrift. Cette
maniere de laiffer ne s'appelle pas repudier, car ce n'eft
pas mariage, mais *kebin*. De cette forte de marier v-
fent tous mefchans eftrãgers, verfants auec les Turcs
auec fophifterie, car les Iuges Cadis ou Soubacis, ont
prohibition de ne permettre ledit kebin principallement entre Chreftiens, finon en forme & auec ferment ou facrement de mariage: & les font ainfi jurer:
Toy vn tel, tu promets fur la foy de Dieu, & ta loy,
prendre telle pour femme & efpoufe, felon que ton
Dieu, ta loy & couftume te commande, & luy faire
autant de douaire. aïant refpondu ouï: il fait le mefme
jurer a la dame. & puis la foy durera tant qu'elle pourra. Ceux qui ont peur de faire ce ferment, lequel je ne
doute obliger a perpetuité, le font faire a quelques fauf
faires, qui ont emprunté leurs noms : mais tout reuient a vng. Cela fait faire vn ftatut que les Cadis par
delà ont en aufsi bonne praticque, comme les mauuais Promoteurs, & Officiaus de deça ont aus cham-
brieres des preftres: & eft qu'il eft prohibé a quelconque homme de ne tenir femme, ou hanter autre qu'-

espousée & sienne, car les adulteres entre Turcs, les
punissent de cent coups de baston, outre d'amande &
peine: & qui est prins Chrestien auec Chrestienne,
il est mené ches le Cadi: ou si la nuit est encore longue, est bouté par les gens du guet, qui prennent garde a tels affaires, en prison auec la commere, pour
y attendre le jour. Venu au Iuge, s'il ne veut payer
bonne & grosse somme, on le monte sur vn asne a re-
culons, tenant la queuë en lieu de bride & luy affu-
blent on vne trippe toute foireuse sur la teste, & bien
barboillé le visage, en compagnie de laditte, traittée de
mesmes, sont menés par la ville, auec le Bourreau, qui
les recōmande aus petis enfans qui leur gettent boüe
& ordures au visage: puis ont deffense de plus ne se
trouuer ensemble, sur peine de deus cens coups de
baston, ou prison perpetuelle, sinon que quelque appointement de bourse y donne ordre. Mais Chrestien auec Turque, ou Turc auec Chrestienne, sont
ainsi punis, que le Turc ou Turque sont fait mourir,
& le Chrestien ou Chrestienne, est contraint se faire
Muhamedique, ou de mourir: ainsi sont les modes de
prendre diuerses Femmes, & telle en est l'occasion.
Retournons maintenant a nostre homme, qui est allé
visiter vne fille ou femme, laquelle si elle ne luy plaist,
jamais plus ne la voit, sinon le visage couuert, quant
mariée a vn autre, ira par ville, comme au baing ou
estuues. Et certes reciter la mondicité, la simplicité &
honnesteté qui apparoist ausdittes dames de delà, me
sembleroit fort odieus a faire ouïr a beaucoup de dames Chrestiennes, je parle principallement des Tur-

ques & Perſiennes : car les Mores, & blanches & noi-
res, ſont beaucoup plus ſales. L'ayant accordée, ſera
dëliberé du jour de la luy mener, ce qui ce fait par vn
compere eſleu qu'ils nomment Sagdin, qui eſtant a-
my du fiancé, baillé l'anneau, deliure les frais com—
mis hors le banquet, & ce par amitié, obligé ou con-
uenance : & en ſomme il a la charge du fait comme
perſonne neutre, juſques a ce qu'il l'ait rendue dans
Larda, qui eſt la chambre ſecrette du marié. Et lors
ſelon la dignité, amitié & parentage, ſera accōpagnée.
Les Princeſſes, ou mariees a gouuerneurs de quelque
païs, car autrement n'y a nobleſſe de race hors les parens des Princes, principalemēt ſous le Turc, ſi a bien
chés les Tartares, Perſes, & Rois Mores, lors a iceus
ſoient de rare vertu ou homme nobles, ſont menées
leurſdittes fiancées, aueç leſquelles toutesfois on peut
coucher comme a Venize, auant qu'aller a l'egliſe,
auec quelque belle haquenée, toutes couuertes de quel
que beau ciel de drap d'or, d'argent, ſoye, ou autre eſtoffe, ſelon la dignité & maiſon : lequel ciel eſt porté
par quatre Eunuques ou Gardecouches aus quatre
coings, qui touſiours l'accompagnét : & ſont auec elle
les parens tant d'vne part que d'autre bien montés, le
mieus qu'il leur eſt poſſible, ſeion l'eſtat & nombre a
l'auenant. Si c'eſt qu'on ne bouge d'vne ville, il ſuffira
eſtre menée par laditte ville auec laditte compagnée,
a force tabourins, cimballes ou baſſinets & haubois,
flutes & luts dous a leur mode : mais aſſés pour rompre la teſte & les oreilles aus plus gros bouuiers de
France. Quelquefois encor' pour plus grande magni-

ficence fera menée a l'entour de la ville, a compagnée
empruntée, s'il n'y a affés de parens & amis. S'il la
faut mener loin, comme les femmes des riches & feigneurs, on luy fait la mefme compagnée par chemin,
a la proportion de la dignité. Le pluffouuent eft aufsi
accompagnée de cheuaus, chameaus, chariots, Efclaues qui portent le douaire ou bagues d'icelle, comme
draps d'or, tapifferies, lits, linges, broderies, vaiffeles
d'argent, de pourcelaine, felon l'eftat: laquelle couftume toutefois eft plus commune aus Mores & Barbares qu'aus Perfes, Turcs, & Tartares, & ceus qui ici

Difference en-
tre Turcs, Per-
fes & Mores a
porter douai-
re.

l'i font porter, font cômunement populaires & marchans : car la richeffe, en vn grant homme, apparoift
affés pour l'habit & compagnée. Lefdittes bagues qu'-
elle porte, font communement achetées des deniers
du douaire que le mari aura donné & baillé deuant
que l'auoir: car en cela ils font contraires a nous, qu'on
nous donne en mariage, & il faut donner par delà: en
quoy faifant on a quelque auantage, car on s'en peut
deffaire quant on veut, auec petite occafion, ce qu'on
ne peut icy. Quelques vnes pour auoir plus beau
ménage ou bagues mettent du leur auec le douaire,
ce qui ne fe peut repeter : & quant les bagues d'elles
en Turquie fe portent, cela eft quelque temps deuant ou apres, auec quelque pompe. Mais pource
que j'ay parlé de l'habit, il eft bon vniuerfellement
en dire quelque chofe. Les habits generalement

Des habits des
Muhamediftes
en general.

tant d'hommes que femmes aus Perfes, Tartares
& Turcs, ainfi comme aufsi a tous Chreftiens du
Nord, font tous faits comme le corps: fi bien qu'-

aus

aus dames bien formées fe voit la forme des mam-
melles,& des autres parties du corps,auec tous leurs
mouuemens. Le drap commun de veftireft brocat
d’or,d’argent,fatin, damas ou autre efpece de foye,
felon la richeffe, ou bourgoifie, car les pauures font
aufsi mal qu’ici aus villages. Elles ont les cheueus
rongnés a feneftre, ou en quadrure côme les hômes
de deça, & les ont cômunement noirs & les fourcils,
& qui ne les a noirs,les taint de noir, & joint lefdits
fourcils l’un auec l’autre. Elles fe paignêt le bout des
doigts & les orteils d’une couleur rouge, qu’ils appellent *cna* qui fe fait par alkemie de plomb bruflé, qui a
grâde peine s’en va:aufsi en teignent les mefmes parties, auec les cheueus aus petis enfans : & outre la
queuë & crains des cheuaus blancs. La longueur de
l’habit tant a l’hôme qu’a la femme,eft jufques a terre,fans nuls plis.L’accouftrement de tefte aus Turcques eft apres vng couurechef lié a l’étour de la tefte,
vng petit bonnet d’une lame d’or ou d’argent, ou de
quelque foie meflée d’or ou d’argent:lequel eft hault
de demi pied, & fe met fur le deuant de la tefte, fans
entrer dedãs,car il eft trop petit, & fert d’attacher vn
autre couurechef ou macramas qui leur pend de chacun cofté de la tefte, garni de fine broderie, & aufsi
pour attacher vne picce de fine farge noire ou d’efta-
mine,faite de foie noire de cheual, qui leur couure le
vifage, yeus & tout par ou ellespeuuent voir fans e-
ftre vües. Toutes communement allans par la ville
font veftues d’un beau linge blanc, par fur tous leurs
habillemens, quil les rend fi femblables, que quant

elles sont en vne bande, le plus fin ne sçauroit connoistre la sienne. Femmes & Hommes portent de
petits brodequins appuiant sur le deuãt & ferrés par
dessous. Pour habit de dessous elles portent toutes
braquesses, là ou qui veut chercher quelque chose, il
faut qu'il les destache, & principallement le Mari au
premier jour, & oste tous les abillemens d'icelles. Les
chemises de cottõ, ou de taffetas de toutes couleurs,
qui se nettoient comme linge, auec sauon. A la reste
nettés, lauées & perfumées qu'il n'i mãque rien: tout
ceci s'entend des riches & bourgoises seulement. Les

L'habit des Tartaresques. Tartaresques n'ont aucune difference des Turques,
fors a l'habit de teste, qui va en agu amont a la mode
d'vne chausse a hippocras, vn peu plus haut & plus a-
gu, le tout lié de quelque soye ou fin linge, selon la richesse, quasi a l'antique Polesque, ou a l'ancienne mo-

Les Persiennes. de. Des Persiennes, vne part va a la Tartaresse, l'autre
a la Turquesque & Moresque. Ie ne veus point ici re-

L'habit braue des Perottes ou Chrestiennes. citer la braueté des Perottes ou Chrestienes habitans
par delà, car il me faudroit vne Royne ancienne pour
comparaison, encores des saintures & couronnes de
perles, & de pierrerie, & d'abondance de velours & satin cramoisi en robes, seroient elles facilement sur-
montées: ainsi comme de fard, duquel les Turques
n'vsent point communement, pource qu'il ne seroit
permis le monstrer a autre qu'a son mari. Ie m'esbahi
comme le Turc leur souffre, qu'vn pauure homme d'estrange loy, qui aura mille francs en mariage,
sera contraint en bailler huit ou neuf cens a porter a
sa femme. Or retournons a la mariée.

Elle aiant esté aus estuues & s'estre nettoyée a-
uec p**silothre**,pour oster le poil,elle vient ou a la maison de son mari,ou autre part,,là ou on aduise,& là
les amis des deus costés se trouuét tous auec presents
& dons,selon la qualité des personnes inuitées par le
Sagdin.On leur fait promettre sur la foy qu'ils ont a
Dieu,& l'amour qu'ils ont au Prophete,c'est a dire a
Muhamed,qu'ils se garderont foy l'vn a l'autre,& ne
la rompront sans occasion,qui ne soit juste & proba-
ble par Iustice : qui est la cause que l'vn ne peut repudier l'autre sans que le Iuge en congnoisse,& voie si
les causes sont raisonnables. S'estant ainsi promis,ils
font *l'assala*, ou l'oraison commune: & si le lieu est
opportun vont a la Mesgeda ou eglise là ou les hommes ont leur lieu a part,& les femmes a part,comme
aussi ont les Grecs.Ils differét en ce,qu'on peut bien
entrer des hommes auec les femmes Grecques,auec
les Turcques vous ne pouués,ne mesme voir autre-
ment:si l'Eglise est l'oin, ils s'en soucient peu. Cela
fait ce jour là ou vn'autre,il faut faire le bãquet,a l'occasion duquel nous escrirõs de la sorte de leurs banc
quets,& manger,affin que nulle occasion ne se perde.

  Aus logis de Turquie, au lieu ou l'on boit &
mange,il y a vn lieu fait de tables ou ais,qui est communement plus haut que la reste du logis qu'ils nom
ment *Sopha*:combien que quasi tous logis sont plan-
chés d'ais. Ce lieu là proprement sert de boire, & de
manger. Et pource qu'en Turquie n'y a nulles ho-
stelieries ne salles a louer pour fere bancquets, chascun est contraint, quelque multitude de gens qu'-

il ait en banquet, les traitter chés foy, & les hommes a vn cofté a part, & aufsi les femmes a part.
Ils different en ce aus noces, que la mariée durant
qu'on difne, ne fait autre que la contenance, eftant
couuerte, & faifant la reuerence aus inuités deffoubs
le bandequin ou ciel.   Là ou il faut manger, on
eftant vn beau tapis fur terre, pour l'amour duquel
il faut que tout homme qui veut manger def-
chauffe fes fouliers pour entrer fur ledit tapis: & a
cette occafion tous ont de petis efcarpins deffoubs,
qui leur demeurent aus pieds toutesfois qu'ils fe de-
chauffent, qui eft a la Mefgeda, & toutesfois qu'ils
von: boyre & manger & parler a vn feigneur, car par
tout là y a tapis: le tapis mis de la grãdeur qu'on penfe que la compagneé en quarré ou en rond tiendra,
mettant vn riche & fin pour les gros perfonnages,
l'autre pour les autres, felon leur dignité, on s'afsiet a
terre jambes croifées, a la mode de coufturiers. Lors
font apportés grans plats, felon les maifons: chés les
Princes, d'argent ou pourcelaine, chés les communs
d'erain blanchi d'eftain : auquel plat y aura d'autres
plats garnis de diuerfes fortes de ris, de chapõs roftis
& bouillis, de mouton, d'oifeaus de riuiere, du poiffon, des amandes cõfites, des dattes, du pain tout cou
pe, comme aufsi les viandes fe prefentent toutes en
pieces: les plus magnifiques mettent autant de grans
plats que de fortes de viandes. Le boire eft communement eau fucreé, meflée fouuent auec eau rofe damafquine: autrement on boit du ferobet, qui eft la de-
coction de pruneaus, raifins, figues, poires, dacnettes
pefches .

& peſches & tels fruicts, laquelle boiſſon vſent fort en
eſté, auec de la glace, ou de la nege qu'ils gardent tout
au long de l'année en des magazins en terre, & eſt vn
fort bon boire. Le vin en aſſemblées, & a tous par leur
loy leur eſt prohibé : mais les yurongnes & mauuais
obſeruateurs de la loy ne perdent d'en boire tandis
qu'ils en trouuent, pluſque s'il n'eſtoit pas deffendu :
& vraïement enſuïuent les Grecs qui feront vn jour
& demi ſans ceſſer de boire, ne ſans ſe leuer de table,
fors là ou nature les contraint. Le porc eſt deffendu
entre les viandes : beaucoup d'entr'eus ne veullent
manger connils ne lieures, qui ſont ceremonies ju-
daïcques, & de l'ancien Teſtament. Ie croy que les
femmes ſont traittées de meſmes, car on ne les voit
point. Hors banquet, le peuple aſſis ſur quelque tapis,
mange ſur vn cuir rond & poli, là ou l'on apporte en
vn plat toutes ſortes de viandes qu'on veut manger,
mais il ne faut pas laiſſer le grand banquet pour les
petis. Tandis que les compagnons mangent, il y a en
la ſalle des hommes de diuerſes ſortes de paſſetemps,
duquel les dames, ſans qu'on les voïe, peuuent auoir
leur part, car en tous beaus logis y a quaſi tout entour
des galleries hautes qui regardent ſur leurs chambres, là ou les dames peuuent eſtre aſſiſes, & voir par
des treillis ſans eſtre veües. Le premier & plus commun esbat ſont gros tabourins ſans corde, & petis
d'erain en forme de deus petis bouclers, des hauſt-
bois qui ſonnent là au meſme ſon qu'ils ſonnent en
guerre, & tant eſtrangement qu'aus nations de deça
faut eſtouper les aureilles, ou s'en aller, autrement le

fon n'eft que bien bon pour le camp. Quant eft de
danfer, les hommes de dela (je di les Turcs) car les
Chreftiens de Gennes demourans a Galata & autre
lieu, danfent aufsi bien hommes & femmes enfemble,
ou pour le plus fouuent apart, & les femmes a part,
comme on fait ici, en laiffant du tout le meftier aus
braues, teftonnés perruquets parfumés & hommes
femmes de deça, penfans qu'ils en feront affés bien
leur deuoir pour tous. Difant aufsi qu'il n'appartient
aus hommes, qui font nais a la guerre, & chofes qui
tendent a quelque fin noble & limite, de perdre le
temps en chofes qui ne feroient trop dignes de femmes: & par l'oppinion de la guerre les Turcs ne danfent point: fi les femmes danfent a leur cofté je n'en
fçay rien. I'ay ouï dire qu'oui. L'autre paffetemps &
plufcommun pour fa douceur, eft quelque harpe faitte a la mode d'vn dos de quelque grand poiffon, auec

vne barre trauerfante en bas, ou s'attachent les cordes
fans dentons, pour fonner plus doucement, delaquel
le harpe jouent quelques jeunes filles appellées Sin-
guin, qui fe loüent a la journée par quelqu'vns qui les
tiennent, comme on pourroit faire deça d'vne bande
de meneftriers. Quant l'vne fonne de la harpe, il y en
ha vne autre qui fonne d'vn petit tabourin tendu d'vn
cofté feulement, qui a des fonnettes de pieces d'erain
au cofté: vne autre petite qui fonne d'offelets ou pieces de bois dur: deus ou trois petites jouent des plus
gallans tours de foupleffe qu'il eft poffible de dire:
& ce pendant toutes chantent enfemble accordans
fur la harpe. Puis pour varier la matiere, l'vne d'elles,

la plus grande & belle, se leue pour danser a leur mode, laissant son couurechef & bonnet d'or prent vn
tulband, qui est le bonnet d'vn homme, puis fait vne
mine sans parler, si tresfort representant les affections
d'amours, que le reciter aus hommes sans le voir ex-
citeroit plus desir que plaisir.   Premier elle supplie
a tous les tours de sa danse, s'addreçant par viues &
penetrantes œillades, au personnage principal du fe-
stin, aïant supplié & faignant ne profiter, faint auec
quelque beau mouchoir filler vne corde a la despera-
de, pour se deffaire, jusque a tant que Misericorde ra-
doucist ces termes, & Appointement les semble miti-
ger par effect: sa compagne sonnant la harpe qu'elle a
plantée entre les jambes, tient mesure de sa musique,
frappant des genous sur le tapis, & autres telles choses. Pour autre plaisir y a des Bastelleurs diuers des
nostres, l'vn auec vn peu de cheueus qu'il a sur le haut
de la teste, (le reste est tondu) & les attachant auec
vne corde leuera de terre cent cinquante ou deus cens
liures de pois, rompra & separera vne teste de veau
frais tué, & luy separera les machouëres en les rom-
pant : rompra a coup de poing, ou sur l'os de la jambe
vn gros os de bœuf frais escorché, & mille autres
telles follies : quelqu'vn leuera deus cens liures au
bout d'vn petit baston long d'vne aune, lequel il prend
par le bout d'vne seule main, & en jouera comme d'vn
leurre : puis le tout a vne seule main la chargera sur
son espaule : puis fera le mesme d'vne seule main,
tousiours auec neuf ou dix boulets d'artillerie comme
de fauconneau attachées en vn baston auec chaines

de fer longues, qui feroient pour rompre cent teftes,&
toutes fi dextrement les fait mouuoir & les leue fur
fon efpaule, qu'efprit humain y perd fens. Quelqu'vn
bandera vn arc turquois, gros comme le bras, tirant la
corde jufque a l'oreille, percera auec vne fleche, & a-
uec arc moïen vne lame de bronze, efpeffe de deus
doits, que fon côpagnon lui tient a deus mains contre
vn pilier eftant derriere, ce qui me femble plus hazar-
deus. Vng autre fera fauter vne demie antenne de fufte d'vne efpaule fur l'autre, ou fur le front, fur les dens,
fans aucune aide que deus ou trois qui luy tiennent
droite en l'air par les voifines feneftres. Il fait le mefme d'vne colône de bois, fur laquelle il met feptâte ou
quatre vingts liures de pierres fans lier & fans eftre
tenue, puis la fait fauter de l'vne efpaule fur l'autre,
delà fur les dens, delà fur le front, ou menton, ou haut
de tefte, là ou il veut: mais il fait le mefme d'vne paille
de l'oreille en l'œil, au nés ou narines, a la langue, ou il
luy plaift. Bref j'ay peur difant la verité de n'eftre
creu : car autant que nos Baftelleurs font de tours &
foupleffes, autant en font quafi de force & agilité. En
laiffant l'eftat de ce banquet des nopces, pour a plain
donner a entêdre le plus magnifique appareil qui foit
en Turquie, en cas de table & banquets, je veus ici reciter par le menu vn feftin accouftumé de faire a tous
Ambaffadeurs qui vont vers le Turc, lequel ce fait le
jour qu'on va prendre congé de lui: auquel banquet
fu prefent & appellé auec vn Ambaffadeur, là ou fut
tenu tel ordre. L'Ambaffadeur aïant efté baifer la
main du Prince, qui ce fait pour reuerence & adieu

commu-

Les banquets
qu'on fait aus
Ambaffadeurs
en la maifon
du Turc.

communement vers ledit Prince fans plus, communi-
quant les affaires auec le Confeil & Bafsiats fut mené par la main du Bachia Vifir, qui ordinairement ac-
compagne les Ambaffadeurs a baifer ladite main,
puis les mene en vne fale mediocre, ou fe tient tous les
jours d'audiance, la court ou confeil nommé Diuan, la
ou fu fait affoir pres dudit Bafchia : apres eftoit Aias
Bafchia, puis Caffum, puis Barberouffe dit Haïradin,
& Ionus Benc Interprete du feigneur faifoit le fixief-
me, le tout en rond, là ou a grand' peine fe cognoift le
haut bout qui n'i eft pas: Sauf que là ou s'affiet le Vifir.
Eus afsis fur vn tapis braue, leur fut apporté tout a l'en
tour vn beau linge long pour le tour, & mis fur les genous, pour effuïer & nettoier les mains : puis leur fut
apporté vn grant plat d'argent quadruple aus communs bafsins a lauer de deça, auquel y auoit fix plats
de pourcelaine réplis de diuerfes fortes & painctures,
de ris auec du moutõ, & des pieces de chapõs, & quelques pluuiers, ou autres oyfeaus inconneus, le tout a
vng feruice, entrée, fecond mes & iffue, & baillé a boire de l'eau fuccrée confite auec eau rofe damafquine.
Mais a caufe qu'on fait boire de l'eau aus Ambaffadeurs mefmes, il femble bon tandis que la table de la
maifon s'apprefte, que je die la raifon que referent les
pluffauans de la loy, pourquoy ils ne boiuent point de
vin. Iceus vieus Hõgea ou docteurs dient eftre efcrit
en la loy, ce que toutesfois n'ay encores veu, mais
bien l'ay trouué aus liures de la doctrine du prophete,
Qu'vn jour, pource que Dieu voioit les hommes fi
mefchans, qui ne gardoient plus de loy ne d'equité

enfemble, il enuoia deus anges en ce monde, pour faire
& reftituer Iuftice entre les hommes, lefquels anges a-
uoient nom l'vn Aruth, l'autre Meruth, qui ainfi fe
nomment en l'Alcoran: qui, quant ils furent venus au
monde, premierement trouuerent vne belle femme &
jufte, laquelle les pria de venir en fa maifon, & apres
les auoir bien traités de bons vins, dit l'hiftoire, qu'il
y eut paction de ce qui s'entend d'vn homme auec
vne femme, par tel fi toutesfois, qu'a fon vouloir l'vn
d'eus la porteroit en Paradis, & l'autre la porteroit au
monde: ce qui fut fait. Et quand Dieu les vit en Paradis, quant a la femme pource qu'elle eftoit jufte, il ne
la put chaffer, & la fit l'eftoile du jour: mais les paillars anges, pour auoir bu du vin, & fait la refte, eurent option d'eftre punis en ce monde ou en l'autre: & eus eflifant cettuicy, furent condemnés a eftre
pendus par les piés en vn puis en Babyloine, jufque
au jour du jugement, là ou a prefent font, ainfi l'ay
trouué efcrit: & qui ne le croit y alle voir. Vous voiés
let grandes follies, & groffes ignorances qu'eus mefmes dient, encore qu'il ne fut efcrit: cela eft la caufe
pourquoy le vin eft deffendu, & aufsi qu'en l'Alcoran en deus lieus il efcrit qu'on s'abftienne de dets,
& cartes, ou efchets, & de vin: & que ce font les in-
ftrumens du diable pour tromper les hommes. Et
n'eft pas ainfi qu'acûs difent pource que Muhamed
par iurongnerie chéoit du haut mal, car s'il l'euft trou
ué fi bon & familier, jamais ne l'euft deffendu: car il
n'eft pas vray femblable que tant de peuples comme
Mores, Perfes, Turcs, Tartares qui mettent tout leur

bien principal en volupté & plaisir, se laissasset priuer
d'vne si friande partie, si elle n'estoit fort estroitte-
ment deffendue, que prestres ou clers communemét
n'en boiuent pour rien, s'ils en boiuent sont infames.
Les Souldars, si en guerre en boiuent au sceu du Ca-
-pitaine, ont par chacune fois cinquâte cous de baston:
hors guerre souuentefois en boiuent en secret. Ce
sont les causes pourquoy la moitié de la richesse du
môde est perdue, qui est le vin, sinon là ou il y a Chre
stiens & Iuifs qui en labourent : si bien que quasi par
tout vous en trouués, ou ils sont. Il y en a quelques
vns, d'eus qui appellét le vin le pissat du diable, pource qu'il trouble le cerueau, qui est de l'exposition du
passage prealegué en l'Alcoran: & croy que pour cette terreur en partie, pource qu'ils ne sçauent nulle
mediocrité, ils s'en abstiennent principalement. Cela est pourquoy aus plus grans & somptueus bancquets on ne boit vin. Or mettons la table aus seruiteurs de l'Ambassadeur, dont auois commancé a
parler.   En vne belle gallerie, vis a vis du feu al-
lumé de deus pieds de nege, on leur mist vn lóng
tapis sur la terre, selon le nombre des personnes choi-
si en longueur, puis baillée la seruiette barrée de noir
allant par tout entour, furent apportés force plats de
pourcelaine, pour trois ou quatre plats a sept ou huit
plats, ou sortes de ris & rissoles pour chacun plat:
puis d'vne layette furent tirées de belles cuillieres de
bois, au nombre des assistans, car ils ont cette super-
stition, que c'est peché de manger en cuillieres d'argent. Il y auoit a chacun plat des pieces de mouton

par morceaus, & des poullets aussi despecés, & le boire comme dessus. La court qu'on faisoit là estoit de
tous venants a nous regarder au visage, & d'vn millier d'Auanturiers, Soulacs, Capitaines, Ianissaires,
qui durant trois ou quatre heures, & plus que fusmes

L'assistence &
obedience des
Turcs, a leur
Prince.

là, assistās, a l'entour de la court ou parc du Serrail ou
nous estiós, sans jamais bouger de place, ne decroiser
les mains, deuant la grād'nege dont ay parlé, laquelle
assemblée se fait toutesfois que quelque Ambassade,
ou grant personnage estranger va vers le seigneur: &
en laditte patience vraiemēt se congnoist la grand'o-
bedience qu'ont lesdits Turcs a leur Prince. Mais a-
cheuons de disner, car a la fin fut le beau. Il y auoit
entre autres a nous regarder & voir le pauure appetit
que sans le vin auions a choses sucrées, vn trente ou
quarēte grans personnages par la robe, tous vestus de
drap d'or, d'argent, brocat d'or, d'argent, velours, satin
cramoisis & autres tels habits, qui faisoient signe a
ceus qui nous seruoient de maistre d'hostel, qu'ils leur
prinsent des rissoles ou bignets dās les plats sur table:
ce qu'ils faisoyent, & les serrōiēt en belles robes, & de
garnir poches de beaus & gras morceaus, & faire
vrayement argument de la ciuilité du pais. Ils faisoiēt
tous des esbahis le plus du monde, que d'vn banquet,
qui estoit digne du grand Tartare, & pour lequel mā-

Inciuilité.

ger Muhamed eust abandonné son paradis, nous n'en
tenions conte. Aus plats leuer furent les grans actes
de ciuilité car les susdits auec leurs belles robes, je ne
di pas du tout des plus gros, empoignoient les plats
a force, entre les mains du maistre d'hostel, & endu-

roient

roient neuf ou dix coups de baſton pour la ſouppe &
lopins. Et deſſus les viures, a beau ſiege ſur la nege,
qui pour vn quatrieſme Mars eſtoit fort grande : &
qui vit jamais vn eſtat de pages, en grans perſonnes,
là eſtoit repreſenté. Par ce qui eſt dit ſe peut amplement congnoiſtre leur ciuilité & mode de banquets,
tant des grands que des moiens : car les petis n'ont
que leur cuir rond, qu'ils nomment *ſuffra*, leur ris, &
mouton, puis la table ſert le pluſſouuent de corbeille,
coffre, nappe, & ſac : auſsi ſe cloſt a vne courroie comme vne bourſe, & ouure ſur vn cercle de fer communement. Il faudra tantoſt mener coucher la mariée. Ie
veus ici mettre quelque partie des ceremonies qui
s'oſeruent ce jour là, leſquelles que je n'aie vu faire,
ni ouï dire aus Turcs, ne Tartares ou Perſes, car je ne
m'eſtois du tout enquis ſi auant par le menu, touteffois pource que j'ay trouué cela pas eſcrit aus liures
des ceremonies populaires, ou conduitte de cõſcien-
ce, comme dient les Arabes, & auſsi que je ſçay iceus
Arabes ou Barbares obſeruer leſdittes ceremonies, je
l'eſcriray, principalemẽt quant je parleray de la religion, & a cette heure quelque mot : & eſcrit le docteur
ainſi : Quant tu meneras l'eſpouſée en ta chambre, elle deſchauſſée laue lui les piés, puis jette l'eau au coins
de la maiſon, ainſi Dieu te donnera ſa benediction &
miſericorde. Deffens luy principallemẽt quatre choſes, Qu'elle ne mange coriandre, ni n'vſe de vinaigre,
ne de laitage, & fruits crus & vers, comme pommes :
car ces choſes empeſchent la matrice, tant de ſe pur-
ger, comme de conceuoir.

Quant tu feras au lict auecque ladité efpoufee, mets
luy ton bras fur la tefte,& lis ou recite le Sora prophetie ou chapitre, Voftre Dieu vous gardera, jufque
a vn tel poinct Puis le Sora ou chapitre de l'Alcoran
qui commance, Quant tu toucheras : puis di ainfi,
Seigneur Dieu qui es feigneur & de moy & d'elle,
donne moy lignée auec elle qui te foit louable,& me
donne lignée qui foit de bonne generation & en tous
lieus prefte a te feruir,car tu es cil qui fçais & qui ois
tout:Et fi fais ainfi tu auras merueilleufe lignée.Tou-
tesfois que tu voudras toucher a ta femme , dis au
nom de Dieu mifericors & pere omnipotent : car fi
ainfi ne le fais,le diable aura puiffance fur la creature,
fi alors engendres.

*Aultres follies s'enfuiuent que je veus
mettre en brief.*

N'AYES pas defir d'vn autre, quant tu
es auec la tienne, autrement l'enfant fera manchot. Ne te trouue foubs arbre
portant fruit , car l'enfant fera mal conditionné. Ne
te trouue contre la volonté de la femme , autrement
engendras vn inobedient. Ne le faits le premier du
mois,ne le quinziefme , ne la derniere nuit , car l'enfant fera diabolique , & autres telles folies , que je
laiffe de peur de fafcherie au lecteur & a moy connüe,
& en ay voulu donner le gouft , affin qu'on voie la
pauureté d'efprit que ces pauures gens ont en ces tenebres:& parce congnoiffons noftre felicité grande,
d'vne fi belle & heureufe loy.Mais de Barbarie je men

reuois en Turquie, là ou le mari eſt ſuget a deſlier
ou aualler les bragueſſes que toutes femmes portent
là,elles faiſent difficulté ou mines de ne vouloir qu'il
luy touche. Ie croy comme aus anciens Payens que
le mari eſtoit contraint deſlier la ceinture de Vénus
auant que toucher a rien. Eſtant faitte la cauſe du
mariage,& aiant promis ou donné vn ſecond douaire,la dame ſe leue:& deuant que jamais il y retourne
la ſeconde fois,elle ſe laue, ſelon l'inſtitut de la loy,
nette comme deuant & tant de fois, tant eſt lauée.
Puis le lendemain au matin accõpagnée de ſes eſclaues & parentes,s'en va au bain. Car là jamais deus
nuits ſuyuantes ne coucherés enſemble, ſans qu'entre deus y ait le bain,s'il y a bain en païs:s'il n'y en a,
ils ſe lauent & cõuerſent en cette ſorte enſemble,juſ-
que a tant qu'elle ſe voïe groſſe:que ſi elle n'engroſ-
ſiſt,& le mari s'en faſche, il dira que par ſterilité elle
eſt repudiable.Alors le juge,auec quelque Medecin v-
ſent de perfums,ſelon la ſentence d'Hippocrates, ju-
geront s'ils peuuent a qui il tient, & l'occaſion viendra de luy. Imparité de meurs auec ſuſpition d'adultere,ſont des principalles cauſes de repudier,pour leſquelles trois cauſes,non ſeulemẽt les Muhamediſtes,
mais auſsi les Grecs & Armeniens repudient. Il y a
difference que les Chreſtiens jamais ne la reprennẽt,
les Muhamediſtes la reprennent toutesfois que con-
ſentement des deus parties le portent. Quant elle eſt
groſſe le mari ſelon la loy,en eſt priué,juſque a la deliurance,& alors s'en va pouruoir auec les autres, ou
auec eſclaues,ou kebin,cõme il peut ou veut.En Tur-

Les licts de
Turquie.

Les baings.

quie communement les Turcs n'vſent de plume en
leurs lits, mais font matelas de cottõ, laine ou bourre,
qui s'eſtendent au ſoir ſur quelque tapis, ſur des ais,
comme ay ſuſdit: puis au matin tous ſe trouſſent l'vn
ſur l'autre, comme on fait en France aus riches hoſ-
telleries, des beaus orreillés entaïés qu'on boute pour
parement. Leurs couuertures aus villes ſont bien de
pauures gents, s'elles ne ſont de velours, ou ſatin, ou
brocat, ou taffetas picqué, & faittes en loudier: des
draps ils ſont ſouuent attachés ches paoures & medi-
ocres bourgois, vn a la couuerture pour vn mois ou
deus, l'autre deſſus le matelas, ſans attacher, & ſont de
toille Alexandrine, ou cottonine, ou commune. Les
riches ont ſouuent bains a leur maiſon, autrement les
bains communs & publiques ſont les plus beaus,
grans, & braues edifices, apres les egliſes ou muſ-
quette, qui ſoient en Turquie, grãs corps de logis tout
a vne voute haute toute ronde, ſans pilliers, couuers
de plomb: dont tel vaudra quatre cens, ſix, ſept cens
liures de rente par an, car les Turcs a cauſe de leurs
ablutions, y ſont ſouuent, & principalement le ven-
dredy, pour la generalle oraiſon: peu y faillent. Chreſtiens, Iuifs, tout le monde y eſt receu & traitté eſgal-
lement. Le dedans ſont communement deus grans
corps de logis, l'vn deuant, au millieu duquel il y a vne
grande fontaine d'eau viue, ou artificielle, & tout a l'-
entour ſont ſieges couuers de tapis, ſeparés par petis
interualles, là ou vous deſpouillés & laiſſés toutes
choſes ſeures comme en voſtre main & ſans rien fermer ne garder. A l'entrée de la voute, là ou vous allés

ſuer

fuer, y a le tepidaire a l'ancienne & Romaine mode:
puis le grand corps de logis, aus quatre coings duquel
y a quatre chambres, là ou vous pouués eftre a part
vous & vos compagnons, ou feul. Et premier il vient
vn gros vallet qui vous fait coucher a terre, & vous
remue tout les membres, frottant tout les mufcles fi-
bien, en faifant quafi fonner toutes les jointures, que
qui auroit la plufgrande laffitude du monde, qu'il en
gueriroit: & croi veritablement qu'ils font cela, pource que communement Turcs couchent durement:
vous frotté, vous fués a voftre plaifir: puis ledit compagnon vous reuient empoigner auec vne piece (en
forme de gand rude) de toille, ou drap, ou farge, & en
lieu des eftrilles des anciens, vous en frottent tout le
corps, nettoiant merueilleufement: puis vous fauon-
nés auec belle eau clere, qui vient là choir en vn baffin
de pierre par deus tuyaus, ou fontaines, l'vn de chaul-
de, l'autre de froide, & vous la temperés a voftre plaifir, & la prenés d'vn beau baffin ou d'argent, ou a la
mode d'argent, & vous la verfés là ou vous voulés:
puis la pierre efponce a frotter le deffous des piés. La
barbe, cheueus, & les aiffelles font bient raclés: quant
eft du bas, ils vous baillent vn rafoir ou du pfilothre,
qui en vn inftant vous pele, puis y remettés quelque
huille ou remede, de peur qu'il n'efcorche. Et de là
fortés feché de trois ou quatre linges: & païés deus
afpres pour le plus, & vne pour les compagnós: encor
vous dit on grant merci. Il failloit dire ceci tandis que
noftre femme accouche, pource que fouuent elle va au
bain, & eft traittée elle & fes compagnes a leur couft,

& apart,& par femmes,comme j'ay dit des hommes?
Ie defire la pareille oportunité des bains aus grans
perfonnages,& grandes cités de la Chreftienté,com-
me chofe treffaine : qui a efté occafion pour y inciter
que ie l'ay voulu efcrire plus au long, pour le grand
bien qui en vient, que cognoiffant les anciens eui-
toient la plufgrande partie de leurs maladies par cela.

De la nourriture des enfans.

I L FAVLDRA maintenant (depuis la
mode de mariage) la femme groffe & ac-
couchée nourrir les enfans : lefquels je laif-
feray jufque a trois ou quatre ans en la main ou pre-
fence de leur mere : car communement on n'vfe pas
de nourrice pardela,qui fouuent pardeça,pour lopi-
nion d'vn dur tetin,ou aultre legere occafion, peruer-
tiffent les enfans a eus commis : car il eft certain que
jamais tel foing n'en ont que la mere. Dont pardela
ayant cette opinion,que nous fommes en ce monde
principalement pour y proroger vn femblable,en cho
fe du monde, ne veulent auoir plus grand foing qu'en
nourriture de leurs enfans. Dont quant l'enfant a
efté auec la mere jufque au temps de capacité, fi c'eft
enfant du Prince,il eft inftitué en cette maniere,felon
que les eunuques me l'ont recité, car autrement ne
les voit on point : Il y a defdits eunuques, ou gar-
defemmes, ou chaftrés tout outre, qui fçauent lettres
& qui font a ce deftinés dans les Serrails du prince,
tant là ou il fait nourrir les efclaues Chreftiens (de laquelle nourriture je parleray en la guerre) comme au

De l'office des
Gardecouches.

ſerrail de ſes dames ou eſclaues leſquelles ſont appellées Sultanes, quant elles ont enfant du Prince : iceus
eunuques ou gardecouches, ſeruent les vns a garder
leſdites dames, les autres a monſtrer lettres, quelques
vns a tous les deus offices, deſquels premier que je
parle plus auant, pourtant que je ſuis entré au propos
du Serrail des dames du grand Seigneur qui eſt a preſent, & parce que je n'aurai point de meilleure occaſion par cy apres, je veus y arreſter vn peu, declarant
comme il en vſe.

Il a touſiours en principale reuerence & amour ſa
premiere femme, laquelle s'appelle la Sultane ou princeſſe, ſans quëue, & eſt mere de Muſtapha premier
n'ay de ce ſeigneur, d'eage a cette heure de X X V I I
a X X V I I I ans, combien qu'aucuns lui en donnent moins : & communement ladite Sultane ſe tient
au Serrail de Magneſia la baſſe, en Natolie, auec ſondit fils : duquel lieu vient ſouuent voir le Seigneur a
Conſtantinople, & loge a ſa maiſon dans le Serrail des
dames : & eſt comme diſent les eunuques (car en tout
ceci qu'on ne voit point, il s'en faut fier en eus) comme maiſtreſſe de toutes les autres, & leur peut commander par la grande authorité en laquelle le Prince la maintient, il a d'elle d'autres enfans, les vns
dient quatre, les autres trois.　Quant eſt d'aller dans
le troupeau des femmes, comme font communement tous Muhamediſtes authoriſés, le ſeigneur qui
eſt a preſent y va, & areſte peu qu'on voye & ſache :
mais ſelon qu'il luy vient en fantaſie de quelqu'vne,
ou quelques vnes, il ſe les fait amener en vn beau cha-

Comme le
Turc vſe des
femmes.
La Sultanne

L'an 1536.

Des autres da-
mes qu'a le
Prince.

riot tout couuert de quelque riche parement : & font
quatre ou cinq eunuques pour le moins, en la compagnée, jufque au Serrail ou palais, là ou il fe tient : de
là ou partent le pluffouuent fort fur la mer, auec fa fufte, & celle qui lui plaift en vne autre, & s’en va a des
lieus de plaifance, qui font enuiron Conftantinople,
a quatre, fix, dix mille, principalement du cofté de la
Natolie : & en aïant iouï a fon plaifir les rend audits
eunuques, qui ne les abandonnent jufque a ce qu’ils
les aïent ramenéesen leur Serrail & chambre. La condition d’elles eft telle, que les aïant conneuës premierement quant il les renuoie, leur donne pour le plus
commun prefent vn bonnet d’vne lame d’or, duquel
ay fus parlé a l’habit des dames, lequel vaut communement deus ou trois milles afpres, qui font foixante
efcus : car chacun mil d’afpres vault 2 0 ducats, &
jamais les Turcs ne comptent leurs afpres plus haut
qu’en repetant les mille.   Puis luy baillera quelque robe de brocart, ou drap d’or, felon qu’il l’aime:
& luy baillera quelque quarente ou cinquante Sultains, qui font ducats du Prince, & lui ordonnera au
Serrail fa chambre a part, & des plus petites qui luy
feruiront d’efclaues, auec quelques matrones, & vn
eunuque : & la laiffera ainfi repofer, iufque au temps
qu’on pourra connoiftre s’elle eft groffe : que fi elle
l’eft, fera du nombre des Sultannes, autant autho-
rifée comme elle eft venue des premieres. Si elle ne
l’eft, & elle luia pleu, il la remande ou pour beaulté
ou bonne grace, & la tient comme Sultane, encore
qu’elle n’ait l’effet. S’il ne la voit ou veut plus auec
                                                    foy

le temps, selon qu'elle est en grace, elle sera mariée
comme ay ja dit, a quelque gouuerneur de païs comme vn Sengeac, Aga, ou a une selon la fortune & re-
cordation qu'elle ha. Il y en a beaucoup qui pour faute de grand' beauté ou de grace jamais ne sont rien au
Prince, mais là dedans seulemét apprenent a coudre,
a broder, ouurer de soye, fil d'or, & autres tels ouurages de femmes : ce que le seigneur fait apprendre generalement a toutes, par telle diligence que si elles estoient ses propres filles, & par si grand artifice, qu'il
n'iauroit pardeça Princesse qui ne se côtentast d'auoir
de l'ouurage entr'elles desprisé. Pour leur apprendre
y a des vielles matrosnes, qui sont là stipendiées, tant
pour leur monstrer, comme pour subuenir aus feme-
nines necessités, & enseigner principalement les jeunes & peu experimentées. Les Eunuques ont pouuoir
& leur est loisible de conuerser auec elles, & a celles
qui en ont desir môstrer des lettres a lire, escrire en la
lãgue Arabique & Turquesse, qui differe de la ditte A-
rabique non de lettres, mais de mots & parolles : toutesfois que le Prince n'ordonne qu'elles sachent lettres, mais aussi ne le desprise. Leur nourriture est ris,
mouton, chapons, eau sucrée : & pour ce entretenir le
Prince leur dône a chacune selon sa fortune ou recor-
datiõ : a l'vne sis aspres le jour, a l'autre dix, a l'vne xx,
a quelqu'vne trente, qui est pour le plus : & leur croist
leurs gages quant elles ont esté auec luy. Les petites
& nouuelles prinses, ont quatre, trois, cinq aspres, selon leur risico ou fortune. Qui leur est commun a
toutes, est que le seigneur deus fois l'an les fait vestir

de ſoie pour le moins, outre leurs gages. Tout le mal que je voi entre tant de biés, eſt qu'elles ſont quaſi toutes Chreſtiennes, & contraintes de ſe faire Turques, en diſant comme les hommes *Lallah illalah*, c'eſt a dire, Dieu eſt Dieu, & n'eſt qu'vn Dieu: puis principallement qu'elles ſont au Serrail du Prince : car tout eſclaue ſoit jeune homme ou femme, qui eſt donné au Prince par Capitaines ou autres qui l'ont prins, eſt fait Turc. Des vieus ou vieilles, on n'en fait communement preſent au Prince, ſi n'eſtoit pour quelque rarité ou excellence, comme pour eſtre ſeigneur, Prince, ou ſçauant. La pluſgrand' part des Eſclaues qu'ont les Turcs ſont Cercaſſes chreſtiennes, d'aupres du Don & Temerinde, anciennement dit Tanaïs & Meotis, & Mingrelles d'aupres de l'Armenie, d'Vlachie ou Bogdan, Seruia, & Boſna, Tranſyluania, Honguerie, Sclauonie, de Cecille, Italie, des Iſles, generalement de tous lieus de Chreſtiens ou ils ont victoire, & bref ils ſont le premier treſor de perſonnes, Grecz pour eſtre tributaires : Iuifs pour païer quant on veut: Armeniens pour vn priuilege qu'ils ont de Muhamed, a cauſe qu'vnefois le recueillerent, & qu'ils eſtoient Neſtoriens comme luy. Venitiens durant la paix, qui leur auoit duré plus de quarante ans, n'eſtoient par cy deuant communement point eſclaues du Turc, aumoins que le Prince ſache. Voila des femmes du Prince. Nous ſuiurons maintenant noſtre propos de la nourriture des enfans du Prince ou Sultanes. Aïant eſté nourris auec la mere, juſque a l'eage de capacité, qui vient a l'vne nature pluſtoſt, a

l'autre pluſtard,pourtant qu'a peine ſe peut limiter le
temps, qui a l'vn ſera quatre, a l'autre dix : on met vn
Hogea ou vieus docteur qui leur apprennent les lettres a lire en toutes les deus langues, aſçauoir l'Arabicque & la Turqueſque, leſquelles ſont doublement
difficiles a lire au pris de la noſtre,car elles s'eſcriuent
par conſonantes ſeulement,ſans eſcrire voielles,qu'il
faut ſçauoir par long art & couſtume:& leur baille
encor' du commancement les plus difficiles lettres
a lire qui puiſſent eſtre (car ils n'ont point d'Imprimerie)afin que les aïant apriſes telles, tiennent facile tout ce que par apres faudra lire. Puis l'aïant fait
bien lire, lui apprennent des oraiſons a Dieu le Createur,qui ſont prinſes des expoſitions & ſentences de
l'Alcoran,deſquelles je diray au lieu de la religion. Et
incontinent luy fait lire & aprendre par cueur l'Alcoran ou loy,laquelle il luy dit en Turqueſque,& ne fait
autre, juſque a tant qu'il l'ait ſi bien en ſa memoire,
que jamais n'en parte, obſeruant naturellement ce
que dit le poëte Horace,Que le pot de terre neuf,ſent
touſiours la premiere liqueur dont il eſt abbreué: en
ce me ſemble nous donnans quelque blaſme, qui ſi
tard ou jamais n'en parlons a la noſtre jeuneſſe des
diſciplines,deſquelles il faut auoir en cette vie la principalle & ſeule raiſon,c'eſt a dire des choſes de la ſaincte Eſcriture & de noſtre ſalut.Il me ſemble que nous
y beſongnons tout a rebours, car le commancemēt
de ſapience,eſt craindre Dieu,ce que jamais ne s'obſerue ſi bien que de ſa parolle. Les Iuifs & Turcs qui
ſont en erreur & tenebres,nous monſtrent touteſfois

eſpece de diligence. L'aiant ainſi, inſtruit premierement en la loy, le maine apres aus autres diſciplines
humaines, leſquelles ils ont autant que nous, fors les
Hiſtoires, & Rhetorique: car ils laiſſent en petite e-
ſtime les hiſtoires, & principalement les noſtres &
les eſtranges: pource qu'ils diſent qu'on n'oſeroit, viuant vn Prince eſcrire de luy la verité, qui ne fut tout
en louange, & apres ſa mort la memoire s'en perdre:
dõt ce qu'il y a d'hiſtoires, ils les ont quaſi pour fauſ-
ſes, fors qu'ils en ont bien quelqu'unes traduittes de
Grec, qu'ils appellent Scander, c'eſt a dire Alexandre,
& Chederelles ou Suggia, c'eſt a dire ſaint George, &
de leurs ſeigneurs, là ou il y a tout plain d'hiſtoires de
guerre, comme d'Alexandre & ſaint George, &c.
De Rhetorique, qu'ils nommẽt *mantic*, ils dient n'en
eſtre beſoin que bien peu, pource que nature ſimplement, & en peu de parolles dit, & monſtre ce qu'elle
entend.

L'autre eſt que là n'y a nuls Aduocats pour deſgui-
ſer matieres, & rendre proces immortels, ſemblables
comme pardeça. Cõbien qu'a la verité je n'ai veu langue qui portaſt plus de façõde en commun parler que
fait la Turque ou Tartareſque, autant que j'en ay peu
entendre par le parler des plus ſçauans & courtiſans.
Aïant le jeune garçon hanté les lettres, cõmunement
& pour le moins juſque a l'aage de la circõciſion qui
ne ſe fait par le commandement de leur loy, pluſtoſt
que de quatorze ans, ne plus tard gueres que XXIIII
ans, je di aus enfans de Turcs, car a toute aage ſuperieure a ſeze ans, aus autres ſe peut faire, on l'oſte a-
lors

lors communcmēt de la maiſon, & d'auec la mere, &
eſt mis en vn autre Serrail, là ou on luy monſtre l'vſage des armes, tirer de l'arc, de l'haquebute lōgue a leur
mode, de demies picques, de la cimeterre, qui eſt leur
eſpée, a la manier auec vn boucler ou rondelle. Il ap-
prent a cheuaucher, voltiger, faire tourner vn cheua
en vn petit coin pres d'vn mur, entre deus autres, &
là eſt gardé de quelque bon vieillard, qui garde qu'il
n'y ait paillard, ni homme vacabond ou inconnu, ou
viticus, ne garſes qui en approchent, juſque a ce qu'-
il plaiſe au Prince le marier, ou mettre en liberté: l'ors
s'il hante compagnie qui luy rende la vieilleſſe re-
pentente, il le peut faire a ſon dan. Ie n'oſe pas
ici dire combien y a de mille perſonnes, & grands
& riches, qui quant ce vient que la raiſon eſt contrainte de deſcendre en vn corps, par les delices & vices de mauluaiſe compagnée a jeuneſſe ſuggerés du
tout attenue, & que connoiſſance de ſoy entre en ſon
poſſeſſoire, & que les vices en deſpit de nous nous de-
laiſſent, commancent a deſirer la mort de ceus qui
au temps paſſé ont telle bonne nature deprauée: leſquels lors que le corps & permiſsion & couſtume, le
ſouffroient eſtoient reputés ſemidieux & grans : mais
tarde eſt la penitence, quant l'amende n'eſt nulle.
Dont prenons garde de bōne heure a noſtre jeuneſſe
& enfans, & que nul ſinon de vie prouuée ne la hante
ſans teſmoins meilleurs ce qui n'aduient gueres entre
Turcs, car ils ne ſont ſi familiers a eſcouter vn chacun comme par deça. c'eſt la commune education ou
nourriture du Prince, ou fils de Prince, ou de la ſeule

c iij

noble race de Turquie. De la nourriture des Eſclaues
Chreſtiens, leſquels le prince nourrit en ſon Serrail,
appelle ſes enfans,& les annoblit pour leur vie ſeule,
non pour race, encor qu'elle ſoit quaſi ſemblable a
celle des Dames, ſinon qu'en lieu de fil & d'aiguille,
il manient liures & armes. I'en dirai quelque choſe en
la guerre. L'enfant d'vn bourgois & riche homme,eſt
inſtitué quant aus lettres,ne plus ne moins comme
çil du Prince: ſinon que ceſtui va aus eſcoles en compagnie, ſous vn maiſtre commun : l'autre ſous vn
maiſtre chaſtré le plus ſouuent,ou vn fort vieus & non
a craindre. Les pauures gens qui vouldroient faire eſ-
tudier leurs enfans,& n'ont de quoy, les enuoyēt aus
fondations des Princes,là ou ſont entretenus & enſei
gnés pour l'amour de Dieu, par les aumoſnes des
Princes:leſquelles,cōbien elles ſont en grāderecom-
mandation, & effet aus Turcs, je le diray en la Religion. Auſdittes aumoſnes ſont entretenus docteurs
pour monſtrer & lire publiquement de Grammatique,Logique, Aſtronomie,Medecine & des autheurs
ſuiuans d'Ariſtote, Galien, Hippocrates, Auicenne,
Ben reis, Ben bitar, Sipha. & les filles ſont nourries
comme deſſus ay dit, touſiours cachées,juſque a tant
que leur mari les voie,aprenent couſtures, broderies,
& autres telles choſes,ſelon le vouloir des parens.
Mais je m'en vois parler de la Religion.

De la Religion en gene-

RAL ET PARTICVLIER.

'ENTRÉE de cette loy de Muhamed, ou de l'Alcoran, ou Alphurcan
est la Circoncision, comme a nous est
le Baptefme, & est cela general a tous Mores, Turcs,
Perfes, Tartares, Indes, & vniuerfellement a tous ceus
qui croient en l'Alcoran, qui du monde triparti occupent plus des deus pars. Pour incitemens a cette loi
ils font, long téps auant la Circócifion, leuer le doigt
tant aus petits enfans mafles & femelles comme aus
efclaues, qu'ils ont defir de conuertir. Et leuant le
doigt premier, apres le poulce, en la main dextre, leur
font proferer ceci *L'allah illallah*: Il n'est Dieu finon
Dieu. Ou ainfi, *allah hu hallah, la allah illa lah*:
Dieu est Dieu, & n'est Dieu finon Dieu. Ce qui
est prins du chapitre, Humeram, qui est le fecond
de l'Alcoran, & repeté mille fois en ce liure. Les
aultres adojuftent fouuent enfemble tout ceci *allah
hu allah la allah illa lah vemuhamed rafful allah*: Dieu
est Dieu, & n'est Dieu finon Dieu, & Muhamed est
prophete de Dieu. lefquelles paroles quant font di-
tes par vne femme ou fille, elle est Turque fans remede : car les femmes n'ont point d'autres caracteres que la prolation a leuer le doigt. Quant je di
Turque j'entem generallement Muhámedique, de
quelquenationique foit, & pour cecy, tant à hom-

mes qu'a femmes d'aultre religion, ne taſchent autre
que par quelque mode les prendre , ou par ignorance
ou fineſſe, ou promeſſe, ou propre volonté, leur faiſant
leuer le doigt , puis en prennent atteſtation & vous
prouuent que vous aués promis de vous conuertir,
y aiés penſé ou non:& de fait vous contraignent les
hommes a circonciſion , les femmes a l'obſeruation
des ceremonies & a compagnie de Turc. Et font la
pareille violence s'ils peuuent prouuer ou côtrouuer
que quelqu'vn ait parlé ou de la loy, ou du prophette:
car ils diſent qu'il a blaſphemé,& qu'il faut eſtre Muſſulman, c'eſt a dire fidelle en la loy de Muhamet (car
les Turcs ne les Tartares n'eſcoutent volontiers
leur nom, mais veullent tous eſtre appellés Muſſulman, ou Muſſulmin, ou Muſſumanlar, c'eſt a dire,
fidelles:comme nous ferions Chreſtiens) deuant que
Dieu vouluſt pardonner vn tel peché, & principalement en ces deus points, les Turcs & Tartares font
violance d'eſtre de leur loy. Tous Muhamediques
ont bien cela qu'ils prient tous eſtrangers de ſe faire
Muſſulmans:& tant plus les aiment, pluſfort les prient. Mais les Mores, les pires canailles & plus infidelles & trahitres qui ſoient entre tous Muha-
medicques, & qui toutesfois ſe glorifient & preſu-
ment plus de ſainteté, pour leurs ſaints lieus ainſi
qu'ils dient & antiquité du Caroan, & prééminance
de la loi, que toutes les autres nations:mais encor appellent les aultres, comme Perſes, Turcs,& Tartares,
imparfaits en la foy, qui poürroient toutesfois eſtre
leurs Dieus, en cas d'humanité. Iceus Mores ſeuls

en leur loy, contraingnent pauures Efclaues a fe faire de leur loy, a coups de bafton, a arracher & rompre
les dens, a tant batre la plante des pieds qu'elle tombe par pieces, a fe tenir a jamais en vne caue auec vne
poignée de farine d'orge moitié paille, auec demi
voirre d'eau pour jour, & autres infinis martyres, lefquels ne fe pourroiët fans larmes referer: & combien
que non vniuerfellement, toutesfois la plus part font
tels. La raifon pourquoy ils ne font point la circoncifion ou caractere de la foy deuant quatorze ans
eft, Qu'ils veulent que de plain & parfait arbitre, ils y
confentent : car fi par apres aduenoit que quelqu'vn
fe reniaft ou renöçaft la loy, fans remede nul il mour-
roit, combien qu'il fe reconuertift: qui eft la caufe que
nous en voïons fi peu fe faire Chreftiens. Combien
que ceus qui entr'eus font fçauäts, aïent vn merueil-
leus amour a la loy Chreftienne, & congnoiffent certes la vanité de leur loy, & pauure jugement, dont elle part. La Circoncifion fe fait donc au deffus de
quatorze ans, & au deffous de xxiii ou de xxv en
la forme mefme que les Iuifs l'obferuent : fauf que
quelques vns ou par deuotion, ou en d'anger de mort
la font auant quatorze ans. Il fe trouue vne grande affemblée & bien en ordre, a cheual ou a pié felon l'efpace qu'il y a de la maifon a la mefgeda, ou felon la
richeffe des parents, qui accompagnent le jeune enfant ou garçon jufque a laditte Mefgeda. là le Preftre, qu'ils appellent Lecteur, le reçoit, & luy demande s'il veut eftre Muffulman : croire le prophete de
Dieu Muhamed, qui a apporté la loy que Dieu luy a

baillée?aiant respondu ouï.Il luy fait promettre qu'il
la gardera tousjours,& sera ami des amis d'elle,& ennemi de ses ennemis. Apres qu'ils ont acheué les
ceremonies & dit *ia alla ia alla o deus o deus*, chacũ fait
la *sallach* ou oraison.Puis le jeune garçon aiant laissé
vne partie de sa peau s'en reuiẽt accompagné : & font
vn grant banquet pour vn,ou deus,ou trois jours,se-
lon l'estat de la maison.Les Princes font grans appa-
reils,plus que pour les plus grãdes noces,& par apres
se font tournois,jeus-de-pris a grandes compagnées,
& ici & ausdittes noces.jay ouï dire que quelqu'vns
d'eus font quelquefois la Circoncision a la maison,
cõme les Iuifs:qui a la maison,huit jours apres la nati
uité,aians inuité leurs amis & parens,font la Circõci-
sion a eus anciennement ordonnée, & qui d'eus &
leur loy est venue aus Muhamediques. Mais cette
coustume n'est prouuée, ni anciennement obseruée
d'estre Circõcis a la maison,sinon que ce fut en quelque lieu ou n'y eust Mesgeda. Quant quelque Chrestien se fait Turc,s'il est riche ou esclaue de quelque
riche,il est amené a la Mesgeda bien accompagné &
interrogé comme dessus:& retaillé , puis ramené. Si
c'est quelque pauure hõme, qui par quelque malaise,
ou par despit,ou contrainte se fait Turc ,il y a quelqu'vn son parain qui luy baille vne flesche en la main
qu'il tient drecée en amont : les vns dient que c'est en
lieu du doigt, pour monstrer qu'il n'est qu'vn Dieu la
sus:les autres pensent que c'est pour mõstrer qu'auec
la flesche il deffẽdra la loy : & que par la flesche ẽ en-
tendẽt toutes armes. Sõ parain porte vn bassin a tout

le peuple difant, Dieu foit loué, voici vn Muffulman nouueau : & alors chacun luy donne vn afpre , deus afpres,& amaffe vn deus, ou trois cens afpres , tant du plus que du moins : puis luy baille, & l'emmaine difner,& font leur banquet de la quefte. Les enfans des Muhamediques font nommés des qu'ils peuuent entendre leur nom,lequel on leur repete a la Circoncifion,pour les interroger. Les Chreftiens changent le leur. De Iuifs,j'ay ouï dire qu'ils ne les reçoiuent a eftre Muffulmans, fans eftre faits Chreftiens, ou pour le moins dire de bouche qu'ils le font : ce que je ne fçauois au vrai quant i'efcriui premierement cette hiftoire:mais a mon fecond voïage ay fceu pour certain,que le Iuif parce qu'ils fçauent qu'il ne croit pas que Iefus foit le vray Mefsie promis au viel teftament,affin que quant il fera Muffulman aïe creu en toute verité,le contraignent outre les paroles accouftumées dire cecy:ISSAHAC, c'eft a dire, Iefus eft veritable & Mefsie vrai, & Docteur vrai, ce qu'ay efcrit plus au long en la premiere & nouuelle partie. Car ils font vn tel difcours difant, que Dieu le createur,apres que l'homme qu'il auoit créé & fa pofterité,l'eurent oublié, il donna vne loy aus Iuifs meflée de deus contraires de bien & mal, de peine grande & recompenfe : laquelle ils ne voulurent point obferuer, mais idolatrerent : puis qu'il enuoia vne autre par le grand des prophetes formé du faint Efprit,c'eft ISSA ou Iefufchrift que Muhamed ou l'auteur de l'Alcorã l'appelle ainfi,laquelle eftoit remplie de douceur feulement:& que les hommes n'ont pourtant voulu gar-

der, parquoy il a enuoié Muhamed qui eſt venu auec
vne eſpée, & auec rigueur, pour faire croire les gens en
Dieu par force, ou faire mourir, òu rendre tributaires:
dont eſt l'opinion des Iuifs, car ils diſent qu'il ne leur
faut pas ſauter la loy de Ieſuſchriſt s'ils ſe veulent faire de ſuifs Turcs. Voila leurs raiſons. Les noms qu'ils
donnent communement ſont tous ſignificatifs de
quelque choſe: & ſont communement tels:

Les noms des Muhamediques significatifs.

Louable	*Deſirable*	*Bon*	*Preſt*	*Ioyeu*
Muhamed,	Mahmud,	Ahmad,	Hamza,	Pherhat,
Vif	*Vif*	*Vif*	*Haut*	*Paiſible*
Homar,	Humeram,	Hamurat,	Hah,	Selim,
Pacificque	*oyant Dieu*	*Ioſeph croiſſant*	*Iob merueilleus*	*ſaint*
Seliman,	Iſmail,	Iſuph,	Aiub,	Sophi,
Santifié	*Pyrrhus rouſſeau*	*Alexandre.*		
Muſtapha,	Burru,	Scander.		

Voiés de ce petit com-
me tous leurs noms ſignifient, ou ſont prins des anciens Hebrieus, côme Ioſeph, Iob, Iſmail: ou des Grecs
comme Scander Alexandre, & Byrri Pyrrhus: la glo-
ſe vous le monſtre. Mais ſans partir de cette Meſgeda, là ou ſe fait l'oraiſon, il nous en faut dire quelque
choſe. *Deſcriptions des Meſgedes ou Egliſes.* Les belles Egliſes ou Meſgedes, & plus communes aus lieus bien habités en Turquie, ſont de for-
me ronde, haute, ſans pilliers au millieu, comme ſont
les quarrures des maires Egliſes en France, eſtant
conduites en rond par la quadrure, comme eſt noſtre Dame de Paris, S. Croix d'Orleans, & autres, là
ou la quarrure ou croiſée fuſt faitte en rond & ſans
pilliers. I'ay dit deſſus aus lieus biens habités : car aus
villages, & ou pauureté regne, ils ſont mal en ordre,
ſans regle, & le pluſſouuent nulles. Icelles Meſgedes

ſont

font fort belles & grans voirieres par en haut, au deffus du premier eftage, car tout entour eft en rond ou
quadrature, vne autre ordre de colones, là ou y a voirieres aufsi felon la proportion. Dedans lefdittes
Mufgedes n'y a chofe corporelle qui foit au monde
(hors fes propres parties & conftruction) finon des
lampes ardantes, toutes en vn ordre, qui font du cofté
le pluffouuent dont ils prient, qui eft communement
deuers midi : combien que les plufçauans ou moins
fuperfticieux entr'eus adorent vers orient, ou autre
part, difant que Dieu fe peut prendre en tous fens,
& de tous coftés : & aufsi que Mahumed l'efcrit en l'Alcoran. Et adorent tous vers midi, pource que Muhamed leur a ordonné pour cette raifon
qu'ils croient leur loy eftre celle d'Abraham, & qu'il
fift fon facrifice a la Meche fur vne montagne qui regarde le midi: au regard de laditte Meche, & aufsi que
ledit Muhamed dit qu'elle eft (je di la Meche) vers le
midi, qui eft vray quât au lieu dont il fut n'ay, qui eft
dit *Iezrah* ou *Iethrib*, & auiourdhuy *Medinat alnab*,
c'eft adire la cité du Prophete, là ou il eft enterré, &
non pas a la Mefche comme lon penfe: & pource que
de fon origine a caufe de la Meche, & de la Meche a
caufe de la montagne, & la montagne la Meche &
Iethrib au regard de Ierufalem là ou ils ont reftitué le
têple de Salomõ par leur Prince Homar, eft au Midi:
& dudit lieu du temple Muhamed fe dit auoir efté raui, & fus l'Alborac par Gabriel cõduit: & par ce qu'il
prioit vers midi, ils l'imitent tous, ce qu'il commande, finon en necefsité, car alors qu'on ne connoift

point la partie du midi, Dieu eſt oiant, voiant & ſçauant tout, il prend l'oraiſon de tout coſté, ainſi cõme
ils eſcriuent. Ils ont en ſi grande horreur les images
& figures de choſes qui portent vie, pour euiter idó-
latrie, qu'ils n'entreroient pour rien là ou il y euſt vn
image en Meſgeda, & ſe penſeroient coinquinés d'a-
uoir entré pour prier en vne Egliſe des Grecs : regar-
dant leſdits images, leſquels toutesfois, j'enten les
(Grecs) nous autres ponentins occidentaus ſugets a
l'Egliſe Romaine, nous appellent idolatres grans,
pource que nous auons des ſtatues eſleuées & images
plats ou effigies, & ils n'ont que les effigies ſeulemẽt.
Et quant on leur obiecte les leurs images ou effigies,
ils diẽt que le ſimple peuple ne s'abbuſe jamais en ef-
figie, mais bien en ſtatue, combien qu'il n'y apparoiſt
grand'difference. Dõt les Turcs par laditte horreur
d'images, ont a S. Sophie, qui le temps paſſé, auant
qu'elle fuſt en leurs mains, eſtoit vne parauanture la
plus belle Egliſe du monde, tout ruiné le muſaïque,
le plus ancien qui ſe pouuoit trouuer: ſeulemẽt pource qu'il eſtoit paint & fait en images d'excellẽte beauté & richeſſe ineſtimable, & autant en font en toutes
Egliſes ou ils font leur Meſgeda. Et ne voy ordre de
leur faire entendre cõme nous ne les adorons pas: car
quãt on leur d it qu'is nous ſeruent de memoire plus
freſche pour eſtre incités a les imiter par vertu, ils reſ-
pondent que ce a donc eſté en gardãt la loi qu'ils ſont
faits ſaints. Laquelle ſi nous gardons nous ſerons cõme eus : & ſi nous la laiſſons, ils ne nous ſeruiront
de rien, & prieront Dieu non pour nous, mais contre

nous : & certes j'en ay interrogué des plus suffisans
& sçauans d'entr'eus : desquels jamais ne sceu auoir
autre raison, qui toutesfois par beaucoup de signes se
monstroient bien affectés a la Chrestienne religion,
& eussent eu bon desir, d'entendre. Leursdittes Mes‐
gedes ont leur paué des plus belles lames de marbre,
ou de quelque belle pierre siée & pollie, & là dessus
font des estores, comme on pouroit dire nates esten‐
dues pour se mettre a genous, & aussi pource que
tout le monde qui y entre laisse les souliers a la por‐
te, & y entre pié nud, ou auec escarpins, qui le sou‐
lier hors demeurent au pié. Il y a quasi au derriere
de chacune maire Mesgeda par dedans, vn lieu de pi‐
erre leué en haut, comme pourroit estre vn petit let‐
trin, là ou monte le Prestre dit Iman ou docteur, soit
pour prescher, comme le vendredi, qui est leur feste
de semaine, ou pour lire quelque oraison, ou vn cha‐
pitre de d'Alcoran, selon leur statut ou ordre : & est
en lieu plus haut, a celle fin que le peuple le voïe & l'
entende. Maintenant il nous faut voir de l'ornement,
qui communement est dehors desdittes Mesgedes:
mais a cause qu'il n'est besoin diuaguer trop loin d'i‐
celles, nous ne parlerons que d'vne tour ronde, plus
haute que ladicte Mesgede, qui est jointe a ladicte es‐
glise, laquelle leur sert, comme a nous les clochers.
La haut, cinq fois de iour, quant on veut faire l'orai‐
son, monte vn jeune homme ou plusieurs, tant jeunes
comme vieus a vois entiere & forte, & qui leur sert
de cloche, disant & repetant *ia halaffala, ia halaffa‐
la, ia halaffala,* hau a l'oraison, hau a l'oraison, hau a

l'oraiſon. Et quelquefois commance ainſi, *allah che-bir allach chebir*, Dieu eſt grand, Dieu eſt grand, & autres propos diuers, au plaiſir du crieur, qui au matin au point du jour, a midi, a deus heures, & a ſoleil couché, & a trois heures du ſoir repete de meſme. Et pourtant que les Muhamediſtes ne comptent point le temps ou heures autrement que par ces cinq articles, je veus mettre comme ils l'appellent en Arabe & Turc, l'heure du fin matin s'apelle des Arabes *ſubuh*: & des Turcs, *Sabah* ou *irteh*. Le point du jour en Arabe *becher*, & en Turc *dengleh*. Midi en Arabe *duhur*, & en Turc *oyle*, & *oyle nemazi*. Entre deus & trois, en Arabe *hatzri*, & en Turc *ichindi*, & *ichindi nemazi*. Le ſoir en Arabe *magrib*, & en Turc *agſſam*, *agſſam nemazi*. Le tard en Arabe *haſſa*, & en Turc *ietſy*, ou *ietſynemahi*. cela fait pour entendre leur raiſon de compter temps. Quant on oit ainſi a ces heures là crier a l'oraiſon, il y va qui a deuotion: les gents deuots vont a toutes: les autres vont a midi, deus heures, & au ſoir. Le vendredi qu'ils ont pour la feſte de ſemaine principalement, y vont quaſi tous vne fois au moins. S'il y a quelque pauure homme qui ſoit neceſſiteus, on ne le contraint quelque vendredi qu'il ſoit, a ſerrer boutique. En beaucoup de villages ils n'ont point encor de Meſgeda: & on leur enſeigne a prier Dieu, qui eſt preſent en tout lieu, & non comprins en lieu, ſinon par incitation & vnité. Et en voit on la pluſpart qui en leur champ, ou en tout lieu ſe mettent a genous, & a prier a leur mode. Deuant que faire ou venir a l'oraiſon, faut ſelon

Ion le commandement de la loy, faire les ablutions, en disant quelque priere:laquelle chose je veus mettre. Venant au lauoir, ou soit a la maison, ou au baing, ou a la Mesgeda, car par tout communément y en a qui se lauent, il dit ainsi, Seigneur Dieu je te demāde ta benediction de ta dextre,affin que par toy sois aidé & gardé,de la gauche & son ire, puis prent de l'eau & laue sa bouche par trois fois, ce qu'ils appellent innouation,& dit ainsi: Seigneur Dieu donne moi ton aide a lire la loy,ou Alcoran, & a faire souuent memoire de toy. Par apres lauant son nés en tirant l'eau dedans dit, Seigneur Dieu donne moi sentir l'odeur de ta gloire, & te contente de moy. Puis dit a plus haute vois, Seigneur Dieu je prie par ton aide estre deffendu de l'odeur du feu & mal de ma maison. Apres laue la face de long ,& en menant les mains (depuis la naissance des cheueus) disant, O Dieu purifie ou blanchis ma face auec ta clerté, le jour que tu blāchiras la face de tes amis, & n'ennoircis pas ma face le jour que tu ennoirciras la face de tes ennemis. Puis laue sa main dextre auec le bras & dit, Mon Dieu donne moy bien escrire auec ma dextre,& me donne nōbre facile.Puis lauāt le gauche bras & main disant,Dieu aide moi,& me dōne mon papier en ma gauche. Puis la teste (& pourtant sont tous tondus)disant,Seigneur couure moi de ta misericorde,& enuoïe sur moi ta benediction, & me faits ombre soubs ton trosne, le jour qu'autre ombre ne sera que la tienne. Puis les oreilles disant , fais moi de ceus qui escoutent la voix, & qui suiuent la

d

meilleure partie. O Seigneur fai moi ouïr ceus qui
parlent en Paradis auec les Saints. Puis lauant le col
dit, Seigneur garde mon col de feu, de chaines, & des
grefillons d'enfer. Puis la jambe & pié droit tout de
long, & dit, Seigneur conforme moi le pié en *tzirat*
(c'eft a dire en droitture & fermeté de leur loy) le jour
que les piés des mauuais feront au feu. Puis le gauche en repetant l'oraifon. Puis quant il a fait il dit,
Nous te beniffons, loüons & adorons feigneur Dieu,
car il n'eft Dieu finon toy feul, j'ay fait mal, & macu-
lé mon ame, dont je te demande pardon, & te prie
que tu me conuertiffe a toy, & que tu me pardonne &
mette repentance fur moy, car tu es le vray conuer-
tiffeur, & mifericors. O Dieu fai moi des repen-
tans, fai moi des purifiés, fai moi du nombre de tes
bons feruiteurs. Les ablutions & oraifons acheuées,

De l'oraifon.   s'en va a l'oraifon commune a la Mufquée, là ou tout
le monde dit communement cette oraifon enfuiuan-
te, en la repetant qui ne fçait autre chofe. Les autres
ont beaucoup d'autres oraifons, prinfes de la fin de
l'Alcoran, & faittes des docteurs, chafcun a fa mode,
comme il les veut. L'oraifon eft telle, & pource qu'-
elle eft fceuë, & entendue de tout le monde, je la met-
trai en Arabic, & en François, elle eft efcrite au commancement de l'Alcoran ainfi:

L'oraifon des   *Elhemdu lillahi rabil halamine elrahmani elrachimi me-*
Muhamediftes   *lichi iaumi eldini. eiache nahbudu, veiache neftehinu. Ih-*
en Arabic &
François.   *dina elzzirata el muftekima, zziráta eladina eueamta*
halahim gairi il magdubi halahim velal zâline.   *Amin.*
Qui veut dire en François, Louange foit a Dieu, fei

gneur des fiecles , le mifericordieus ,& pitoiable, &
Roy du jour du jugement. O bons humains feruons
luy,& nous ferons aydés:donne nous feigneur Dieu
le point ou certitude,la vraie certitude de ceus lefquels
tu approuues par ton bon plaifir, fans aucune ire contr'eus,& qui ne feront remués de ta grace.   Amen.
Cette oraifon leur eft fort commune au commancement de toutes œuures, mais principalement pour
prier a l'heure, & pour lire l'Alcoran.   Au commancement de toutes leurs œuures ils dient ou efcriuent ceci, *Bifmi lahi rachmani rahimi.* Au nom de Dieu
mifericors & bon. Maintenant je veus dire des communes couftumes qu'ils ont en priant, foit a la Mefgeda ou hors, car en tout lieu font oraifon, les feigneurs en leurs fales,les autres ou il leur plaift.Incon-
tinent qu'ils font arriués a la Mefgeda au lieu d'adorer,oftés les fouliers, fans rien defcouurir de la tefte,
leuent la face vers le ciel, puis les mains eftendues,
les amenent fur la face, ce qu'ils appellent impetra-
tion de paix, puis s'inclinent, puis fe mettent a genous, & baifent la terre, ou fe profternent par deus
fois puis demeurent a genous,les talōs au cul, & puis
fe fait oraifon a fa deuotion.   Toutesfois c'eft quafi
toufjours *Alhammdu lillahi:*comme deffus,puis fe re-
leuent, & font comme deffus, tant de fois le pareil
qu'il leur plaift. Le commun qu'ils facent eft au matin deus oraifons,a midi cinq, a *chindi,* quatre, au foir
autant, au tard ou a la premiere garde huit, & toufjours pour chacune oraifon y a double baifement de
terre, ou inclination.   Mais les plufdeuots en font

Communes
couftumes de
prier.

Combien d'o-
raifons a chaf-
cune heure.

Du Preſtre. plus ou moins comme ils veulent. Le preſtre eſt aſsis en la Meſgeda au lieu là ou ce fait l'oraiſon, du coſté du midi,& le regardēt tous:car ils le font comme teſ-moin du vouloir qu'ils ont a Dieu, & ne dit qu'vn mot ou deus apres que tous ont prié : & ce qu'il leur dit eſt, Dieu vous eſcoute, & quelqu'vns dient *amin*, amen, ainſi ſoit. Puis le crieur ou clerc commance vne battalogie de l'oraiſon *alhamdu*, & dit *alhamdu lillahi alhāmd*,xx ou xxx fois, chacun mot, ou deus ou trois enſemble comme il veut. Et dit le peuple que cette oraiſon là ainſi reditte que c'eſt pour excuſer la mauuaiſe oraiſon des autres, & de ceus qui n'en ont point dit. Au propos de battalogie ou vicieuſe repe-tition, je veus reciter icy leurs couſtumes de quel-ques prieres, plus frequētes entre les Mores qu'autre

Couſtumes po-pulaires a pri-er. part. Iceus Mores ſouuent vers le ſoir, pres de quelque Meſgeda,ſortent dix,vingt,trente,cent, tant du plus que du moins, & tous enſemble commancent en branlāt la teſte,& tout le corps,l'vn vers l'autre di-ſans *alla,alla,alla, alla, alla*,tant de fois & long temps repetant qu'ils cheent a bas comme eſtourdis, & di-ſent qu'alors leur eſprit va auec Dieu porter *laſſala*, ou l'oraiſon. En la Surie & Natolie ou Turquie en y a qui ſe mettent ſi fort a tourner diſant *alla,alla*,&c. que jamais piroette n'en fiſt imitation : en fin que tous eſtourdis demeurent comme mors, & en ex-ſtaſe:& alors dient que leur eſprit va auec Dieu. Et de fait ceus ici entre tous leurs fous ou religieus ſont eſtimés les plus ſaints, & deuinent, & font des gueriſons, & miracles, comme ils diſent. Il y en a
quelqu'vns

en a quelqu'vns qui toute vne nuit, fans jamais repo-
poler, chantent *la alla illa la Muhumedi reſſul alla,*
mais toutes telles choſes ſont faittes par les idiotes
ſeulement. Ie ne veus pas ici faire digreſsion de leur
ſaints & diuerſité, car il ſera meilleur autre part. Puis
que j'ai dit des heures & mode de prier, il faut dire
des feſtes, là ou les oraiſons ſont plus eſtroittement
obſeruées.   Le vendredi, comme j'ay dit, leur eſt la
feſte de la ſepmaine, là ou faut que chaſcun voiſe a
l'oraiſon, au moins vne fois, ſinon que ce fuſt vn pauure homme, qui fuſt empeſché a nourrir ſes enfans:
car ſi quelque autre aiſé, & couſtumier d'y faillir, &
de quelque malle verſation en eſt reprins, il eſt empri-
ſonné: puis luy eſt fait reproche de ſa malle verſation
& negligence deuant le peuple: puis eſt mis en amende appliquée, ou a l'huile de la Meſgeda, ou aus pauures, ou a l'hoſtel-dieu : au village en beaucoup de
lieus il les mennent parmi le peuple auec vne peau de
regnard derriere, mais il eſt bien faillant deuant
que d'endurer cette honte. Gedit vendredi l'oraiſon
du midi eſt la principale, & ſi trouue quaſi tout le
mõde: & le Prince ſort ce jour là de ſon Serrail a Con
ſtantinople, & va tout du long de la ville, juſquea la
Meſgeda de ſon pere Sultam Selim, ou de ſon pere
grand Bayazeit, ou de ſon aÿeul Sultam Mahmed, qui
print Conſtantinople, & autrement peu ou point ne
ſe voit par ville : & encor faut que ceus qui le rencontrent baiſſent la face vers terre, faignant ne le voir:
ceus d'enhaut ferment les feneſtres, & ne le voient ſinon par feneſtre preſque fermée ou treillis.   Il eſt

Feſte des Mu-
hamediſtes.

Punition du
mauluais ob-
ſeruateur d'o-
raiſon.

Le Prince va
le vendredi a
l'oraiſon a l'v-
ne des maires
egliſes.

Les ſeigneurs
Turcs ne veu-
lent eſtre veus.

volontiers alhors accompagné de fon Pafchia Vifir,
d'vn deus mille que Spachi, qu'Aga, que Gingitzeri
(je defclareray ces mots en la guerre) & font aupres
de luy quatre ou cinq cens Solaclar ou gardes auec
l'arc,la flefche & cimitarré, le fuiuent communement
fept ou huit cheuaus en main, fort richement ornés,
puis quelques efclaues ou enfans d'honneur. Luy
aïant efté a l'oraifon, par l'efpace quafi d'vne heure,
foüuent gette quelques afpres pour Dieu,puis s'en

va.   Et qui verroit la modeftie, filence & reuerence
qu'ils ont en leurs Mefgeda ou d'oraifon, deuroit a-
uoir grand'honte de voir que les eglifes de deça feruent de caufer, pourmener, & marchander, & faire
fpelonque de Larrons.   Il y a le vendredi a fainte
Sophie, ou a la grand'Mefgeda des Turcs, vn docteur de leur loy, qui leur interprette quelque paffage
de l'Alcoran,par mode de fermon:la ou a cette caufe
tout le fimple peuple fe trouue, & y vient des villages, & eft cela a toutes bonnes villes, qu'a la maire
efglife tous les vendredis y ait vn prefcheur. Quant il
ne fait beau temps, ou qu'il eft mal feur,le feigneur
va le vendredi a la Mefgede feulement de S. Sophie,
pource qu'elle eft tout aupres du Serail : celle de Bayazeit apres icelle de Muhamed plus loing: la derniere eft de Sultam Sélim:& pource qu'elle eft fort loing
du Serrail,il y va peu.   Les ablutions du vendredi fe

font par fort grãde diligence:& fi vn homme penfoit
auoir fait quelque peché entre deus oraifons,il fe re-
laueroit autant de fois comme il iroit *a ffala* comme
autrement foit affés d'vne pour tout le jour. Refte

que les escrements d’abas de l’vne & l’autre partie,
font lauer les parties dont ils sortent, voire & fussent
ils contraints comme ventosités & polution.   Au
temps de Quaresme, l’oraison & ablutions n’est
moins gardée que le vendredi : car alors y a quelques
gens qui se prennent garde des bons & mauuais Mussulmans, & les notent d’infamie, comme transgres-
seurs de la loy, laissant l’oraison ou meugant sur jour.
Car leur Quaresme qu’ils font a l’imitation des Chrestiens, de la primitiue Eglise, & qui leur dure trente
jours, ou vn mois lunaire, (car ils comptent leurs ans
par mois lunaires, & non par solaires, comme nous)
ils ne mangent jusques au soir bien tard voiant les
estoilles ou la nuit, & ne mangent communement
comme on nous dit, toute la nuit, combien qu’il est
permis en l’Alcoran de manger jusque au point du
jour, sinon les meschants, & reputés tels.   Mais a
ce que j’en ay veu, mangent entre Turcs, raisonna-
blement chair ou poisson, ou tous deus, sans faire aucune difference de viande : puis du ris, de l’eau a boire.
Les meschans, & les Mores vieus, culteurs de cette
loy, & ceus aussi qui se permettent estans soubs cette
loy là de boire vin, sont ceus communement qui
toute la nuit ne font autre chose que gourmander.
Mais le commun peuple me semble merueilleuse-
ment estroit obseruateur d’icelle, & la faisant plus es-
troitte qu’elle n’est escritte : dont la grace n’en est pas
a la loy, mais au peuple, que s’il en auoit vne meilleure, l’obserueroit fort bien. Tout durant ledit Quaresme, il y a par tout aus bonnes villes sur les tours

Du Quaresme.

d iiij

Lampes arden-
tes.

de muſquettes, quaſi innumerables lampes ardantes
toute nuit, qu'il ſemble que toute vne ville ſoit en feu:
& les y tiennent, ainſi que dient les maiſtres des ceremonies, pour inciter le peuple, qui par ſon iuſne plaiſt
a Dieu, a prier continuellement. Durant le Quareſ-

Liberalité des
Turcs.

me les gros perſonnages tiennent maiſon ouuerte au
ſoir a tous venans, principalement aus docteurs,
eſtudians, Cadis, & autres gens de lettres, & tous
autres, juſque a ce que les tables ſoient fournies,
qui en hiuer & en eſté ſe mettét en belles galleries, là

Des Aumoſnes
des riches.

ou en hiuer s'eſtendent beaus grás pauillons. Mais a-
uant que je ſorte du Quareſme, pour venir a Paſques, il me ſemble lieu oportun de parler des aumóſ-
nes des Turcs, & des grans & riches fondatiós qu'en
aumoſnes ils font. Veu auſsi qu'ils dient qu'il y a
trois ſignes de congnoiſtre le fidelle: L'oraiſon de laquelle ay parlé: le iuſne dont a preſent parlons, & la
chárité ou aulmoſne de laquelle a cette cauſe parleray: & auſsi que c'eſt la choſe que touſjours Muhamed ha en la bouche & commandement que l'aumoſne. Ils ont par opinion & conſeil, tant en l'Alcoran qu'aus liures des ceremonies, que la principalle
choſe & plus aggreable a Dieu qui ſoit au monde,
c'eſt *alzaché*, & entendent par cette vois païer a qui on

Aumoſne po-
pulaire.

doit, & donner a qui n'en a point. Dont vous trouués
des pauures gens, qui n'ayans de quoi donner, entendent l'ayde aus hommes ne ſe fait ſeulement en boire & manger, mais de tout beſoin: le temps de leur
vie emploient a amender les chemins mauuais, y ap-
portans pierres, bois, arenes s'ils ſont enfondrés, les

amendent auec degres ou dreçant : les autres a drecer des ruiſſeaus, ou cours d'eaus, & fontaines, & les
faire venir ſur les chemins, & quelqu'vns en tirent
d'vn puis, & vont querir aus fontaines, & portent en
quelque caſule ou maiſonnette ſur le chemin, & inuitent a boire par vn tel zele, que je croi certes s'ils
buuoient vin, qu'on y en trouuerroit des fontaines.
En Barbarie, a cauſe qu'il y a rarité d'eau pres des
bonnes villes, vous trouués des fondations d'eau perpetuelle, qui ſont faittes aus ſepulchres de quelques
Mores a perpetuité : & y a la vn Morabite ou Her-
mitte a leur mode, qui eſt tenu pour quelque fondation, a tenir touſjours les ciſternes plaines d'eau, &
inuiter, & bailler a tous venans, & leur recommander l'ame du defunt, & ſes parens viuans. Telles fondations d'eau a boire par les chemins ſont communes de pauures gens. Des plus riches il y en a, mais
plus en la Natolie qu'en lieu de Turquie, qui obſeruent venir les paſſans, & les prient, & inuitent a venir
manger, boire, & coucher chés eus, pour leur ame, en
ce n'ont acceptation nulle de perſonne : car ne le riche, ne le pauure ne païent rien, & lendemain on dit
grand merci, & que Dieu leur rende a ceus qui ont
fait cet honneur : & ceus ici entre tous Muſſulmans
ſont eſtimés les meilleurs, pource qu'ils enuoiét leurs
aumoſnes en Paradis deuant eus, ſcelon ce qu'ils ont
en eſcrit au liure des Inſtructions. Quant tu donneras
tzadaca, l'aumoſne, donne du meilleur, que tu ayes,
& du plus excellant : car vn morceau du meilleur,
eſt plus aggreable a Dieu, que cent eſcus mal acquis
donnés apres ta mort : & vne datte donnée de bon

cueur, durant ta vie, vaut mieus que mille apres ta mort. Cecy fait que quant ils reçoiuent quelqu'vn en leur maison, ils le traittent comme eus mesmes: ce que premier je ne pensois vray, jusque a ce que Seraphin de Gozza Raguzois, l'aiant experimenté enuiron Seruia & Bosna assés de fois, le me raconta, & donna courage de chercher aus autres païs si ainsi estoit. Il disoit auoir esté ainsi receu passant païs assés mal habité, & aussi qu'en Turquie n'y a nulles hostelleries ou tauernes, comme ja ay dit. Il voit vne maison seulle, belle pour le païs, là ou y auoit vn homme assis a la porte, qui se leue & vient a eus les salüer, disant, *sapha gheldinis*, Vous soiés les tresbien vénus. Il y auoit trois seruiteurs François, & vn Turc pour conduite. Puis leur dit, *Alla seuersis, gellumus sis benum euea, ben berechet alla sisa veraim scindi agssam, bir daheh eue bunda deil sisum iola iachenda daheh eue varmez, bunda guzel ot, guzel taonc, gellumnissis mismillahi.* Qui est a dire mot a mot, Dieu vous aime, venés vous en en ma maison, je vous donneray la benediction de Dieu: c'est a dire des biens que Dieu m'a donné. Il est incontinent tard: il n'y a point ici d'autre maison, & aupres de vostre chemin il n'y a point d'autre maison. Ici nous auons bon feu, & bonnes poules, venés au nom de Dieu. Ce sont les parolles en effet que le dit Raguzois qui sçauoit vn peu de Turc me referoit. Leur tréttement fut tel: ils furent mis sur de beaus tapis, seans a terre, a la mode du païs: puis fut fait vn bon feu pour les secher: fut apporté vn gasteau & de l'eau sucrée auec quelque confitures faittes de vin cuit, & beurent & man-

Vne histoire recitée par Seraphin de Gozza touchant l'Aumosne.

gerent,en attendant le foupper:qui fut de deus fortes
de ris,auec du mouton bouilli & rofti,des poulets,ou
chappons roftis & boullis : tant qu'en toute la Turquie , hors le vin ne furent mieus pour leur argent,
qu'ils eftoient là pour rien. Puis furent faits coucher
fur vn ftramas, a la mode du païs, chafcun par foy.
Le lendemain au matin qu'il vouloit païer , on luy
dift *benun ianuam var, alla feuerfis* : Soit pour mon a-
me, Dieu vous le rende , ou vous aime : ainfi depuis
eftre bien traitté on luy dift , gradmerci. ce qui nous
deuroit inciter a plus grande charité, & plus frequente,quant auons le pouoir. Ie fçay bien qu'a l'occafion de la Barbarie, & belliqueufe nation, contraire le
pluffouuët a humanité, qu'il i en a là plus de mefchãs
& moins de bons que deça : mais je regarde que fi
entre les gens qui font damnés y a de telles perfonnes, que ceus qui font fauués les doiuent aufsi par
beaucoup furmõter: A l'occafion que ledit Gozzame
dift auoir efté traitté aus *imarach* qui veut a dire com-
manderies quant a l'interpretation, mais quant a lef-
fet qui n'a rien de femblable aus noftres : car là, le reuenu & aumofne eft pour les indigens,ici ils font aus
riches,& qui deuroiët auoir matiere de contentemët.
I'en veus dire pource que fe font les fondations des
Sultãs,& Bafchiats,Schiats, Maules, Hams & autres,
qui font les liberalités grandes apres leur mort,& qui
ne peuuent plus exercer tyrannie. Il eft de couftume
quafi a tout grand , ou riche perfonnage. Muhamedique a fa mort,de fonder vne Mefgeda ou eglife a leur
mode,là ou en quelque chapele ou anglet fe fait enter-

rer, & ordonne quelque deniers de rente, a quelques
docteurs, escoliers, ou Lecteurs dits Muderis po ur lire a certaines heures & a certains jours l'Alcoran, ou
autres oraisons: car ils croiët que la lecture de leur Alcoran ou loy, leur soit plus meritoire que toute autre
oraison. Quant est de la forme de leurs esglises, je l'ay
ja ditte: les petites ou sepulchres sont a la mesme forme, hors la grandeur. Il y a enuiron lesdittes esglises
Mesgedes ou *imarat* selon la richesse du fondateur
200,180, ou autre nombre, tant du plus que du
moins, de petites maisons ou chambres, pour loger
tous passans, allans & venans, jusques a trois jours:
les cuisines tousiours garnies a l'heure du repas, pour
nourrir premier lesdits passants, & aussi les communs

**Fondations &
Aufmones des
princes.**

& ordinaires pensionnaires, dont ay parlé en la nourriture des enfans, qui sont docteurs, lecteurs, & escoliers: par apres generallement s'estend ladite aumosne a tous venans, soient Turcs, Iuifs, ou Chrestiens (combien que de Iuifs n'en ay nul veu necessi-
teus). Et en vn lieu là ou ils ne sont que dix riches,
fussent ils deus cens de pauures, ils ne laissent nul a-
uoir faute de manger principallement, & gardent bien
ce precepte, qu'il n'y ait nul mendiant entre vous: ce
qui me fait merueilleusemët penser, comme ainsi soit
que l'intention de toutes les lois du monde, soit Cha-

**Exhortation
aus Chrestiens.**

rité, & tant plus de la nostre, quant plus est parfaitte,
que nous nous sentons fort de la parabole de l'enfant
prompt a promettre, & tardif faiseur : qui n'auons
point de honte qu'en tant de prouinces de ce royaume
y a tant de mille, & mille pauures mourâs de faim, par

la

la grande cherté: tandis qu'on abat vn vieil, beau, ho-
norable, & durable a infinis ans, temple, logis ou autre
edifice, pour en refaire vn autre, bien souuent, a l'appetit de quelque vsurier, qui pense faire vne belle œuure, tandis qu'il est, ou superieur, ou recteur d'eglise,
de donner cent escus, & 10000, que possible par fas
& nefas a vefues, & orphenis a desrobé pour cōman-
cer a edifier vn edifice, ou tēple braue materiel, pour
luy cadeler son nom en terre, & faire despendre cent
mille escus, a ceus qui l'escoutēt. O nous miserables,
& mal entendans le vouloir de Dieu, & l'intention de
la directiō de ce mōde! O bien heureus Exuperi euef-
que Tolosain, tant loué de S. Hierosme, pour auoir
vēdu callice, patenes, & aubes, & toutes richesses ec-
clesiastiques, pour nourrir les membres, & temples de
Dieu viuant! O combien a esté plus saint faire &
garder la sainte hostie, & memoire de la mort, & pas-
sion de ton maistre en vn voirre, & en vn petit pen-
nier, que consecrant cil qui d'or ou pompe n'a cure, en
vaisseaus d'or, voir perir de famine cil pour qui il est
mort! mais retournons. Vous ne trouués communement ville en la Natolie qu'il n'y aïe aumosnes, &
hors les villes, a toutes repuës des grans chemins
vous en trouuerrés, là ou principallement passans ont
repuës fraiches, comme aussi aus maisons particuliai-
rés, dōt en la Turquie vieille ou Natolie en y a beaucoup. A Constantinople, là ou a present est le chef
de l'Empire, & commune residence de ce seigneur
hors guerre, tous ses predecesseurs audit lieu Muhamed, Baiazeid, & Seliman ont fondé chascun la plus

Trois imarats
ou commande-
ries & fondati-
ons de Princes
a Constantino-
ple.

belle. Celle de Sultam Muhamed a enuiron soissante mille ducats de rente plus que moins par an. Ie diray par apres, en parlant des sectes, dont elle est si riche. elle est quasi egalle en grandeur & forme a sainte Sophie, & a enuiron elle cent maisons rondes, pour les pellerins, & docteurs, toutes couuertes de plomb: au dehors du cloistre, y en a de commun edifice cent & cinquante, pour loger pauures vulgaires de la ville, ausquels quant ils y veulent demourer on donne vn aspre pour jour, & du pain a suffisance: là ou je croy qu'il n'y a bellistre qui estime la fortune digne d'accepter, car je n'y ay veu que les logis vides, ou de peu habités. Quant tous les deniers ne se despendent là,

L'hostel-Dieu des malades. ils les donnent a l'hostel-dieu des malades, ou des insensés: car là quant quelqu'vn est fol nuisant, ou eshonté, on vous le prend par force, & le fait on deuenir sage a coupe de verges, & force de liens. Au surplus les marauts, ou qui par faintise, ou par desespoir se sont dediés a la belistrerie, comme seroient les faus escorcheurs de jambes, malades de saint Iehan, de saint Main (desquels auant l'image de la primitiue eglise, commencé vn peu a restituer, par les aumosnes parrochiales aus bonnes villes de France, tout estoit plein) tels n'ont point là de lieu. Il est bien vray qu'il y en a assés sous ombre de religion qui demandent par païs. Mais quant les Turcs viennent en Italie, principallement a Venize, ils sont tous estonnés de voir ce mistere: & nous nomment entre nous Gaours, ou Chrestiens, ou infidelles, & les plus cruelles gens du monde, qui souffrons vne telle pitié

eſtre publiquement vüe: & s'en vont en cachettes
par ſous le *duliman* leur jettent des aſpres ſur les
ponts, ſi treſſecretement, que vraiement vous voiés
en cela pratique du dire de Ieſus Chriſt, Ne ſache la
dextre que fait la ſeneſtre. Les autres *Imarats* ou cō-
manderies ſont a la meſme forme, ſinon que celle de
Sultan Bayazeit n'eſt pas ſi riche ne grande, car c'eſt
celle que ſon bon fils Selin, apres qu'il eut fait empoiſonner ſon pere, & l'aiant chaſſé de ſon roiaume
luy fiſt faire, pour oſter le ſuſpeçon de la mort qu'il
luy aüoit pourchaſſée: La ſienne a trente mille ducats
de fondation. Mais j'ay peur d'eſtre trop long en recitant en l'ennemi le principalle vertu de ce monde, &
par laquelle ſeule nous imitons le diuin benefice: parquoy en-y laiſſant penſer les Chreſtiens, je m'en
vois acheuer Careſme, & reciter les paſchales ceremonies. Aiant donque juſne trente jours, ou vne lune, ils conuiennent tous generalement, le plus prochain vēdredi ou *Giumah ghun* du dernier de la lune,
a la Meſgeda, là où ils font leurs annuelles oraiſons,
& font l'oraiſon de midi principalemēt fort prolixe:
& le preſtre lit diuerſes Aſora ou chapitres de l'Alcoran: entre leſquels eſt le troizieſme principal, lequel
ils nomment *el meide*: c'eſt a dire la cene: durant lequel tous commancent a venir baiſer les mains l'vn a
l'autre, les Turcs, Perſes, & Tartares: les autres ſe
baiſent la bouche: & tous diſent l'vn a l'autre, Dieu
te donne la bonne Paſque, en Turc *alla chair behi-*
ram verſena: en Arabe *teib behiram leche*: & tout homme qui a vn ennemi eſt contraint luy demander par-

don, & l'autre luy donner, premier que baiſer ou
main, ou bouche: car autrement leur *behiram* ou Paſque ne váudroit rien, & en outre ſeroient excommuniés s'il eſtoit ſceu que quelqu'vn y euſt failli. Parquoy ce voit qu'ils ont prins cette pardonnance (ſans
laquelle en eſt lieu a vnité ou ſalut) de la primitiue Eſgliſe Chreſtienne: Là ou premier qu'ils conuinſent
au ſacrement d'vnité, il failloit demander pardon a
tous ſes ennemis, & auſsi leur pardonner, auant que
venir au ſacrement ou ſymbole d'vnion. Non ſeulement le jour de Paſques les Muhamediſtes ſe deman
dent pardon, mais auſsi tous les vendredis, quant ils

Punition grie-
ue du diſsimu-
lateur en Reli-
gion.

vont a la Meſgeda, n'oſeroient faillir, ſur la peine de
haram, c'eſt a dire grand peché, ou excommunication
de pardonner, ou pour le moins faire le ſemblant a
ſon ennemi: parquoy les meſchans qui ne veulent
pardonner, ne ſi trouuent que peu, de peur de pardonner: car depuis qu'ils ont pardonné, s'ils faiſoient quel
que jniure l'vn a l'autre, par l'ancienne querelle, & partie intereſſée peuſt prouuer qu'ils s'eſtoient pardon-
nés cela, l'aggreſſeur encourroit vne merueilleuſe
peine ſelon le cas, plus que pour vne autre offenſe: car
ils diſent que qui fait cela, qu'il ſe mocque de Dieu, &
des hommes. Voila leurs Paſques grandes, qui ont
deus jours de feſte, l'vn apres l'autre: durans leſquels,
& juſque a ſept jours prochains, les Turcs font infinies aumoſnes, & principallement font tuer force
moutons, car c'eſt la viande que plus ils eſtiment &
vſent: & font ſçauoir a tous pauures meſnagers, qu'ils
viennent querir leur *behiram* ou Paſques: a ſçauoir

de

de la chair, pain, aspres &c. Ils vont visiter les malades,& secourir aus orphenins. Les autres vont a la fosse, de leurs morts, & y font manger les pauures dessus,pour leur ame : & bref c'est vne grande chose de voir les apparences exterieures de leur charité. Ils ont diuers chapitres en leur loy,& liures de ceremonies,qui leur suggerent cette opinion, & pource j'en veus escrire quelques vns. Quant ils veulent recommander quelque chose fort diligemment,ils faignent que Gabriel,lequel Muhamed leur prophete dit luy auoir reuelé sa loy, leur commande ou conseille. disant,que Gabriel met aus fils d'Adam sept manieres d'euures pour estre saulués. La premiere,prier Dieu, & faire *lassalla*,cinq fois de jour : & que commancer deuant les autres, & finir le dernier est le meilleur. L'autre faire reuerence aus sages , & conuerser auec eus.La tierce visiter les malades. Donner l'aumosne. Visiter & cõsoler les orphenins,pource que Dieu dist a Gabriel, regarde que celuy qui fait plorer l'orphenin, je le feray plorer en enfer , & je colloqueray en Paradis celluy qui le fait rire. Amander les chemins, est la sixiesme. Accompagner les mors a la sepulture,est la derniere. Et en vn autre lieu il escriuent, fais tout ce que tu fais a Dieu (il veut dire pour l'amour de Dieu) purement, car Dieu ne reçoit rien s'il n'est fait purement du bon du cueur. Ie retourne a mon propos,tandis qu'il me souuient que j'ay deuãt parlé des grandes Pasques,affin que j'aduertisse que je l'ay dit, a la difference des petites, ou secondes, qui sont quatre vints,ou quatre vint dix jours, ou trois lunes

De par qui les Muhamedistes commandent.

Note.

Petites Pasques.

apres les grandes :& different de ce , que deuant les
grandes y a jufnes contraints , ici il ne jufne qui ne
veut:toutesfois les deuots jufnent quinze jours deuant pour le moins. Les mefmes cerimonies, aumofnes , & feftes & pardons qu'ay dit deffus , font ici:
non du tout fi folennelles ou grandes. Des jufnes
en l'an autres commandées a tout le monde,il n'y en
a point. Les deuots jufnent apres le *Ramadham* , qui
eft le mois de Quarefme,encor fix jours de *ffual*,pour
ce qu'il y a là des eftimeurs de merites,qui leur efcriuent ainfi : Qui auec *Ramadham* aura jufné fix jours
de *ffual*, eftime auoir jufné tout du long de l'an. Les
autres jufnent les jours blancs de chacun mois , qui
font le treziefme, quatorziefme, & quinziefme, penfant auoir le merite pareil de toute l'année. Plufieurs
bigots Arabes obferuent cecy. La condition du jufne qu'ils efcriuent eft telle, Qui jufne le *Ramadham* , &
s'abftient de *haram*,c'eft a dire depeché,ou il y a quelque grand forfait,& de faus tefmoignage , Dieu fera
contant de luy , & les portes en Paradis s'ouuriront,
& celles d'enfer fe ferront. Des feftes a tous Muhamediftes obferuables,que j'ay fceu fcauoir,il n'y a
que les vendredis , & jour de Pafques & fuiuant Pafques. Mais chacun en ha a la mode de fon païs. Les
Mores en ont vne enuirõ, *zilffede* ou le mois de May,
comme leurs mois de prefent refpondent aus noftres,
là ou ils s'affemblent aus bonnes viles , & couurent
vn chameau de linge, & s'en vont tournoians auec
beaucoup d'autres chameaus parmi les champs, & a
l'entour de la ville,difans qu'ils font fefte a Muhamed

pour vn jour que sa femme s'estoit perdue ou esgua-
rée, & qu'il l'alla chercher, & la retrouua. Bref les
Mores me semblent les plus fous en cerimonies, & *Les Mores vi-*
plus froids en charité : qui laissent souuent mourir *cieus.*
leur voisin ou prochain parent de faim sans le secourir. Les plus traistres, & faussaires, brutaus sodomites
que i'ay cogneu en tout le monde : & par cela je pren
vn argument de la malheurté de cette meschante se-
cte, dont ils sont les anciens & premiers obseruateurs
& qui plus se glorifient, comme j'ay dit de leur sain-
cteté. Les Turcs font souuent obseruer des festes, *Festes a l'hon-*
non pas aus esglises, ni a Dieu, mais ou pour le re- *neur du Prince.*
tour du Prince de quelque lointain voiage, ou le jour
de la circoncision ou natiuité d'eus, ou de leurs enfans : ausquelles festes, qui sont non moins que trois
ou quatre jours, faut serrer boutiques, & se mettre a
boire, faire continuelle & grand' chere chacun a sa
mode & son pouuoir, Cela est quant aus festes, ius-
nes, & aumosnes que les Muhamediques communement obseruent : nous dirons par occasion la reste,
quant elle s'offrera. Auant que je vienne a dire de la
somme de leur loy, & qu'ils croient, ou qu'ils ne croient pas, pource que la couersation, & entr'eus, &
entre les estrangers qui ne font de cette loy, me semble plus deuoir estre faittes par religion & crainte
de Dieu, que contrainte de loix. Ie le mettray ici sans
differer de le mettre entre les loix coercitiues, qui sont
la Iustice: & feray ce principalemet pour aprendre aus *La cause qu'on*
estrangers comme ils doiuent conuerser auec eus. Ce *iuge mal des*
qui fait mal juger par le commun recit de la cruauté *Muhamedi-*
ques.

des Turcs, & qui leur baille le nom de ſi grande infidelité eſt, que quaſi tous ceus qui ont experimenté
leur domination (je ne veus point dire conuerſation)pour la captiuité ou aduerſe fortune, qui fait ſans
doubte trouuer toutes choſes ameres,ou ja pour opinion de la diuerſité de la loy qu'ils gardent, ne pou-
uans conceuoir aucune bonne opinion d'iceus, ont
tous jugé vniuerſellement eſtre intractables barbares
& indignes d'humaine ou Ponentine conuerſation.
Dont qui veut juger à la verité d'vn affaire,il faut deſ-
pouiller toute affection, comme vn bon juge, & auſſi auoir le moien que fortune aduerſe, ne puiſſe oſter
ou changer la couleur & gouſt aus choſes. Ie nepuis
ne moy ni homme du monde nier, que communement les hommes ne ſoient là ou il y a pires ſta-
tus,plus mauuais, & là ou il y a plus de licence,& d'-
occaſion, y eſtre plus grande frequentation de peché,
voiant que tous hommes ſont enclins a mal,& a la pire partie,& tant plus,quant moins ſont inſtruis: dont
il aduient certes communement que les Muhamediques ont de plus mauuais garçons entr'eus,quant aus
eſtrangers, que nous n'auons deça.   Ie di aus eſtrangers,car entr'eus certes il n'en ont la diſme de de-
ça:ſauf les Mores.   Mais ce que j'en diray ce ſera
pour le plus commun d'entr'eus,laiſſant la grand' frequentation de la Court, qui par tous ſiecles & en tout
le monde eſt quaſi a vne mode gouuernée : & faut,
qui veut eſtre homme de bien, ſelon le dit du Saty-
rique, qu'il ſe retire de Court. Laiſſant auſsi ceus
qui ſont fort affinés aus villes,& font ce,donc juſtice
                                                    leur

leur fait rendre compte : & auec eus laiſſant les deus
extremités du monde, Neceſsité ou Pauureté , &
grande Richeſſe ou Tyrannie, qui a loix , l'vne pour
ne pouuoir, l'autre pour ne vouloir , communement
ne ſont ſubgettes. Quant eſt des Mores, je les ay
paints aſſés de fois, car l'experience m'a cōfermé que
la foy Punique des anciens, a eus attribuée, a entr'eus
par bonne culture prins vn grand increment. Les
Turcs communement ſont tous au contraire, car
il me ſemble que de nulle choſe en ce monde n'ont
ſi grande raiſon, que de la foy promiſe a quiconque
ſoit : & me voudrois certes pluſtoſt fier a la ſimple
foy d'vn Turc naturel, qu'a vn bon ſinet, teſmoins,
& obligé de tels de pardeça: pource que là on me fera, ſi mon homme eſt meſchant, tort ou raiſon en premiere inſtance : ici, on me fera deſpendre la reſte de
mon bien apres l'autre: & faire ce que dit le prouerbe,
jetter la coignée apres le manche. Leurs marchādiſes
& labeurs ſont ſi treſexquiſement faits, & ſi treſdura-
bles (fors les maiſons) qu'ici ne reçoiuent aucune cō-
paraiſon. Et au parauant que les Iuifs chaſſés d'Eſpagne & Prouence, par leur induſtrieuſe pauureté , leur
aprinſent tant a falſifier leurs arts, marchādiſes, mon-
noie, comme auſsi a tout encherir, les choſes eſtoient
beaucoup en meilleurs termes. De toutes choſes ſont
meſme pris, aus leurs, aus Iuifs, & aus Chreſtiens.
Quāt eſt a cōuerſer entr'eus, ils ſont merueilleuſemēt
equitables: & s'ils ne l'eſtoient, & aimoient la republique, la paine incontinēt s'enſuit. Dōt au ſceu du Prince, combiē que là y en a beaucoup, pour ſa cōuerſatiō

on ne voit point là tant de fangfues & vfuriers, qui
amaffent la richeffe d'vn Croefus, en vn an ou deus,
de larrecin, je voulois dire de marchandife, comme
ici foubs la bõté d'vn Prince, qui permet a chacun rai-
fonnablement gaigner, fe fait fi bien que le pluffouuent la condition de la guerre eft plus defirable que
de paix : car ces larrons incontinent qu'il eft permis
par ouuerture de paix, liurent les prouifions aus confederés, & encheriffent le pain & vin au peuple, ce
que la guerre ne pouuoit pas faire, ne l'ennemy, & ce
par l'iniquité des recteurs de villes, que pour auoir la
part au gain, permettent tout fas & nefas, abufant du
vouloir d'vn bon Prince qui en leur exterieure apparence fefie. O miferables nous qui portons la pefte
en noftre fein ! ce que l'ennemy ne nous peut faire.
Mais j'enten bien, il faut que les riches, & feigneurs
vendent leurs bleds a haut pris, dont je me tais, voiant
que difant vray, ne puis autre irriter, & inciter contre
may les freffons, le bruit populaire m'a incité a dire
cecy. Mais pour vous donner par vn exemple conjecture de l'innocence des Turcs vieus, ou de la Natolie ou premierement ont habité, je veus efcrire ce
qu'entre eus ay veu. Moy eftant au dit pais de Natolie, & eftant par tempefte contraint a tenir logis
long temps, iceus Turcs s'en venoient dedans mon
logis, tout auffi priuement cõme dedans le leur, fans
dire autre chofe que leur *falem alec*, ou Dieu vous
gard, & s'en venoient mettre au feu, ou affoir : de laquelle familiarité fort eftonné, leur difois ainfi, *me fi-*
zum edat fugle vaxmec dahe euea, bouguzel ioctur : c'eft a

dire, Quelle couſtume eſt la voſtre , d’entrer ainſi aus
maiſons extranges? cela n’eſt pas beau. Il me reſ-
pondoient tous, *Corcma cardaſch, biſum edat ſuyle var-*
biz bizdam corcmeſſis:c’eſt a dire, mon ami, ou frere, n’a-
yes peur, noſtre couſtume eſt telle. nous ne craignons
point les vns les autres. Et pour faire l’experience,
j’enuoiois mes gens a deus, a trois, a quatre lieus par
les villages pour auoir des viures : comme chappons,
poullets, œufs, mouton, ou autre choſe (car en Turquie n’y a faute de choſe qui ſoit requiſe a la vie humaine, non plus qu’ici, hors le vin qui eſt vn peu
cher) mais par tout trouuoient le pareil, ne leur eſtre
prohibé, ou trouué eſtrange l’entrer par tout , car là
toutes maiſons communement ſont ouuertes, & ſe
ſerrent la nuit ſeulement , j’enten aus villages. dont
je faits conjecture de la grand’innocence ou contrain
te qu’ils ont enſemble. Ie di les Turcs naturels &
ſimples gens, car citoiens & courtiſans ſont au contraire. Les Turcs tiennent ſeulement eſtranges les
habits de deça, faits comme a mode de legers ſoul-
dats, deſchiquetés, taillés, bordés, brodez & courts,
auec les braguettes, comme nous eſtions abillés .Car
les Turcs, Perſes, Tartares, Syriens , & communement tous Muhamediques,& les Moſchouites , Armeniens, Cercaſsi, Grecs , Valachiens , Polaſques,
Hongres,& tous autres Chreſtiens qui hantent quelque fois permi eus,ſont tous veſtus d’vn habit fait cōme le corps,& venant a quatre doigts ou demi pié de
terre. Et la choſe qu’ils treuuent le plus eſtrange
qu’il y ait en nous eſt,que nous changeons ſi ſouuent

d'habits diuers. Et qu'ils trouuent irraisonnable &
fort mauuais est, que nous dechiquetons, & coupons
ainsi nostre drap & soie, qui a esté fait pour durer &
seruir a vn autre plus pauure, quant le riche n'en veut
plus:& pour cela nous appellent *dely & maschara*:qui
est a dire fols & acariastres, qui gastons ce que la republique doit & veut garder.Les braguettes leur sont
fort suspectes, a cause de l'extreme jalousie, pensant
que si grant estable soit argument de pareil cheual.

Or donc qui veut conuerser seurement auec eus, il
faut premier prendre vn habit long, de quelque couleur, a la mode du païs, puis vn bonnet dasap ou auan-
turier, qui est vn haut bonnet de drap, dont les oreilles sont fendues de costé, & pendent jusques sur les
espaules, duquel indifferemment tant les Turcs que
les Chrestiens peuuent vser: puis s'en aller par le païs

qui sçait parler Esclauon, ou Grec, ou Turc, car ce
sont les langues principallement entendues en toute la Turquie jusqué au Caraman ou Cilicia,là ou
on commance a parler Arabic vulgaire: car par toute la Turquie,Tartarie, Persie, Surie, Arabie, Aegy-
pte,Barbarie,Indie, la langue Arabique Grammatique est entendue a cause de l'Alcoran, & des loix de
judicature, qui par tout là sont receues: comme par
deça, En Austriche, Hongrie, Pologne, Alemagne,
Suedre ou Gottie,Angleterre,France,Espagne,Ita-
lie est entendue la Latine. Mais a cause des injures qui des meschants tous les jours se peuuent faire,

comme de prendre vn homme seul,en quelque desert,sans tesmoin, & l'aller vendre pour esclaue: de

uant que le pauure homme puiſſe trouuer juge pour
dire ſa querelle,& auoir aide de Iuſtice. ou ſi c'eſt hom
me bien monté, a cauſe qu'en Turquie n'y a point
de Poſtes,& que les ſeruiteurs du Turc ont comman
dement de prendre cheuaus ou ils en trouuent, pour
courir ſa poſte (ce qui eſt là occaſion de faire mille injures) on luy peut prendre ſon cheual,& le luy mener
juſque a vne journée, deus ou trois, ou autant qu'il
plaiſt au meſchant,ſi le pauure homme ne le rachepte
de quelque ducat ou deus, pour poſsible incontinent eſtre prins d'vn autre pire, car là on peut quaſi
dire au diable le meilleur des gens de Court,quant ils
ont occaſion de te mal faire:a cette cauſe qui ne
va tout par mer, il y fait bon donner ordre en cette
maniere.   Quant vous mettés pié en Turquie, ſans
muer habit de teſte, vous faut dire de quelque païs
dont vous ſachés les adreſſes & langages (car ils ſont
fort ſuſpeçonneus en cas d'eſpies,& gents qui vont
pour voir) & regardés bien que le dit païs ou ville
dont vous vous dittes ſoient confederés & amis, ou
ſugets du Turc, ou autre Prince barbare : puis vous
conuient dire marchant,& que vous voulés aller que
rir,ou porter,ou faire amener marchandiſe (les Am-
baſſadeurs & Meſſagers ſont perſonnes priuilegiées,
qui toutesfois vont peu par païs ſans homme du
Turc,ou ſaufconduit)& expoſant toutes les raiſons
au Sangeac, qui eſt le capitaine du païs ou vous vous
trouués,en luy faiſant bonne reuerence, & quelque
preſent,il vous donnera ſaufconduit d'aller là ou vous
voudrés , ſans quelqu'onque empeſchement : en

outre si vous voulés vous donnera vn homme d'vn
seigneur qui vous conduira jusques là ou vous voudrés,& vn *dragman* ou interprette, moiennant leur salaire. Quant vous aurés esté resident vn peu au Caire,
ou a Constantinople, ou à quelque bonne ville, vous
irés par apres ou vous voudrés, auec les caroanes ou
compagnées des marchants, ou par naues, ainsi que
vous voudrés. Là n'entrés pas dans leurs Mesgedes

Qu'il faut fuir
en Turquie.

ou esglises, car ils vous feroient Turc, ou de leur loy.
Ne parlés de leur loy qu'en bien,& encor' qu'ils vous
demandent qu'il vous en semble: car si vous en dittes
mal, ou de leur Prophete, ils vous feront Turc ou
mourir. Ne vous enquerés point des affaires du
Prince ou Roiaume, sinon a vous bien grans amis,
& sobrement: car la teste y pend: & pour vn petit de suspçon en ces matieres là, font mourir vn

Viures assés.
vin chés les Iu-
ifs & Chresti-
ens.

homme. Vous trouuerrés là tout ce qui est requis a la vie humaine, reste le vin, & porc: du vin
en la maison des Iuifs y en a assés, ou de maluoisie:
porc & vin chés les Chrestiens assés. Vous irés
par tout a vos cerimonies & messes comme deça: & n'empeschent point les Turcs chacun de viure a sa loy: & s'il y auoit quelque meschant qui
y fist quelque empeschement, vous aués action contre luy chés le Iuge du lieu. Vous aués a Con-

Cerimoniesdes
Chrestiens de
par dela.

stantinople, ou en Pera, qui anciennement estoit vne
partie d'icelle, les messes des Grecs tous les Diman-
ches, & quelques festes, vne par jour seulement.

Des Prestres
Grecs & Arme-
niens.

Aus Armeniens aufsi qui en ont plusieurs, mais ils
jusnent vn jour, & s'abstiennent trois jours de leur

femme, comme les Grecs vn (car tous Preſtres du
monde, reſte ceus de l'egliſe Romaine, ſont mariés)
deuant que dire la meſſe : il y a encor des Cordeliers,
Iacopins, & Benedictins en Pera, qui chantent a la
Franque, ou Romaneſque. Voila le commun moien
de conuerſer auec les Turcs, & comme communement entr'eus ils habitent, & y faut habiter par
vn eſtranger.   Vous aués là de toutes les langues
du monde, a cauſe des captiuités qu'ils ont de tout
le monde : mais les principales ſont, comme ja ay
dit, le Grec vulgaire, Turc & Eſclauon, car vous
ne trouués quaſi point là de gens qui ne ſachent parler deus langues pour le moins : parquoy y a grand'
abondance de dragemans ou interpretes, qui ſont requis a homme qui veut traffiquer.   Cela eſt le commun, que les Iuifs ſçauent quaſi tous l'Eſpagnol,
Grec, & Turc. Qui veut faire aucun traitté, on a bon
marché, & grande diligence de leur paine.   La langue Latine n'y a point de lieu : Grecque Gramma-
ticque bien peu, ſeulement en quelques Preſtres &
Moines au Patriarchat, & a Monte Sancto, ou mont
Athos, là ou il y a quelques religieus de ſaint Baſille
reduits de toute la Grece, qui tous ſont doctes, comme les vulgaires preſtres de deça : mais c'eſt trop de-
mouré en la generalle conuerſation. Maintenãt il faut
parler en ſomme de leur loy, & créance, ce qui ſe fera
beaucoup mieus en commançant a l'origine de leur
loy, ou religion, pourtant que ce qu'on a eſcrit juſque
ici de leur Muhamed, qu'ils appellent Prophete, eſt
en partie diuers de ce qu'ils en ont par eſcrit.   Dont

Principales lan-
gues en Tur-
quie.

Digreſsion de
la loy, & vie
de Muhamed.

apres l'auoir diligemment leu en leurs liures, l'escri-
ray : & ce faisant, & donnant les choses a la verité,
pense que par leurs folies se confuteront mieus par
eus mesmes, que par quelconque fiction, & confutation auec l'histoire a eus non approuuée. Car je
croy qu'vn bon esprit voiant telles besteries, ne les
pourra estimer autres que besteries & songes. Ils ont
liures appartenans a leur loy, beaucoup : mais qui est
gardé de tous est l'Alcoran. Lautre qui est apocry-
phe, & qui est toutesfois le plussouuent entre les
mains du peuple (comme cela soit commun qu'on
promet par tout au plus grans bestes, les plus grandes besteries) est la doctrine de Muhamed qu'ils nomment *ta alim elnebi*, doctrine du Prophete, là ou sont
comprinses les plus fanatiques folies, qu'esprit en ce
monde pourroit jamais auoir songé ou jmaginé, qui
certes me font horreur pour leur sotise, & blaspheme.
L'autre plusfrequent est *hedith elnebi*, L'histoire du
Prophete, là ou de sa vie & mort, selon leurs liures,
est traitté : le tout de pareil metal & estophes que deuant. Les liures des loix ciuiles sont interpretations
de l'Alcoran, mais ils n'obligent pas a peché mortel,
car elles portent leurs peines ciuiles & publiques.
Quant est de la folle besterie & blasphemes qui sont
en l'Alcoran, je les monstreray par cy apres, mais
que j'aie premier baillé la vie de ce fin Prophete, auec
leur liures propres. Puis par vn bref examiné laditte
vie pluspres. Dont a l'imitation de ce qu'on fait de
IESVS CHRIST en l'Euangile, ils ont songé vne genealogie depuis Adam, jusque audit Muhamed en

ce

ce point. Que Dieu vint vn jour a Adam, incontinent qu'il l'eut créé, & le dreçant, le cerueau luy
commança a trembler & sonner comme font les
feuilles quant le vent souffle fort : & comme il estoit estonné de cela, Dieu luy dist, le son que tu
as ouy, & duquel tu t'esmerueilles, est le signe
des Prophetes, & de ceus qui prescheront mes
commandemans, & d'iceus naistrera Muhamed, qui
s'appelle au Ciel *Ahmad* & en terre Muhamed, c'est
a dire bon, qui aura la face claire comme le soleil.
Dont Adam prenoit grand cure a se nettoier quant
il alloit auec Eue, assauoir si elle conceuroit le Prophete de Dieu : & quant elle conceut Seth, le pere des Prophetes, la lumiere qu'Adam auoit en la
face passa en Eue, jusque a tant qu'elle enfanta Seth,
qui fut nay seul : car par auant elle en auoit tousjours deus d'vne ventrée, masle & femelle, seur &
frere. Luy n'ay la lumiere de la mere passa en luy
& fut beau, & vestu de Dieu d'vne robe rouge. Puis
quant son pere Adam fut a la fin, il luy dist par testament le mistere de la lumiere, & la genealogie des
Prophetes : & alors Gabriel descendit du Ciel a-
uec septante mille Anges, qui signerent cette escriture, & dirent que la vois d'Adam estoit exau-
cée de ce qu'il vouloit donner tesmoignage a son
fils de cette generation. Puis Seth engendrant
Enus laissa sa lumiere en sa femme, & elle en son
fils, & laissa le priuilege de lumiere par testament &
grande recommandation a sa mort : & ainsi fut gardée laditte lettre ou priuilege de pere en fils jusques

a Chaidar fils d’Ifmael, fils d’Abraham, auquel l’-
Ange de la mort huma l’ame par l’oreille, pource
qu’il auoit rendu l’arche ou efcriture du teftament
& generation a Iacob fils d’Ifaac, combien qu’il luy
euft baillé par le commandement de l’Ange, toutesfois la lumiere demeura en fon fils Hamel, & en
tous jufque a Muhamed. Mais fi je voulois reciter
toutes les horribles fotties & menfonges, qui font
la dedans, jamais n’aurois fait : dont en bref met-
teray les noms par ou ils deriuent cete generation.
Adam, Seth, Enus, Mahtil, Iared, Enoch, Ma-
tufalem, Leher, Noe, Sem, qui fift accouftrer l’arche
de generation du Prophete de Perrerie, Arfaxat,
Heber qui s’appelle Hudp, Phelech, Salech, Sorach,
Cahuth, Taroch, Abraham, lequel quant il naquift
furent veues deus lumieres, l’vne en Orient, l’autre
en Occidant, & la lumiere par tout le monde du
ciel fur Abraham, Ifmael, Kehidar qui bailla l’arche
a Iacob, Hemel, Thebich, Hanneffa, Adich qui premier fceut efcrire apres Hifmael, Adulbey, Adnen,
& autres mille Barbares que je m’ennuie de reciter, aiant affés de dire que fon pere grand fut Ebed-
mutaleb, fon pere Abdalla. Et pour reciter, la cautelle & fineffe des auteurs de la ditte genealogie,
ils ont fait en vn liure fa genealogie a droit d’Adam
a luy, en l’autre de luy a Adam, pour contrefaire la
genealogie de IESVS CHRIST efcritte par faint
Matthieu en defcendant, par faint Luc en montant:
fa genealogie en defcedant, eft au liure de la vie du
Prophete, & celle en montant eft en la cronicque du

monde, felou eus.   Il fut dont engendré d'Abdalla
& d'Hemmina vne pauure & belle garfe Iuifue qui
ce vint offrir a fon pere : & fut n'ay en Iefrab, qui
eft vng bourg d'Arabie, qu'aujourd'huy ils appellent *Medinat alnabi*, c'eft adire la ville du Prophete,
xxx, ou xl, mille par deça la Meche : & fut né le dou-
ziefme de *ffabam*, qui refpond a noftre Feurier : & e-
fcriuent qu'alors toutes les idoles trebucherent par
tout le monde: & que tous Roiaumes furent abolis:
& que le diable fut getté par les anges en la mer: dont
a peine efchappa qu'apres quarante jours, & fe fauua
fur vne montagne, & appella tous ces compagnons
leurs difans que Muhamed eftoit né, qui prefcheroit
par tout le monde de l'vnité de Dieu, & qui leur ot-
teroit leur pouuoir : & par ainfi ils eftoient deliberés
de gafter le monde par hypocrifie, & par leur luxure
& volupté : ce que vraiement ont bien fait par le dit
Muhamed, & fa doctrine.   Ils difent que fa mere eut
vifion d'anges, a la natiuité, & que tous les vens, les
nues, oyfeaus, & les Anges fi trouuerent, chacun
pour le vouloir nourir.   Les vens, d'odeurs: les oyfeaus, de fruit: les nues : d'eau : dont les Anges n'y
feurent que faire, & s'en allerent par defpit.   Toutesfois de ce miracle ne fuft riens, car la mere qui eftoit bien pauure, & vefue (pource que Muhamed eftoit pofthume) fut contrainte d'aller a la Meche, pour
y auoir a viure en mendiant, & en aiant peu trouué
s'en reuint en Iefrab, de là ou elle eftoit. Puis retournant a la Meche mourut en chemin, & le pupille fut
recommandé a Abdamut Alib fon pere grand, qui l'a-

dopta. Et dit que là il y eut Seraphin qui luy enſei-
gna par trois ans : & Gabriel qui x x x i x,& le x l,an
de ſon aage luy donna la loy au mois de *Ramadham,*
le quinzieſme iour,qui eſt la cauſe pourquoy ils font
Quareſme en ce mois là , auſsi qu'il le commande
ainſi en ſa loy. Puis par apres fut porté au Ciel par
Gabriel: luy reuenu, ſe diſt Prophete de Dieu, &
preſcha publiquement a Echef, & aus vilages d'entour la Meque : car on ne le vouloit pas laiſſer preſcher en la Meche. Puis qu'il euſt preſché dix ans par
plat païs,ils s'accompagnerent ſeptante hommes a-
uecques luy,qui ſe confederent enſemble : & dirent,
qu'il falloit preſcher l'eſpée au poing , & faire croire
en Dieu par force , & que l'eſpée fait plus faire aus
gents que la raiſon : & auſsi que les gens de village,
deſquels il eſcrit en l'Alcoran,ſouuét ne le vouloient
plus nourrir,dont il ſe plaint qu'ils ne veulét pas donner au Prophete de Dieu & a ſes amis : dont la ligue,
fut faitte par ce ferment, qu'ils ne prendroient plus
femmes de gens qu'ils ne fuſſent de leur opinion : &
qu'ils deffendroient le mal, & feroient faire le bien:
& qu'ils ne monſtreroient plus leur loy en ſecret:
& prendroient querelle & ligue pour Dieu : &
qui feroit comme eus auroit Paradis : & qu'il failloit
entrer par force en la Meche le mois de *Dilhagea.* Il y
auoit entr'eus les plus celebres,Halı ſon neueu,& A-
bocherim,& Zeid,& Homar, Balal, Calba, Azebar,&
vn hautain nommé Achnule, qui diſt qu'il ne ſouf-
fieroit plus qu'on preſchaſt en cachettes , mais auec
 l'eſpée. Il y eut auſsi vn Ietrib Arabe puiſſant, qui
                                                              luy

luy bailla force gens, & allors alerent prendre la Meche, qui n'eſtoit gueres forte, & y preſcherent quelque temps: puis qui ne voulut croire, fut tué & pil-
lé, & les biens au Prophette & a ſes compagnons
ſous eſpece de les diſtribuer aus pauures. Puis la
Meche & les enuirons obtenus, il alla aus autres villes, & les gaigna juſque en Perſe, & en Egypte, &
Surie. Puis eſcriuit aus Princes des autres langues,
qu'ils receuſſent ſa loy: & pour vn ſingulier titre diẽt,
qu'il feiſt dix & huit batailles, deſquelles toutes il demoura vainqueur. Puis mourut du haut mal, quatre ans apres qu'il eut prins la Meche, le ſoixantieſ-
me an, ou ſoixante quatrieſme de ſon aage ou enuiron. Humeram dit qu'il mourut, non pas de haut mal
mais d'vne pleureſie, qui le tourmenta xiii jours : &
alors auant que mourir, pource que les ſept premiers
jours il eſtoit venu inſenſé, & n'auoit ſceu rien dire, il
diſt qu'il ſeroit porté au Ciel le tiers jour apres ſa
mort, ce que tout le monde attendit, voire juſque au
quatrieſme qu'il puoit ſi treſſort que la multitude le
feiſt jetter tout nud aus champs. Mais Hali fils
d'Abitalib, & Elpeel fils d'Abdemutalib ſon ayeul le
recueillirent, & le lauerent, & l'enſeuelirent en trois
robes. & tout le mõde s'en retourna a ſa premiere loy
des Iuifs, Chreſtiens & Paiens, fors les parens de luy,
qui pour l'amour des grandes richeſſes & Royaume
qu'il auoit conqueſté, tindrent bon, & ſoubs la vieille opinion de luy, partie a preſcher, partie par force
ont fait la puiſſance telle qu'elle eſt au jourd'huy. De
la qualité de la mort, ils dient qu'il mourut le ventre

xviii. batailles faittes par Mu-hamed.

ſa mort.

f

enflé, les doits retirés en forme circulaire, dont il ont opinion, non a reciter. Il deceda a la Meche, non pas a Babylone, ou Bagdat comme escrit quelqu'vn, qu'il fust tué en adultere auec Charuffa femme de Marzucho, ce que je croy bien : mais non pas que ce fust en Bagdat mais a la Meche, car c'estoit vn grand paillard, qui disoit auoir licence de prendre toutes femmes, & par ce vsa de la femme de Zeid son seruiteur : disant que ce n'estoit pas peché au Prophete: & que les fem mes que le Prophete veut, que persone ne les doit auoir : & que Dieu est misericors, & qui pardonne tout aut creans (en sa loy Diabolique). Quant est de ceus qui dient que les pourceaus l'ont mangé, & que c'est pour cela que les Muhamediques ne mangent point de porc, c'est vne fable, car ils ont le corps enseuely, non pas a la Meche, comme lon pense, mais a *Medinat alnebi*, au deça, comme ay ja dit. L'autre est que par quarte ou cinq fois il escrit en l'Alcoran qu'on ne mange point de porc, ne de sang, ne de beste estouphée, ne qu'on a trouuée morte, sinõ en cas de necescité: car alors il dit que Dieu pardonne tout. C'est comme on dit, qu'ils ne boiuent vin pource qu'il s'en iüroit & par cela tomboit du haut mal. Ie croi bien qu'il cheoit du haut mal, & buuoit possible vin : mais ce n'est pas pour cela qu'ils n'en boiuent pas : mais pource qu'il le deffent en l'Alcorã, là ou il dit, Le vin, le jeu de dés & des eschets vous soit prohibé, car ce sont les artifices du Diable. Voila en bref l'opinion qu'ils tiennent par escrit de leur Prophete. ce que j'ay mis en bref pour l'odieus recit des folies qui sont mes

lées en leurs fols liures, que si elles estoient boutées
aupres d'Apulée auec son asne, ou des vraies narrati-
ons de Lucien, ils les feroient apparoistre verité : &
toutesfois les croient vraies. Mais pour congnoistre encor plus au long la vie de cet homme, ou de ce
bon Prophete, je veus encor' escrire sa vie en bref,
comme la remonstra bien au long, vn Chrestien fort
docte, & bien experimenté en la loy de Muhamed, &
qui en auoit esté, & qui l'escriuoit a vn Turc ou Mus-
fulman, que s'il y eust trouué faute ou diuersité d'eus,
il n'eust creu rien du tout.

Son pere & sa mere mors, qui estoient sugets a Ab-
damuteleb, autrement appellé Abdamenef, il fut baillé audit Abdamenef en garde, là ou il estoit idolatre,
& adoroit les dieus de la Meche *Ellath* & *Ellathum*,
& est ce qu'il escrit en l'Alcoran quant il dit, Tu estois pupille, tu as esté recueilli : Tu estois pauure, tu
as esté enrichi : Tu as esté infidelle, & je t'ay conuerti. Puis quant il fut grand *Hadegiah* riche Arabesse,
de laquelle il menoit les chameaus en marchandise, a-
uec le temps, apres auoir trafiqué long temps en Surie, & aprins auec le monde, & fort gagné, elle fust
contrainte l'espouser, pource qu'on les auoit veus ensemble. Luy riche par elle (car il estoit de pauures
gens) vouloit estre plus riche & seigneur, mais il ne
pouuoit. Dont entre les gens de village, d'entour son
païs, il dist qu'il estoit Prophette de Dieu : ce que facillement creurent au premier : puis y en eut qui s'ap-
perceuoient de la fraude, & n'y creurent plus : contre
lesquels il fait des inuectiues en l'Alcoran. O rusté-

ques hypocrites, qui faignés de croire, & puis vous en
allés, vous ferés damnés. Luy aiant bon lieu en la
Meche, enuoia fa premiere armée de xxx mulets,
defquels eftoit chef Hamza fils d'Abdamelich, qui
s'en alloient contraindre, les plus foybles, a croire en
Dieu, par force, & a laiffer leurs biens au Prophette.
Au fecond alarme, quant il vit que ceus la n'eftoient
pas affés forts, il enuoia le fils d'Harach auec x L gen-
darmes, pour en auoir d'ou il y en auoit. Puis luy
mefmes alla affaillir auec fes gens les chameaus des
Corais gros marchans, & les leur ofta : pource que la
premiere fois s'eftoient deffendu, & print la quinte
partie de leurs biens. Il commanda aufsi de tuer
Abdalla fils de Ragaa en trahifon, & Merachil Iuif,
pource qu'ils difoient qu'ils n'eftoit en rien femblable aus autres Prophetes : car iceus donnoient & fuf-
froient tout, mais ceftuycy fe vangoit & oftoit toutes
chofes : & en fa vie a fait x x i i expeditions, defquelles il a efté luy mefmes a neuf, & principallement de
nuit, quant il failloit defrober. Puis a eu x v i i femmes
& entre icelles y en auoit vne publicque, qu'il fou-
froit & difoit qu'il eftoit licite au Prophete de faire &
fouffrir ce qu'il voloit. Et encor' ne luy fuffifoit de
tant, il print la femme de Zeid maugré luy, difant
que Dieu l'ordonnoit : & que mes qu'on euft fait fon
cas en cas pareil, que Dieu pardonneroit tout. Le perfonnage dont je pren ceci, nomme toutes fefdittes
femmes par leur nom & maifon, ce que ne veus reciter, de peur de fafcherie : penfant aufsi de cela affés
en auoir dit pour connoiftre fe venerable Prophete.

Maintenant pour ne laisser rien a dire, je veus autant
faire de l'Alcoran, comme j'ay fait de sa vie, affin que
a plain soit congneu par fait & dit. Et premier mettray vne somme & abregé de tout son dire, & là ou
il tend. Puis par apres ce qu'il a & approuué, & de-
praué, du viel & du Nouueau Testament. Au dernier sera ce qu'il a propre, qui ne conuient auec Moyse ne IESVS CHRIT.

Quant est de ceus qui dient qu'il eut vn coadiuteur
Sergius moine Grec Nestorien, les autres dient vn
Nicolaus Cardinal Romain, qui luy aiderent a faire
ce beau liure, ainsi qu'ils ne sçauent que c'est, & qu'-
ils n'ont pas cela en leur histoire. Ie ne sçay que j'en
doi croire: car quant est de sa loy, elle a esté faitte du
plus cauteleus esprit qui soit au monde. Ie croy bien
que Sergius Nestorien, banny de Constantinoble,
pour son opinion, se put retirer auec luy, non comme docteur, mais comme transsfugue. De Nicolaus
cardinal, il ne peut estre vray : car ceus que nous ap-
pellõs au jourd'huy cardinaus, sont ceus qui le temps
de la primitiue eglise enseuelissoiét les morts, estants
curés des paroisses de Rome. Mais je retourne a propos, qu'vn Cardinal Romain qui de ce temps n'estoit
nul, n'a peu aider a faire vne telle loy que cela, là ou il
n'y a autre que pour couleur de sainteté, (ce que tout
homme feroit s'il vouloit faire a croire quelque chose, a celle fin qu'on luy creust) il a quasi toufjours
Dieu, paradis, enfer, aumosne, decimes, jusne, oraison en la bouche, dont son dire sent pluftoft le ju-
daïsme, qu'il ne fait autre chose : car il pouuoit assés

auoir de Iuifs auec luy dont le païs eſtoit tout plain,
& principalement de bannis, & Samaritains qui l'a-
uoient pour leur Meſsie, & principalement la plus
part de la Meche,& Medina toute en eſtoit habitée,
leſquels ne cherchoient autre choſe que d'obſcurcir
la vie,mort & innocence de IESVS CHRIT auec la
diuinité. Il dit ſa loy eſtre celle d'Abraham, Iſmael,
Iſaac & Iacob, & de tous anciens : & repete, je croy,
vint mille fois,vne meſmechoſe, ſans aucune raiſon,
dont tout ſon dire ſe peut mettre en bref le plus facilement du monde, en aſſemblant generallement la
ſomme de tout ce qu'en peu de parolles je feray a
preſent. Ce liure & Alcoran eſt enuoié de Dieu en
parchemin,du ſacrifice d'Abraham, & n'y a point de
macule ou d'erreur en luy:& s'appelle Alcoran,pour-
ce qu'on y doit lire ſouuent : & Alphurcan, pource
qu'il eſt diſtingué en diuerſes parties, qui s'appellent
Sorat,ou Propheties : & eſt tel, que ſi tous les hommes,& les Anges eſtoient aſſemblés, ils n'en ſçau-
roient faire vn tel. C'eſt Gabriel meſſager de Dieu
qui l'a apporté.Croiés y, car c'eſt la voie & ſaluation
des fidelles qui croient en l'abſent, & Dieu treshaut,
qui n'a point de ſemblable ne de participe : & que
beaucoup de gens dient qu'ils croiēt,mais ils meñtent,
& ont vne nuée deuāt les yeus,& vne dureté en leurs
cueurs, & ne croient pas en vn ſeul Dieu qui ha créé
le ciel & la terre, & ce qu'il y a dedans : les richeſſes
pour les gens qui croient en luy, & en celluy qu'il a
enuoié Muhamed meſſager de Dieu. C'eſt celluy qui
a créé l'homme & la femme premier de terre, apres

de femence virile, par apres de cartillage, par apres de chair, & d'os. C'eſt celluy qui a fait viure l'homme, & le fera reſſuſciter, & tous retourneront a luy. Il a fait les pluies, vents, tonnerre, la fumée, les eaus pour porter nauires, pour auoir des richeſſes ſur la mer, là ou les hommes l'inuoquent quant ils ſont en peril, & quant ils ſont aus borts ils idolaſtrent, & font participe auec luy. C'eſt celluy qui a créé les paradis d'Adam, là ou courent les eaus par deſſous, là ou il y a tous fruits & riuieres de vin, de lait, de miel, toutes chairs & volailles a manger bonnes, de belles femmes grandes, touſjours vierges, qui ont de grans yeus comme Oſtruches, & tous les plaiſirs qui ſoient au monde: auſquels Paradis iront tous a la dextre les fideles, qui ont creu au meſſager de Dieu, qui n'eſt qu'vn Dieu, ſans participe: & qui ont donné l'aumoſne des biens que nous leurs auons preſté: & qui ont bien nourri leurs femmes, & qui ont viſité les orphenins, & qui ont prié Dieu cinq & quatre fois le jour & la nuit, & qui ont fait bonne meſure, & qui ont paié les diſmes au Prophette de Dieu, & qui ſe reuanchent des injures, & qui pardonnent les vieilles jniures, & qui ont eſté humbles, & qui ont deffendu le Prophette, & ont prins les biens de ceus qui n'ont pas voulu croire, & qui les ont tués ou prins priſonniers ou faits paier *alzache*, c'eſt aſſauoir les decimes au Prophette, & qui ont demandé pardon a Dieu qui eſt miſericors, & qui pardonne tout a qui croit au Prophette qu'il a enuoié: iceus irõt auec leurs femmes audits Paradis, là ou Dieu a predeſtiné, car

Le Paradis de Muhamed.

L'enfer.

il est celluy qui fait croire & estre damné ou sauué
qui il luy plaist : & c'est le grand connoisseur & oïeur
qui sçait & voit tout: & qui a preparé l'enfer de feu &
de poix buillante, a la seneftre, là ou est l'arbre puant,
qui porte des fruicts puants, amers pleins de venin, &
que mangeront les damnés qui n'ont voulu croire au
Prophete de Dieu, & qui ont fait le contraire de des-
fus, & qui ont esté des injurieus & mauuais, & qui ont
esté idolatres, & feront là auec le Diable a jamais, a
menger venin: & demanderont de l'eau a ceus de Paradis qui se mocqueront a cette heure là d'eus, & leur
diront, ou sont ceus que vous adoriés, & que vous a-
ués faits Dieus? gouftés a cette heure le mal qu'on
vous auoit dit, & que vous en mocquiés. Et touſiours
ſans aucun ſyllogiſme, raiſon ou verité repete cecy
en cette forme ou ſentence : & y a telles ſentences
comme celles ici, Croiés au Prophete de Dieu qu'il a
enuoié, & a qui il a baillé la loy : & Dieu eſt Dieu, &
n'eſt qu'vn Dieu, & Muhamed eſt ſon Prophete : &
Dieu le miſericors le bon, predeſtine ce qu'il veut, &
damne ce qu'il veut, & fait ce qu'il veut, & vous ſerés
des injuſtes ou injurieus, & des caffres ou heretiques,
& il prepare les Paradis d'Adam, auec les eaus couran-
tes deſſous a ceus qui ont creu en ſon Prophette, &
les caffres ou heretiques qui ne croient pas, feront
damnés: & autres telles folies qu'il repete mille fois:
& n'y a chapitre qui n'en ſoit plein neuf, dix, vingt
fois, ſans mettre entre d'eus autre choſe, que ſa battalogie ou repetition : reſte tout ſon parler, tout mal
baſti qu'il eſt, eſt eſcrit par aſtuce & cautelle, & quaſi

a l'imitation des obscurs chapitres des Prophetes
Hebrieus, là ou il parle par ambigue, & doute en la
personne de Dieu, apres de Gabriel, ou de luy sans
nommer le personnage qui parle: a celle fin qu'au peuple credule, peust plustost donner persuasion, pensant
que ce fust Dieu qui parlast, quant c'est luy mesmes:
& ausi que des choses fausses ne peust estre reprins,
en aiant laissé quelque doubte pour saluation de dire,
que c'est Dieu, ou quelque autre qui l'a dit, & pourtât
qu'il imite ces Prophettes par obscurité de parler, a
la mode d'vn fin Rhetoricien & dissimulateur, jamais ne nomme en tous les titres des chapitres de
son liure nul des Prophetes, fors seulement Ionas, encor' enrichissant le compte par fable : & de Dauid a
qui il dit que le Psautier fut enuoié de Dieu, & d'Elie
en le nommant seulement, quant il recite les anciens
lesquels ils se dist (faus) imiter. Et quant on ne le
vouloit point receuoir, parce qu'il ne faisoit nuls miracles, & estoit homme comme les autres, & idiote:
il respond quant aus miracles que c'est Dieu qui fait
tous miracles, & que les hommes ne les font point
& qu'il a fait plus grans miracles a créér le ciel & la
terre, les estoilles, & toutes creatures, que si toutes
bestes estoient homme comme nous: & qui ne le
croit est damné, & ne croira pas ceus des hommes,
ou que les hommes font : ainsi se sauue de cet argument. Quant a ce qu'on luy dit qu'il est homme semblable aus autres, & idiote, il se sauue par vn argument que les Rhetoriciens appellent *a simili*, ou de
pareil cas: & alors allegue des anciens, & je ne sçay

quels autres poins des fables d'Arabie:& dit qu'Abra
 ham, Noé, Hud ou Heber, Moyfe, & au Prophette
de la Camelle, qu'on leur faifoit les objections de
mefmes,& que ceus qui ne voulurent pas croire, furent perdus. Puis ceus de Noé par le Deluge: ceus d'-
Abraham par eftre damné : les Egyptiens jettés en
la mer rouge : ceus de la Camelle, moururent tous
de pefte, pour auoir tué la Camelle, & autres telles,
partie verité, partie lourdes folies, pour faire peur &
croire aus vieilles & ruftiques. Et conclufion dit que
Dieu a fait paffer beaucoup de fiecles, qui eftoiét plus
forts & grans que les fiens,& que Dieu voit & oit, &
peut bien deftruire les prefens, aufsi bien s'ils ne croiét
en fon Prophette:& que fon liure eft de Dieu: & qu'-
ils feront damnés s'ils ny croient. Et a ceus qui luy
difoient qu'il auoit de l'aide a faire fon Alcoran, ne
difoit autre, finon, Dieu le fçait bien,& Dieu &c.
Toufjours d'vne : & qui ne croit au liure de Dieu là
ou tout eft efcrit,&c. Dit depuis que fi la mer fextu-
ple, a ce qu'elle eft eftoit encore, qu'elle ne fuffiroit a
efcrire les miracles de Dieu. Puis dit qu'ils font tous
au liure de Dieu:par lequel il entend fon Alcoran, &
liure de Gabriel, ainfi eft inconftant en fon dire, finon qu'il entende tout y eftre comprins en general.
 Voila la fomme de fon dire, & l'intention de fa loy:
dont fe peut entendre l'intention, & fin ou il tend eftre a l'euerfion de la loy & diuinité de IESVS CHRIT:
car faignant parler aus idolatres, parle contre le pre-
fcript de la Catolique foy, & contre la Trinité,& appelle les Iuifs & Chreftiens hommes de loix, defquels

il dit qu'il y a des ſauués ceus qui croient bien, com
me ſont les Armeniens du temps qu'ils eſtoient Ne-
ſtoriēs,& les Iuifs qui conſeſſent que IESVS CHRIST
eſtoit le Meſsias promis en la loy: leſautres qui croiēt
la Trinité & diuinité de IESVS CHRIST, il les appelle
caphár heretiques,& dānés. Mais ce n'eſt que trop de
ceci: maintenant il nous faut voir ce qu'ils approuuent
& brouillent, tant du vieil que nouueau teſtament car
ils ne tiēnent de vray ſinon ce qu'il y en a qu'au vray,
que farci de menſonges en ſon liure ou Alcoran. dont
en peu j'en feray vn diſcours, pour ceus qui voudront
les battre de leur baſton meſme, voiant qu'ils approu
uent ce qu'ils deſtruiſent. Il dit donc de la Bible, ainſi
que de diuers lieus l'ay retiré, car de ſuiuant jamais
ne dit rien, qui me ſemble les propos d'vn frenatique,
& comme ja ay dit, ſongeant ou ſautant du coq a l'aſ-
ne.   Dieu créa premierement (ſelon eus) quelque
fois le Ciel & la terre, quelque fois vne plume longue,
comme depuis Orient, juſque en Occident.   Puis
quelque fois créa l'homme de terre, quelque fois de
ſemence, puis de cartillage, puis de chair, puis luy ſou-
fla de ſon eſprit,& feiſt apres la femme: puis l'vne fois
ainſi, l'autre autrement: l'vne fois en vn coup, l'autre
en ſix jours feiſt le tout, beſtes, oiſeaus, &c.   Puis
créa les Anges,& le Diable de feu. Puis les amena a
Adam, & leur diſt, qu'ils adoraſſent tous Adam, ce
qu'ils feirent fors le Diable, qui diſt qu'il n'en feroit
rien, pource qu'Adam n'eſtoit pas digne, & qu'il eſtoit de terre, & luy de feu: parquoy Dieu courroucé
le feiſt deſcendre du Ciel; & lorſil diſt a Dieu qu'il

gaſteroit tous les hommes,& les feroit damner auec
luy. Puis vint a Adam.& luy feiſt prendre du fruit
que Dieu leur auoit deffendu, & qu'Adam en print,
puis en bailla a ſa femme:& leurs docteurs dient que
ce fruit eſtoit de l'arbre Coba : & que les grains eſtoient comme de froment : qu'Adam en print quatre,& en mengea vn,l'autre donna a ſa femme Eue:
les deus il les emporta hors de Paradis,quāt il en fuſt
chaſſé,& en fut fait plus de mille mille grains. Vous
auēs ja veu la fable qu'ils apprennent d'Adam, & la
lumiere,& de la promeſſe de Muhamed & des Anges,qui ſignerent le teſtament a Seth. Aus liures de la
doctrine ou des queſtions : ils dient que Dieu créa
premierement Adam de limon,& le limon eſtoit d'eſ
cume,l'eſcume des flots,les flots,de la mer,la mer des
tenebres, les tenebres de la lumiere , la lumiere de la
parolle , la parolle de la penſée, la penſée de rubis, le
rubis du commandement. Puis les bailla en garde a
deus anges,qui a luy & tous les autres hommes eſcriuent ſur les eſpaules auec leur langue,& la ſaliue leur
ſert d'ancre pour eſcrire tout ce que l'homme fait en
ce monde. Puis Dieu feiſt vne plume & vne tablette
pour eſcrire,tout ce qui ſe fait depuis le commancement du monde, juſques a la fin,& tout ce qui eſt entre le Ciel & la terre, & telles belles beſoignes . Mais
retournons a l'Alcoran, qui depuis Adam & Eue ne
dit rien juſques a Noé,lequel vraiemēt dit eſtre Prophette,& qu'il dit le neufcentieſme de ſon aage auoit
preſché a ſon peuple qu'ils ſe conuertiſſent, & creuſ-
ſent en vn Dieu: & qu'ils ſe mocquerent de luy , diſant,qui te la dit, n'es tu pas homme comme nous?

& qu’ils ne creurent pas:& lors Noë se sauua en des
Nauires, luy & ses enfans, & ceus qui creurent qu’il
estoit messager de Dieu : & le deluge noia les autres.
Puis parle d’Heber, qu’il appelle Hud, & dit qu’il fut
Prophette & prescha: & ils ne le voulurēt croire, dont
furent destruits de tempestes & vens. Puis passe a A-
braham duquel il se dit obseruer la loy:& dit qu’il pres Abraham.
cha son pere de croire en Dieu:& que son pere quāt il
voioit le soleil,il disoit c’est mon Dieu:puis quant il ne
le voioit plus, il disoit je n’ay plus de Dieu :& ainsi
de la Lune & des Estoilles.   Dont Abraham dist,
O peuple je suis innocent & incoupable de ce que
vous faittes & adorés. J’adore Dieu,createur du Ciel
& de la terre. Puis en autre lieu dit,qu’il le voulurent
lapider & mettre au feu, & qu’il s’en fuist : & qu’eus
disoient qu’ils adoroient ce que leurs peres adoroiēt.
Puis compte comme sa femme estoit sterile,& qu’il
engendra auec Heger Hismael le Prophete, & puis
que les trois Anges qui alloient sauuer Loth de Go-
morre vindrent chés luy, & qu’il leur accoustra vn
veau:puis cōme la vieille Sarra rist quant elle oït dire Sarra.
qu’elle auroit vn fils en vieillesse,& que les Anges luy
dirent qu’il n’estoit a Dieu rien impossible.Puis comme les Anges allerent chés Loth,qui auoit long tēps Loth.
presché le dit peuple, & que la nuit quant ils les vouloient auoir, ils dirent qu’il tint bon, & qu’ils ne luy
feroient mal : & que Dieu le gardoit, & que lendemain seroit luy & sa maison (fors sa femme) deliure,
& que Dieu pleuueroit sur les cités eau, & pierres de
marbre blanc,ce qui fut fait.De là nommant seulemēt
                                    quelque

quelque fois Iacob, Iſaac:& faiſant memoire du ſacrifice d’Abraham, dit que la peau de l’hoſtie d’Abraham,eſt celle là ou eſtoit eſcrit l’Alcoran, quant il fut
enuoié du Ciel par Gabriel,ainſi comme il jure. Car
il jure facillement,& Dieu & les creatures. Puis dit
a ſon peuple,qu’ils ne jurent rien,ſinon par Dieu ſeul,
dont certes treſtous s’acquittent bien, car vous n’o-
yés autre choſe entr’eus que *vallahe tallahe billahe*,a-
ſçauoir par Dieu trois fois,de ceus qui n’oſeroient ju
rer par vn pou ou vne puce.Mais paſſons outre,& venons a Iacob,qu’il nomme ſouuent diſant.le Dieu d’-
Abrahã, d’Iſaac & Iacob,& autre choſe n’en dit:mais
recite bien au long auec addition a ſon plaiſir,la ven-
dition,fortune & ſonge de Ioſeph, & l’hiſtoire de ſes
freres,& comme tous paſſerent en Egypte : ce que je
ne veus reciter en ce qu’il concorde bien peu auec
nous, mais en quelque point qu’il dit d’auantage : &
eſt que Ioſeph par ſa grand’ beauté eſtant aymé de ſa
maiſtreſſe,femme de l’Egyptien, qui l’auoit acheté, le
voulant auec ſoy retenir par force, luy rompit vne
piece de ſa chemiſe : puis ſortirent tous deus enſemble : elle diſant qu’il l’auoit voulu violer,luy qu’elle
le vouloit prendre par force.là ou il ſe trouua vn prudent juge, qui les accorda en cette forme, Que ſi ſa
chemiſe eſtoit rompue par deuant : qu’il auoit le tort
luy:ſi par derriere la femme eſtoit coupable : & fut
trouué qu’elle eſtoit rompue par derriere : dont fut
abſous ledit Ioſeph. Puis apres fut mis en priſon trente ans, puis diuina : & quant ſes freres furent venus a luy,il leur renuoia querir le petit Benjamin:&

le pere pleura tant qu’il perdit la veüe, dont Ioseph
enuoia la tierce fois vne verge a son pere, pour luy
toucher sus les yeus, & veit a s’en venir en Egypte luy
& toutes ses gents:& dit aufsi deuant qu’ils auoient
desrobé la tasse entr’eus, & de peur d’estre trouués
saisis, la mirent au sac du petit, qui fut cause que Ioseph le retint. Quant est de Moyse, outre ce qu’il en   Moyse.
recite, toute l’histoire qui appartient sa vie, en la mes-
lant & entrelaçant de mille fables : je veus seulle-
ment reciter partie du diuers du nostre, pource que
cinquante fois repete la ditte histoire, faisant mention
comme il fut nourri par sa mere mesme, a qui la fille
de Pharao le rendit pour nourrice: comme il tua l’E-
gyptien:puis s’en fuit chés Ietro, fut marié, vit Dieu
au buisson, gardant les bestes:voulant aller querir du
feu, Dieu dist, je suis Dieu, & n’est que moy, jette
la verge en terre, elle sera serpent : reprens la, elle
sera verge: mets ta main en ton sein elle sera blan-
che:vaten prescher a Pharao qu’il laisse mon peuple,&
luy faits ces miracles:& Moyse dist qu’il ne pouuoit
parler,& qu’Aaron y allast. Dieu dist, qu’ils yroient   Aaron.
tous deus &c. Et n’y a de fort diuers sinon que deuant Pharao, quant ils eurent faits leurs miracles,
les Magitiens de Pharao firent les leur, a paction d’estre serf l’vn de l’autre qui perdroit. Moyse aiant gagné,
parce que sa verge mengea les serpens des autres qui
estoient jettées de cordes, dist qu’il les feroit pendre
a vn tronc de palme : & ils dirent qu’ils estoient bons
fidelles,& qu’il n’estoit autre Dieu que celluy de Moyse & d’Aaron, & qu’ils estoient contans de mourir.

Puis quant ils furēt partis(j’enten les Iuifs pour s’en
aller d’Egypte)dit qu’il y auoit vn ange deuant veſtu
de vert, qui les conduit : puis que Moiſe oublia ſon
poiſſon au paſſer de la mer, & que le petit garſon qui
le portoit diſt,que le diable luy auoit fait oublier : &
là y a mille fables. Plus que Moyſe feiſt ſortir de la
pierre du deſert douze fonteines,pour les douze tribus , & comme il print Aron par les cheueus,pource
qu’il auoit fait le veau d’or. Puis dit d’vn Samaritain
vne meſme hiſtoire ou fable,pour ſçauoir que là n’y
a rien de certain. Puis apres dix millions de fables dit
au liure des Reſponſes,ou de la doctrine du Prophette,que Moyſe(mais je proteſte de mettre ceci pour rire) vn jour paſſant par le deſert, trouua vn ſepulchre
qui eſtoit de ſa grandeur, & qu’il deſcendit dedans
pour le meſurer:l’ange de la mort vint qui diſt, qu’il
eſtoit venu querir ſon ame. Lors Moyſe luy diſt , tu
ne la ſçaurois auoir,car tu ne la peus tirer par la bouche,de laquelle ay parlé auec Dieu, ne par les oreilles,
dequoy ay ouï ſa parole , ne par les yeus dequoi je
l’ay veu, ne par les mains dequoi j’ai receu ſon preſent,qui ſont les Tables, ne par les piés deſquels j’ay
marché ſur la ſainte montagne. Alors l’Ange alla
querir vne pomme de Paradis,& luy bailla a ſentir,&
en luy baillant le print par le nés,& luy arracha l’ame
a force,& demoura mort en ce ſepulchre, que perſonne n’a trouué depuis. Ie ne veus pas dire ici qu’il
fait Marie ſeur de Moyſe & Aaron , & celle de Ioachim quelque fois tout vne,& quelque fois Marie mere de IES VS n’eſtre fille d’Ameran, ainſi dit ces cho-

ſes

Samaritain.

ſepulchre de
Moyſe.
L’ange de la
mort.

fes proprement comme vn fonge. Or en nommant Iofué.
feulement Iofué paffons a Dauid, qu'il fait juge entre Dauid.
deus hommes, dont l'vn auoit vne brebis, & l'autre
en auoit nonante, & le fait jufte juge, ce qui eft prins
du contraire, & de la penitence a laquelle Dauid luy
mefmes s'en condemna, par la remonftrance de Na-
tan. Puis dit aufsi de Dauid, que Dieu luy enuoia le
Pfautier par efcrit en vn liure comme l'Alcoran. I'auray honte en recitant les fables qu'il fait de Suleiman
ou Salomon, mais ce fera pour la fin du Viel teftament, pour faire bonne bouche. Il dit qu'a Salomon Le Salomon de
vindrēt tous les oifeaus pour deuifer auec luy, & qu'il Muhamed.
les auoit mandés: dont tous fors la huppe fe trouuerent, & alors il dift qu'il luy feroit rendre compte de
fon abfence, ce qu'elle feift: car elle dift qu'elle venoit de parler a la Royne de Saba, & qu'elle luy auoit
parlé de croire qu'il n'eftoit qu'vn Dieu, pource qu'elle l'auoit trouuée adorãt le Soleil, elle & fon peuple: &
ainfi s'en vá le proces au vent: fors qu'apres il dit que
Saba (parquoy je croi qu'il entend la Royne) auoit
deus beaus Paradis ou Iardins, l'vn a dextre, l'autre a
feneftre, & n'en dit plus. Puis apres en vne autre Sora
ou Prophetie, dit que Salomõ auoit des diables à jour
née, qui fabriquoient armures, maifons, plats, pots,
efcuelles, vaiffelles, & autres belles befongnes: & cõm
me ledit Salomon ne pouuoit mourir par le com-
mandemēt de Dieu, finon qu'vn ver rongea fon bafton par embas, & lors il cheut mort: puis les diables
en furent eftonnés, car ils ne penfoient pas fi toft perdre leur maiftre, qui les faifoit gaigner, & mettoit en

besongne. Voila en somme, & pour cause de briefueté le plus general de ce qu'il dit de Salomon, & de la Bible:car vouloir tout reciter, seroit ennuy sans profit. Quelque fois il en vse aussi des paroles, comme quant il dit que mille ans a Dieu c'est côme vn jour, & vn jour a Dieu est comme mille ans, qui est prins de Dauid. Puis vos espines ont prins la ronce, qui est de l'election folle des enfans d'Israel, qui esleurêt pluf toft la tyrannie que les Iuges: dont aussi parle Da-

Muhamed a-
uoit peu veu le
viel & nouueau
teftament.

uid. Du Nouueau testament, il prend de la parabole des Vierges folles, qui n'auoient point d'huille : Du mauuais riche, qui demandoit de l'eau a ceus de Paradis, & autres lieus assés, dont il se voit auoir leû (mais bien peu) le Vieil & Noueau testamêt:car pour vn mot de verité qu'il en met, il y en a cent de fables. Mais je veus mettre les histoires qu'il tient & faint du Nouueau testament, affin que du tout sachons en quoy il conuiennent auec nous, & en quoy ils different:il escrit donc ainsi du Nouueau testament.

Du Nouueau Teftament.

QVE Ioachim auoit vne bône femme, que quant elle fust grosse elle estoit en continuelle priere, que Dieu luy dônast enfant qui fust bon, saint & a lui aggreable:& qu'il luy pleust le garder du diable:& quant elle acoucha, elle eut vne fille, qui fut nommée Marie, qui fut nourrie en la mai

Marie.

son de Zacharie,là ou en continuelle oraison elle profitoit beaucoup auec ledit Zacharie, qui luy aprenoit.

zacharie.

Puis comme aussi ledit Zacharie n'auoit nuls enfans,

& que sa femme estoit sterile,& comme il prioit continuellemeut Dieu qu’il luy donnast vn enfant,l’Ange de Dieu luy dist qu’il creust, & qu’il en auroit vn. Il demande comme il seroit possible? l’ange luy dist, qu’il n’estoit rien a Dieu impossible:& pource qu’il ne creust pas incontinent, il fust muet trois jours. Puis S.Ian. luy dist que son fils auroit non Iachie, ou Iehan, qui prescheroit & confermeroit la parole de Dieu. Puis incontinent apres met l’annonciation Nostre-Dame, disant que les Anges s’en vindrent a elle disant: O Marie la plus nette, clere & pure qui soit entre toutes femmes,perseuere auec Dieu,& l’adore a toute heure,Dieu a baillé ces secrets icy aus Anges pour te L’annonciatiō dire : O Marie le grand’joie de la parolle de Dieu IESVS CHRIST est enuoié en toy, de par le treshaut Dieu,il parlera aus hommes , tant jeunes que vieus dans le berseau , & sera le conducteur des gens. Et Marie respond,comment conceuray-je, qui suis vierge,& n’ay esté touchée d’homme?Marie, dist l’Ange, il n’est a Dieu rien impossible:croi qu’il fait ce qu’il luy plaist:& que le fils qu’il te donnera, sera vn fils rempli de vertu,qui sçaura la loy , l’euangile, & toute perfection pour instruire les enfans d’Israel : & prenant de la bouë & formant les oyseaus,il soufflera en eus,& seront viuans:il illuminera les aueugles : guerira les Ladres & roigneus : il ressuscitera les morts auec le commandemant de Dieu. Mais auant que passer outre , je veus mettre les autres passages qui parlent de la Conception & Enfance ou Natiuité de IESVS CHRIST,scelō ce que ce villain en parle. Il dit

en vn chapitre, vers la fin, que Marie fille d'Amram se
garda diligemment, & que Dieu souffla dedans de son
esprit, & qu'elle creut aus parolles de son createur, & a
son liure & fut fidelle. Vous voiés côme il a ja changé
son nom, & a cette heure & vne autresfois au chapitre
Meriē, ou Marie, apres qu'il a repeté de S. Ian Baptiste
& de Zacharie, côme dessus, dit ce qui s'ensuit: fais me
moire de Marie au liure de Dieu, (il entend en l'Al-
corā) quant elle est venue de chés ses parents vers O-
rient, & sans eus ou leur cōseil print vn voile, & nous
luy enuoiasmes de nostre esprit, & elle conceut la for
me d'vn homme parfait: & elle dist, Dieu me deffend
de toy (parlant a l'Ange) ne le crains tu point? il entēd
Dieu, & il respondit: je suis messager de ton createur:
pour te dire qu'il te donne vn enfant parfait: elle dist,
Comme ay-je commis peché? Il luy dist, ton createur
a dit: il m'est facile de faire miracles & misericordes,
c'est moy qui faits ceci.   Dont elle conceut, & s'en
alla en vn lieu a part & secret, jusque au temps qu'elle
deuoit enfanter.   Là ou alors se trouua au pié d'vne
palme, & dist, pleust a Dieu que je fusse morte, & jamais on ne parlast de moy.   Et a cette heure là parla
a elle cil qui estoit sous elle (je croy qu'il entend
IESVS CHRIST ja nay) en disant ne te soucie point,
Dieu a mis auec toy le haut: Frappe au pié de la palme, & il te cherra des dattes toutes meures, man-
gés en, & te resjouis.   Et si tu vois quelque homme
dy luy, j'ay fait veu au jourd'huy de ne parler a homme. & s'en alla porter l'enfant a ses parents, qui luy
dirent, O Marie seur d'Aron (qui est vne menterie

d'vne

* Annonciation
en autre mode.

Conception.

Natiuité.

d'vne autre forte) tu as fait vne chofe damnable,
ton pere & ta mere eftoiēt fi gens de bien, & n'ont pas
efté adulteres. Lors elle dift, comment parlerayie a cet
enfant au berfeau? lors l'enfant dift, je fuis feruiteur
de Dieu, qui m'a baillé le liure, & ma fait Prophette
& bien heureus, & m'a enfeigné a prier, & donner les
difmes, & hōnorer toute ma vie ma mere, & bien heu
reus le jour que je fus nay, & le jour que je viurai, &
le jour que je n'en partiray d'ici : C'eft ici le verbe de
verité IESVS CHRIST le fils de Marie, duquel ils ont
diffention : car Dieu n'a jamais eu de fils, qui quant il
luy plaift il luy dit, foit faitte telle chofe, & elle eft fait
te. Voila la pefte du coquin, dont je pēfe tout Chreftien auoir horreur. Puis en vn autre lieu, fait parler
Dieu a IESVS CHRIST, & dire : ô IESVS fils de
Marie, te fouuienne de mon benefice vers toy, & les
tiens, comme je t'ay créé du S. Efprit, comme dedans
le berfeau tu parlois auec les Hommes, comme de
bouë tu faifois des oifeaus, & fufflant en eus ils deue-
noient oifeaus volants, comme je t'ai baillé le liure &
toute fcience, comme je t'ay baillé la loy ou Vieil teftament, & le Nouueau, comme tu as inftitué les enfants d'Ifrael a la verité, cōme tu as gueri les malades,
lépreus, ou ladres, auec mon ordonnance, come tu as
refufé les mors auec mon commandement. Puis en
vn autre lieu il dit, que les Iuifs, & ceus a qui prefchoit
IESVS CHRIST l'ont reietté, & parce font dānés :
dont il veut inferer le pareil de fa loy, que s'ils la
refufent, ils le feront. Et en diuers lieus le fait pref-
cher & dire : Crāignés Dieu, & l'adorés, car c'eft mon

g iij

Miracles de l'
enfance & vie
de Iefus.

Les louange,
qu'il baille a Ie-
fuchrift.

Dieu & le voftre. Et en vn autre lieu luy fait alle-
guer l'Euangille difant, Adorés le Seigneur qui eft
mon Dieu & le voftre. Puis pour fe faire donner par
luy authorité dit, Qu'il dift qu'il viendroit apres luy
vn meffager, qui auroit nom *Ahmad*, qui eft le nom
qu'ils difent que leur Prophette auòit en Paradis.
Quant eft de la mort de IESVS CHRIT, ils difent
que les Iuifs ont grand tort, & luy font grans iniu-
res, de dire qu'ils l'ont tué, comme ils ne l'aient pas
tué, mais vn femblable a luy. Et dans leurs hiftoires dient que ce fut Iudas, & qu'il eftoit plus raifonnable que l'innocent fut fauué, & l'inique puni : &
que Dieu le retira a luy pour l'amour qu'il luy portoit : & qu'il viendra au jour du jugement en la vallée
de Iofaphat, pour condamner les mal croians, & ceus
qui l'ont fait plus grand qu'il n'auoit còmandé. Voila
la fomme tant de la belle loy du Prophette, comme
des hiftoires tant de la Bible ou Vieil teftament, comme du Nouueau, que voiés comme il a tout gaf-
té, & meflé de menfonges, affin que fa main fuft par
tout congneuë. Il fe voit aufsi clerement qu'il n'en a

prins que pour perfuader aus pauures beftes villagois
& ruftiques, en quoi les dominateurs les entretien-
nent, qui de l'vne ne de l'autre loy, jamais n'auoient
rien ou peu ouy : combien qu'il accede beaucoup plus
au judaïfine, auquel il fut premierement par les Iuifs

de la Meche inftitué, dont ils font tous la Circoncifion, de laquelle en fon Alcoran ne parle point, mais

feulement pource qu'il fe dit tenir la loy d'Abraham,
fait la Circoncifion. Maintenant il nous faut voir par

ce qu'il a de propre, qui il eſt, & ou giſt ſon intention Voiés diligem-
ment.
prophetique. Pour le premier il met le reuanger pour
choſe neceſſaire a ſalut. Mais qui veut voir tout au
long la couleur de ſon intention, voie le chapitre
Ahrab: il verra clerement quel paillard luxurieus c'-
eſtoit, qui ſe permet adultere, qu'il condamne aus
autres de cent coups de baſton, & encore aus pauures
femmes ſeules, & dit que qui fera comme luy qu'il
pourra bien eſtre ſauué, & que Dieu pardonne tout a-
pres le coup. Puis diſt que le Prophette peut auoir tel
les femmes qu'il veut, & que perſonne ne doit prendre la femme que doit auoir le Prophette: mais il ſeroit trop long a racompter les folies de là: il les faut
voir ſur le lieu: Puis regarder la Sora ou Prophetie
theubet de la conuerſion faitte par force en tuant, oſtant les biens, & faiſant paier tribut & decimes a qui
ne veut croire en cette belle loy. Puis là ou il dit que
le bien qu'il gaigne ſur ceus qui ne veulent croire, eſt
au Prophette, & a ceus a qui il le veut donner, en nom
mant pauures & pelerins ſous couleur de pitié. Puis
quant les villagois ne luy vouloient plus rien donner,
il diſoit qu'ils eſtoient damnés. Il deffend le vin auec
le jeu de dets. Il deffend le porc, la beſte eſtouphée &
morte de ſoy meſme: il a commandé les ablutions
deuant l'oraiſon, & apres les œuures de nature: & en
lieu d'eau commande qu'on prenne de la poudre a ſe
frotter le viſage. Il deffend d'entrer en maiſon ſans
parler: de n'entrer en la ſienne, ſans en eſtre prié: &
quant on le dira, qu'on parte incontinent. Il a fait
quelque-fois de partir l'heritage entre ſeurs & freres,

g iiij

des degrés de confanguinité, ils les fait & prohibe
quafi pareils aus noftres. Mais le plus beau de toutes
les inuentions eft, que contre Dieu, raifon, nature &
couftume, il a ordonné de faire du jour la nuit, mais
qu'on jufne: & qu'on ne ceffe de boire & manger toute la nuit, jufque a la pointe du jour. Mais c'eft bien
raifon que ce Quarefme inftitué d'vne fi bonne occafion comme de menterie, foit de pareille farine faitte
en menterie & hypocrifie: car il a commandé ce Quarefme, pource qu'il dit luy auoir efté portée par Gabriel fa loy de Dieu, le quinziéfme jour du mois de
rhamadhan: fçauoir quel mois c'eft, il eft fort difficile,
pource que leurs mois font lunaires, & ne tiennent
point l'orde folaire, comme nous, mais changent tous
les jours, comme la Lune.   Il a aufsi propre la peregrination, qu'il recommande eftre faitte huit mois
an l'an, aiant feulement quatre de repos: & ce fait
cette peregrination fous vne autre couleur de menterie, a la Meche, là ou il dit que fus vne montagne
Abraham facrifia: dont la peregrination, qui de tous
Muhamediques vulgairement fe fait a la Meche,
n'eft pas pour l'adorer a la Meche, comme lon penfe
vulgairement, mais pour la memoire du facrifice d'-
Abraham, fur le mont de Caph , a deus traits d'-
arc de la Mefche: pour l'amour aufsi que la peau de
l'aigneau que facrifia Abraham feruit a Dieu de
parchemin pour efcrire cette belle loy. La peregrination qui fe fait a luy eft en *Medinet alnebi*, a la cité
du Prophete, là ou il eft (felon qu'ils dient) enterré,
non pendu en haut auec aimant, comme on fonge

vne fable,mais en vn lieu bas,comme font ici les cha-
pelles de foubpaué. Mais pour voir la vanité du paillard,qui met Abraham auoit facrifié a la Meche,elle
apparoift,a qui fçait que de Bethel, Sodome, la vallée de Manire & tout lieu là ou a habité Abraham y
a plus de trois cens mille pas jufque a la Meche.Mais
il me feroit impofsible, & aufsi ennuïeus de vouloir
beaucoup reciter de fon propre. Ie veus courant par
le Symbole monftrer en fomme, comme & quoy ils
croient.Ils fe dient croire vn Dieu feul,& createur du
ciel & de la terre,& toutes chofes predeftinant a mal,
ou bien qui il veut,de fon verbe & de l'efprit,il en par
le affés,& appelle IESVS CHRIST, de tous les deus
noms.Mais que c'eft qu'il entend, il ne lefcauroit dire
fuft il reffufcité.Il jure biē en vn Sorah a la fin de l'Al
coran,par le pere & le fils,ou par l'engendrāt,& celluy
qui eft engendré:mais de luy faire accorder la Trinité,il n'y a ordre,car il fait en fon Alcoran que IESVS
CHRIT l'a nié.De noftredame il croit qu'elle eft vierge perpetuelle & mere de IESVS,& que tous deus font
aus cieus en corps & en ame. Vous aués veu a la refte
ce que le paillard a dit de IESVS CHRIST,& qu'il viendra au jugement,duquel je croi qu'il parle mille fois,
pour faire peur a ceus qui ne vouloiēt receuoir fa loy.
D'vnion d'efglife il n'en dit rien,finon qu'a leurs pafques,& au védredi toutesfois fe pardōnent,en fe bay
fant l'vn l'autre.De communion des bien-heureus a la
diuinité,il n'en parle point. De remifsion de pechés,
ils la croient a eus & aus Chreftiens Heretiques Ne-
ftoriens,& aus plus mefchans hommes du monde,

s'ils se font de leur loy. La vie eternelle, en delices cor
porelles perpetuelles. Il ne parle quasi d'autre chose.
Voila en bref la somme tant de son dire & fin, comme de ce qu'il conuient & differe auec nous, & ce qu'il
a de propre. Maintenant aïant bien veu au long ces
discours, selon ma promesse, il reste encores de dire
des diuerses sectes qu'ils ont: & des grandes richesses
que les imposteurs prestres de là amassent, depuis qu'-
ilsen ont le credit, ce qui a esté vray quasi par tout leur
païs, que prestres ayant des richesses & delices & authorité, tousjours ont esté ruinés de leur religion: &
ny veus ici reciter Iuifs, Egyptiens ne Perses, Grecs
ne Romains: Laissant au curieus en histoire d'en de-
uiner, auec l'aide de journalle espreuue. Mais mettray
l'exemple de ces bonnes gens ici.

Des diuerses Religions.

L A PREMIERE difference d'habit entr'eus,
est de la teste seulement. Car il y a vne
generation de gens qui se nomment les
parens du Prophette, ou de sa race, qui portent leur
Muzauagea, c'est a dire vn bonnet de dessous noir, &
leur Tulbant de couleur verde, qui se monstre par sus
la teste. Mais ledit Muzauagea est sans passer dehors,
comme il fait aus Gentilf-hommes de la Court.
Mais passe a l'equalité du Tulband, comme font tous
les Cadis, ou Iuges & *cadilesker*, docteurs, & toutes
gens de lettres, auec les prestres. Car tous ceus ici
portent bas Muzauagea sans sortir du tulband, & la
barbe longue aussi, ce que communement ne font

les gens de Court:car ils portent haut Muzauagea
s'ils veulent, ou de velours ou de satin cramelin, ou
autre couleur, comme ils veulent, & les moustaches
de leur barbe seulement. Iceus bonnets vers s'appellent communement *ießil baß*, teste verde : & ont,
quant ils sont gens de bien, ainsi qu'ils dient, des graces & priuileges, a cause de laditte parenté, de guerir
de quelques maladies ou fieures, ce que je ne sçay que
par ouïr dire. Tous les Tartares sont appellés *ießil
baß* par les Turcs, pource qu'ils portent le Muzauagea vert, a la difference des Perses, qui le portent rouge, agu & menu, & sont appellés communement
Kezeil-baß, teste rouge. Dont encor' que ledit Perse &
Prince & peuple se nôme Sophi, Pharsi, Agemi, Cho-
rasmi, & Tachmas, son principal nom est *kezil baß*, a
cause du rouge Muzauagea. Tous ces parents du
Prophete sont comme Gentils hommes, la ou ils
sont, sans rien paier au Prince, sinon qu'en temps de
guerre en leur pais se soudoient aus armes. Il y a la vn
infini peuple de caymans, & sont de quatre noms &
sectes, *Deruiß, Seichlar, Torlaquis, Calender*, ne voulens
gaigner leur vie qu'a trotter & peregriner: pource que
par ce moien sont tousjours nourris aus hospitaus : &
outre vont demandant des aspres par les village pour
faire leurs offrandes, puis les vont despendre a grand'
chere. Et di on qu'il ne fait trop bon se treuer entrer
auec eus, estant plus foible, & ayant a perdre. Tous
en vn compris sont appellés *Deruiß*, ou saints : & des
autres, fols. Les habits & modes de faire sont si diuerses qu'il m'est quasi impossible les reciter : les plus

fols sont qui a jamais vont tous nuds, soit chaud ou
froid, mengeant peu, & jusnant : quelqu'vns vont a
demi nuds, assauoir n'ont autres vestemens qu'vne
peau deuant, l'autre derriere : que s'ils ont le pouuoir,
leur peau est de quelque leopard, ou bestes sauuages :
aus pauures est de mouton : tous ceus ici sont tous
balaffrés de grans balaffres, tout a trauers du visage, & du long ou trauers de l'estomach, tout du
long du bras, souuent en trois ou quatre lieus : &
dient faire cesdittes balaffres & coupures pour l'a-
mour du Prophette, & ny a celluy de ces ballaffrés a
qui ne facés fendre vn bras, vne jouë, ce que voudrés
luy donnant quelque sept, ou huit, ou dix aspres, ce
que je ne voudrois de cas fortuit faire pour dix mil
escuts. Tous ces compagnons ici sont nuds piés, &
jambes, & endurcis a mal. & ne sont seuls de leur bande a se tailler, mais des braues & gents de court, qui aiment & poursuiuent vne dame, feront de telles tail-
lades, pour approuuer l'amour, & souuent se picque-
ront de quelque fer jusque au sang, faisant vne figure
a la deuise de la dame, sur vn bras, ou autre part cachée d'habit, puis y bouteront le feu long téps auec v-
ne chãdelle : qui est vne extreme douleur & seulemét
pour faire que le seing dure a jamais. Or retournons
aus pelerins, pour lesquels tout le monde prie, comme
pour ceus qui gardent mieus la loy : combien qu'on
dit qu'ils ne s'en souciét, & qu'ils sont plus que la loy.
Il y en a d'autres qui outre ce qu'ils sont peregrins,
sont de diuerses sectes distingués par habits, & sont
ou font semblant d'estre rauis en ecstase, ou esprit, les

vns

Folie des amou-
reus Turcs.

Les Pelerins.

vns plus, les autres moins. Et (ce difent ils) diui-
nent des chofes perdues, donnent bon confeil, pre-
dient les chofes auenir, & ceus ici fe nomment *dur
miffar*. Les vns ont vne plume a la tefte pour le figne
du haut vol d'efprit, les autres vne maniuelle ou chaine au bras, pour la contrainte de l'efprit, les autres ve-
ftus d'vne piece de toutes couleurs rapetaffée, chacun
pour leur phantafie, laquelle autrement je ne fçay.
Quelqu'vn jamais ne parle a homme ni a femme: l'autre ne mange qu'vne fois la fepmaine: les autres vous
ne les voiés jamais manger: quelqu'vns jamais ne parlent a femme: aucuns croiët fi tresfort la predeftinati-
on, que venãt vne pluye, ou grefle ne fe remuerõt d'vn
lieu pour rien, difant que Dieu enuoie cela de fes biẽs,
& qu'il le faut endurer, là ou on fe trouue : les vns fe
retirent enfemble en vn lieu, ne penfant l'autre peuple digne de leur conuerfation: les autres font aus
bois, aus montagnes, aus Hofpitaus a penfer les pauures malades: les autres ne font que toupier chantant,
la alla illa la: les autres que chanter le mefme : Bref
c'eft vne grand' chofe a raconter quelle opinion de
fainteté ils ont obtenu, & ay ouï dire qu'ils font force merueilles. Ils ont aufsi beaucoup de Merlins, afçauoir d'enfans fans pere, & nais de pucelles: & difent
que cela leur eft commun, & frequent: ils les nommẽt
nephis ogli, enfans de l'ame ou de l'efprit, qui font aufsi
de grãs merueilles ce diton. La principalle ville ou lieu
de peregrination, là ou tous vont comme ja ay dit,
eft *Medinat alnabi* & la Meche: l'vne pour Muhamed, l'autre pour le facrifice d'Abraham : & là y vont

de Tartarie, Perſe, Inde, des Iſles d’Inde, de Barbarie, & de Turquie : mais ceus qui y vont, ne ſont
que populaires & caymans, côme les brodes. Les Mo
res en la Barbarie ont deus lieus de fort grãd’ deuotiõ
ou apport en leur païs, l’vn eſt le Caroan, l’autre eſt
la Meheide, en l’vne ne l’autre n’entre Iuifs ne Chreſtiens. Ils ſont ſugets au Roy More de Tunes. Ils diẽt
entr’eus que le Caroan eſt là ou Haly neueu de Muha
med y feiſt l’egliſe qui y eſt : dont pource que c’eſt la
principalle ville & peregrination plus frequente de la
Barbarie, & là ou on ne va qu’a grand’ compagnée,
pour les deſers & ſerpens, toutes peregrinations en
Barbarie ont eu leur nom de Carauane ou Caroane.
Quant eſt de la Turquie, il y a infinis ſaints qui leur
font des miracles grans, côme ils diſent, & ſont communement inuoqués par chacun ſon meſtier. Il y en a
vn qui conforte les deſolés, qui ſe nomme *Seich baſſa*, le
vieus prince. Vn autre *Hartzi bettas*, qui eſt celui qui
aide aus peregrinans, qui l’inuoquent. Vn autre aupres
de la Surie, non trop loing d’Adena, qui ſe nôme *Sedi
cadi*, ſire ou ſeigneur Iuge : Là ou ils dient que toutes
volontés s’accompliſſent, & là les Genſdarmes ſe recommandent fort, & ont pour perſuadé que qui l’a
eſté voir, ne meurt pas en Guerre. Les autres enſei-
gnent les choſes perdues : & y en a vn grand en la Na-
tolia, aupres de Cariaſar, qui ſe nomme *Guzel mirſſin*
ou *gotuel mirſſ*, le bon rameneur, qui trouue toutes beſtes perdues. Vn autre qui ſe dit *Baſſaſſic*, le Dieu d’a-
mours, ou le Prince de cela, là ou ils vont pour eſtre
bien fortunés en mariage, pour auoir enfants, pour ſe

reconcilier. Il y en a encor' vn qui eſt le general capitaine de tous, car il ſert de tous les meſtiers des autres
& diſent qu'on ne luy demande rien qu'on n'en aye
conſolation:& ceſtuici n'a point delieu dedié, mais ſe
pourmaine ſur vne jument griſe par tout le pais de
Natolie ſeulement,& apparoiſt par tout a qui l'inuo-
quent:ils le nommēt *hederelles*,& penſent que ce ſoit
ſaint George, car ils appellent ſaint Georges *hederel-*
les,& y a tout plein de gens qui ſe dient de luy:& ſçauent meſmes en quel temps les Chreſtiens en font la
feſte, & les viennent jnciter deuant, ou a ce jour, a
donner des aumoſnes pour l'amour de luy: car quant
ils demādent quelque choſe a ces ſaints là, ils leur pro
mettent ſelon leur faculté, manger pour l'amour deus
vn pain chaut, ou vn chappon, ou vn mouton, ou
vn beuf, auec les pauures, & les pellerins, ce qu'ils
gardent diligemment. Ils mangent auec les pauures
pour l'amour de leurs ſaints. Du temps de Sultan
Muhamed, qui print Conſtantinople & que noûs ap-
pellõs faus (en la journée des François en Hongrie)
l'Amorabachin, comme ce fuſt le nom deſon pere
Amorat benc, au lieu de luy, il y auoit vn infini nombre de toutes ces ſectes en la Natolie, principallement
qui auoient ja occupé tant de richeſſes qu'il eſtoit
poſsible, dont il commança a ſe faſcher : & auſsi qu'-
ils luy en donnerent cauſe, car pour ce temps là le voyant le prince des Zauuologues ou Tartares, tant pro
ſperant & fort que fut jamais Prince,& par armes inferieure ne pouuāt garder vn tel ennemi de croiſt re-
voulut par ſubtil moien vn jour, ſous l'eſpece de pie-

té fuborner vn nombre de ces paillars *deruiſſ*, qui par
leur efpece de fainteté entroient librement chés le
Prince,& aufſi pour ce qu'il eſtoit Prince curieûs de
toutes excellences , principallement de voir des merueilles,enchanteries,diuinations,& autres telles chofes que leſdits Santons font communement : & con-
uinꞇ ledit Tartare auec vne bande deſdits hypocrites,
leur promettãt ce qu'ils cherchoiĕt(les faire grãs) s'ils
vouloiĕt ou tuer ou empoiſonner leur Prince Sultan
Muhamed : ce qu'ils auoient ſi bien entreprins & ſi
fecretement,que feulement en fut aduerti le foir dequoy il deuoit eſtre tué la nuit. Ce que voiant ledit
Sultan Muhamed en defpecha le païs , par tel ſi que
de fon viuant , ne s'en oſa trouuer vn deuant luy , fur
la vie,ou peine de deus cens baſtonnades. Le pareil
feiſt Bayazet,pource qu'vn d'eus luy demandant l'-
aumofne:l'auoit prefque tué. Et outre ledit Sultan
Muhamed, des plus belles fondations de ces paillars,
que fes predeceſſeurs leur auoient données fous efpece de pieté, & defquelles ils abufoient, leur feiſt par
bonne raifon defpouille (ce qui me femble merueilleufement equitable, que les chofes qui ne vont plus
a leur fin,qu'on les y dreſſe, & qu'on tourne abus en
vfage)& appliqua en vn autre meilleur œuure leſdittes richeſſes,a fonder vne belle *Imarat* , ou aumofne,
en Conſtantinople de l'eſtime de 60 mille eſcuts,
là ou les malheureus paillars, qui eſtoient feigneurs
n'ont que la repue franche. Ainſi fut punie la canaille,
pour leur merite. Mais toutesfois, cõme malle herbe
croiſt toufjours, il y en eſt reuenu plus que jamais:
c'eſt

pource qu'au lieu des fondations auois promis de parler des sectes, & de la diuersité de leur religion.

De la Sepulture.

APRES auoir declaré la religion & choses qui en cette vie sont faittes par pieté, il me semble n'estre rien dit, si la conclusion n'y est, de ce qu'ils croient & font pour la memoire de la vie future. Car en toutes choses, tant naturelles cõme artificielles, & qui dependent de deliberation, tout se refere a la fin, & a quelque but : lequel naturellement toutes choses appetent. Les Muhamediques, doncques (comme dessus ay dit) croient & pensent pretendre a immortalité par les œuures de leur loy, & par *rahmatullahi*, qui est la misericorde de Dieu, pourtant, venans a la fin recommandent leur esprit a icelle misericorde, & qu'elle vueille porter l'esprit en *Genetly*, c'est a dire en joïe, & le garder de *saitan*, qui veut dire Satan, ou le Diable : & ordonnent de leurs biens & sepultures, quasi comme icy. Les prochains succedent a l'intestat, jusques au tiers degré en apres, & sans hoirs plusproches : le Prince qui encore que quelqu'vn meure auec hoirs prochains, prend la dizi-esme partie des biens du defunt, les aiant fait estimer par le *petalinagi*, c'est magistrat a ce destiné. Les partages se font, selon l'Alcoran, par esgal entre pareils : mais chacun a sa coustume qui y desroge & contreuient bien souuent. Dauantage en si grande multitude d'enfans, comme on peut auoir là, a cause de la

succession entre les Turcs.

h

pluralité des Efclaues,& femmes qu'ils ont, fouuent
les plus fors, fins, & habiles ont la meilleure partie.
Les proches parens font appellés pour tuteurs , ou
ceus que le Cadhi y veut mettre. Là ou fe fait de grans
tors & abus, fous couleur de Iuftice. Vne perfonne
decedant, eft admoneftée, principallement de pardonner, & d'inftituer *tzedacah*, c'eft adire aumofne,
ce qu'ils font,& ont ce pour dernier facremêt. Quant
la perfonne eft morte,fi c'eft le Prince ou grand feigneur,incontinent il eft fignifié au peuple: & là vous
oriés vn cry par deus ou trois jours,aufsi grand comme la joye eft ou fe monftre quant il eft circoncis, ou
faluë Prince, ou qu'il retourne victorieus. La fepulture depuis fe fait au lieu là ou il la efleu, & fait quelques fondations pour fon ame, de ce que j'ay dit en
parlant des fondations groffes, qui font entr'eus.
Les proches officiers , & parens pour deul portent
de gros bureau dit cheponée ou feutre dequoy on fait
des couuertures aus cheuaus: & qui ne le veut porter,

ha vne toille blanche,depuis le Tulband jufques a la
ceinture,le tout auec cris & pleurs, jufques au tôbeau.
On maine aufsi en main les plus beaus cheuaus qu'-
euft le deffunt,jufque au lieu,ainfi qu'on fait par deça
les cheuaus & haquenées couuertes de velours traif-
nant,ou de drap. Apres on donne infinies aumofnes,le
corps eftant en tombeau. Il y a vne grande & arti-
ficieufe fuperftition entr'eus,c'eft qu'aufdits cheuaus
deuant que fortir deuant le peuple, ils oignent les
nafeaus de *feuene* & chofes fortes, a celle fin que les
pauures beftes l'armoient par force,& qu'il femble au

populaire fot qu'ils le facent par nature. Dauantage fi c'eſt quelque hôme d'armes ou Sangeac, qui eſt
capitaine on port'enſeigne, on traiſne apres luy ſon
eſtãdart, par la bouë auec des armes & harnois de che
uaus, pour monſtrer que luy mort, la guerre eſt morte. A quelques Princes ſont gardés ces honneurs a-
pres la mort, que ſur leur tombeau tous les jours par
les Thalimaular ou lecteurs, qui ont charge de lire
aupres du deffunt, les habillemens de quoy vſoit le
deffunt, comme s'il feuſt encores vif, ſe mettent &
changent par les jours de la ſemaine, juſques a vn an,
ou deus, ou trois, ſelon l'ordonnance du deffunt, &
vouloir des parents. Leſdits Thaliſmaus, donnent a
entendre au peuple, qu'il n'eſt rien ſi ſalutaire que lire l'Alcoran, & pour les vifs & pour les morts : &
pourtant auſdittes ſepultures y a touſjours quelqu'-
un qui liſt ſans ceſſe ledit Alcoran pour l'ame du deffunt. Leſdits Thalimaus vont deuant le corps qui
eſt porté, la teſte deuant, & chantent *alla rahmani ar-*
hamuhu, la alla illa : alla alla huma alla, qui dit, Dieu
miſericors ait pitié de luy : il n'eſt Dieu ſinon Dieu,
Dieu eſt Dieu, & tels autres propos & oraiſons, juſques a la foſſe, là ou ils liſent quelque Sorah ou chapitre de l'Alcoran, & quelques oraiſons. Ils ſont
treſtous portés en vne ſorte, comme en vne huche vn
linge deſſus, & l'accouſtrement de teſte ſur le bout
de deuant, pour monſtrer le ſexe & habit. S'il eſtoit
puceau ou pucelle, on porte ſus luy des boquets, ro-
ſes, & fleurs, & telles odeurs, pour monſtrer l'innocence ou virginité. Pour petit d'auctorité qu'euſt le

defunt,il à quelque lieu a part, ou il eſliſt ſa ſepulture,
ſans aucune beniſſon: parquoy a l'entour des groſſes
villes, tant en Affrique qu'en Aſie, tout eſt plain de
ſepultures. A celles des riches, y a outre le ſepulchre
vn logis comme vne chapelle,qui ſert d'oratoire & re-
cueil a ceus qui vont prier & manger là auec les pauures,pour leurs morts.   Aus communes n'y a autre
qu'vne pierre drecée de bout,plate ou ronde,de la hau
teur de trois ou quatre piés, ou eſt eſcrit en lettre A-
rabique le nom & faicts du defunt, comme par deça:
quelques vns y font paindre vn Tulband, les autres
vne cimiterre,les autres vne autre choſe, ſelon ce que
quelqu'vn s'eſt meſlé en ſa vie : a quelques vns on
plante deſſus des roſiers,romarins,myrtilles ou mur-
tie ſur la tombe, affin que les paſſans prenans des
bouquets,aient ſouuenir du mort qui ſe viſite tous les
ans,ainſi que ſus ay dit,au *behiram* ou paſques grandes,& petites, & quelques autresfois durant les huit
jours du deul:car par apres les huit jours, eſtant fait
vn feſtin entre les parens, chacun oſte le deul, comme parauant la mort:& là attendent la Reſurrection,
qu'ils croient qui ſe fera, Dieu commandant a IESVS
CHRIST, de condamner, & Muhamed teſmoignant
des bons fidelles a la feneſtre de Dieu, & ce en la vallée de Ioſaphat.

De la Iuſtice.

SELON l'ordre qu'au comancement ay promis
depuis la religion entre Dieu & les hommes,
principallement obſeruée pour l'amour de
Dieu

Dieu, il vient par ordre de parler de la Iustice coër-
citiue, obseruée entre les hommes seulement, laquelle
quasi par tout le monde ha son origine de la diuine:
car là ou les hommes laissent tant la raison que Dieu,
ou ce qu'ils pensent ou doiuent penser que Dieu
commande, il faut que la loi qui leur estoit a conser-
uation, leur soit a rigueur & contrainte: Et là ou la diuine ne fait de tout statut, doit estre excogité des hom
mes justes & munis de raison, moien d'euiter ou pro-
hiber tout vice. Dont tous Muhamedistes ont pour
principal l'Alcoran, ou Alphurcam, ou leur loy, &
par apres ou elle en son interpretation, nommée *Sune*
faut, les institutions & responses des sages *muphity* &
alphachi succedent, dont communement y en a dix
volumes, qui traittent par ordre *de rebus, personis &c.*
des choses, & personnes, des obligés, des testamens, &
autres choses appartenantes au droit des hommes, &
ciuil: puis estans les cas entre les hommes infinis, les
Princes par ordonnance y pouruoient. Dauantage en
quelques lieus y a coustumes & immunités comme
par deça. Puis l'arbitre & prudence des juges en raison exercés, est pour supplier & decider de beaucoup
de choses non escrittes. Voila le droit dont ils vsent:
Il faut maintenant voir des personnes qui l'administrent, & puis apres comme ils administrent.

Il y a premier quelque vieil sage, & prudent &
esleu, par l'estime de bonne vie approuuée de chascun, sous chascun Prince Muhamedique, qui des
doutes qui se trouuent fort perplex, tant en matiere de la loy, que des loys, donne sentence

diffinitiue au plus pres de la raiſon. Et ſi c'eſt droit
particulier, il ne paſſe en exemple. Si c'eſt vniuerſel,
il eſt pour arreſt, & pour juger vne autre fois *à ſimili,*
ou de cas pareil. Le Tartare grand des Zauolgues,
le tient en Samarchanda. Le Perſe ou Sophi le tenoit en Bacder ou Babyloine deuant que le Turc luy
euſt oſtée. Le Turc en a vn en Conſtantinople. Les
Mores Barbares, ou iſlemins en ont en beaucoup de
lieus, comme en Marroc, Fez, Telmeſſen, Argel,
Tunes, le Caroan, la Meheyde, & en Mitzie ou Egypte. Le Turc fait au ſien la plus grand' reuerence
qu'a homme de ſon royaume, a cauſe qu'il repreſente
Iuſtice, & l'image de Dieu. Des autres païs je ne
ſçay en quelle eſtime ils l'ont. De dire qu'ils ont
vn Pape ou Califfe de Bagdat, qui peut ſtatuer loys
ſur tous Sarraſins, cela eſt pour le jourd'huy priué de
verité: & le temps paſſé il ne mettoit loys qu'aus Barbares d'Arabie, Surie, & Egypte ſeullement. Mais celluy qui eſcriuoit cela, eſtoit pour par vne comparai-
ſon, rendre plus auguſte & perſiſtente la maieſté de
leur Califfe. Des electeurs de juges, & de la preuue que
font les Muhamediques de leur ſçauoir & prudhom-
mie, je ne le ſçay ſeulement que des Turcs, car je ne
veus eſcrire ce que j'ignore. Il y a des Cadileſquers a
Conſtantinople, ou principallement là ou le Prince
ſe trouue pour aller long temps ou demourer autre
part: & alors pour les querelles ſuruenantes tous les
jours, l'vn deus demeure ou laiſſent en leur place des
Lieutenans bien accompagnés de gens de ſçauoir, &
ſont deus Cadileſquers ou Cadibeughilar, deus Exa-

Le Prince ho-
nore le Mu-
phti.

Fauſſe opinion
du Califfe.

Deus Cadeleſ-
quers electeurs
& examina-
teurs des Iuges.

minateurs des Iuges de diuerſes prouinces, qui ſont
ſubgettes aus Turcs, dont l'vn eſliſt & examine ceus
de l'Europe, ou du coſté de la Grece, & s'appelle
Cadilis ou *cadileſquer romly.* La Iuſtice de Grece, qui
a tous Iuges qui veulent auoir quelque Cadilic ou judicature, font jurer ſur les lois, qu'ils ne feront tort a
homme, & a tout le monde droit : qui s'enquierent
de leur vie s'il y a perſonne qui s'en plaigne, qui les
interroguent comme ils ont eſtudié en droit & en
leur loy, & ne s'enquierent point du temps, comme
on fait ici, mais du ſçauoir comme feroit le Chance-
lier de France par deça : ſelon ce qu'ils ſont trouués
idoines, ils ſont enuoiés en office grande ou petite,
par tel ſi que de tous griefs dont le peuple ſe plaindra
d'eus ſeront contrains rendre raiſon auſdits Cadileſquer, & eſtre ou priués ou ſuſpens d'office, ou ſi le
cas le requiert priués de vie. Ils ont a leurs Iuges
particuliers trois ſortes de gens, les petis qui s'appellent *Taalimanlar,* que le vulgaire corrompt, & noſtre
Taliſman, & veut dire ſçauant ſimplement : & ceus i-
ci ſont les petis compagnons, qui ne ſçauent gueres
auec l'Alcoran, qui ſe font comme preſtres de village
& *Paracadis,* c'eſt a dire petis cadis: comme ſont Iuges ou Aduocats de petis ſieges. Les moyens ſont
menitſſimlar circonſpects, prudens, qui auec l'Alcoran ont du ſçauoir de lois mediocrement, peuuent
auſſi ſeruir de Iuge & preſtre. Les grans ſont les
fort doctes, & en la loy, & aus loys. La premiere
choſe qu'on demãde a vn bon Iuge, eſt s'ils ſçait bien,
& s'il entend ſa loy, ou religion : a celle fin que pre-

h iiij

mie rement il regarde de juger felon Dieu: par apres,
s'il ne peut faire par la loy diuine, qu'il vienne a l'humaine: ceus ici font appellés Cadhis, & ont les offices
de judicature aus grandes places, & ont tout plain de
juges inferieurs petis aprenans, qui leur refpondent,
& la preftrife n'excufe point de refpondre a juge fuperieur, car ils n'ont qu'vne puiffance abfolute, & n'ont
qu'vn coufteau, ou bras de Iuftice. Ces grans Iuges
ici fe nomment en langue Arabique Cadhi, de laquelle appellation aufsi les Turcs vfent, mais toutesfois
ils ont leur mot propre, & les appellent *baßi* ou *fybaßi*,
qui veut dire chef: & cette vois eft aufsi commune au
Tartare, qui nomme la tefte *baß*, comme les Turcs:
d'ou font dits lefdits *baßis* & *foubacis*, comme chefs:
comme nous appellons les capitaines de *caput capitis*,
qui veut dire tefte. Il y a cette difference que *Baßi* eft
plus grand, *Soubacy* eft comme Lieutenant: toutesfois
ils vfent indifferément de *baßi, cadhi*, & *fubaßi* pour
vn. 　Ils ont de vieus philofophes qu'ils appellent
hogea en Turc, & en Arabie *ffaich*, qui font pour
aider aus Iuges, ou preftres, docteurs, & s'appellent
Iman, ou font lecteurs aus Villes ou ordinaires, ou
publicques, ou particulieres, en Medecine, Philofo-
phie, lifans Ariftote, Galien, Hipocrates, & leurs docteurs Auerrois, Auicenna, & tels: ou en Aftrologie
& Geometrie, dont ils ont de grans maiftres & autheurs: tous ceus ici auec les Iuges font d'vn mefme
priuilege, comme aufsi toutes gens de lettres, tandis
qu'ils les exercent, font exempts de tailles & impoft,
comme ceus de deça. 　C'eft pourquoy je les ay mis

auec les Iuges, car les Iuges fortent de leurs efcolles.
L'autre Cadilefquer fait le mefme aus Iuges qui font
efleus en la Natolie, ou en Afie auec l'Egypte, comme j'ay dit en la partie d'Europe du premier, ils les
examinent, s'enquierent de leur prud'hommie, de leur
fçauoir, les font jurer comme deffus a pareille peine.
L'honneur fecond eft fait du Prince a ceus ici, car il
les faluë la tefte fort inclinée, la main a l'eftomach
pour l'amour de la juftice qu'ils reprefentent. Ils ont
d'eftat du Prince chacun fept mille ducats a prefent. Ie
ne fcay fi toufjours ils continuent a tels gages. Ils font
comme pourroient eftre deus Prefidens ou Chancel-
liers. A toutes caufes d'importance qui fe jugent au
Diua ou auditoire de la court ou grand confeil, ils
font quafi appellés auec les Bafchiats: mais nous en-
tendrons mieus tout ceci, quant nous aurons vn petit
parlé defdits Paffchats ou Baffats: puis apres nous dirons en brief de la maniere de proceder & juger qu'ils
ont par delà, tant a la court ou reffort, comme aus
champs. Ce me fera affés a prefent de dire (car j'en par
leray amplement au traitté des eftats en la guerre) que
le feigneur a quatre ou plufieurs perfonnages principaus, de tous les affaires de fon empire, foit a Guerre
ou a Iuftice, & font remis a cet honneur par degrés de
dignités inferieures, toufjours montant & faifant bon
exemple de viure, finon que quelque grande & rare
faueur du Prince les leuaft du petit en grand lieu, ce
qui eft fouuent bien perilleus, pource que les chofes
incontinent venuës, cómunement s'en vont plus vif-
te: comme en Hibrahim Bafchia s'eft monftré: là ou

quant ils sont paruenus ils sont si haut, que plus ne
peuuent, sans estre Princes. Entr'eus y en a vn majeur
& Visir qui tousjours assiste aupres du Prince, là ou
les autres sont ou peuuent estre en cõmission a garder les prouinces, conduire armées, garder frontieres,
aller sur mer, & autres choses selon le vouloir du Prin
ce: ce que je diray plus amplemẽt au traitté de la guerre & estats. Ces quatre personnages sont appellés Bas

chiats, ou Passiats, ou Passalar, & veut dire chefs, com
me dessus ay monstré de *bass*, qui est a dire la teste: &
me semble qu'ils se pourroient bien cõparer aus trois
Mareschaus de France, & aus quatre, quant il y a Con
nestable: lequel pour son absoluë puissance, apres le
Prince se peut comparer auec le Visir ou premier

Bassa, & si comparent pour le nombre seulement.
Et aussi different qu'ils sont au plusgrand degré, ceus
ici non cil dont ay parlé qui est Visir, ce qu'il fait, les
autre n'y ont que voir: ce que les autres font, il luy
en rendent conte, sinon que le Prince autrement par
priuilege en ordõne. Son office est quant en cas de ju-

stice, de tenir le Diuã ou justice ouuerte quatre jours
la semaine, samedi, dimanche, lundi, mardi, au lieu là
ou se tient le Prince: si a Constantinople, a son Serrail
en vn auditoire: si en guerre, en son pauillon qui communement n'est loing de cil du Prince: là ou premier
conuiennent les autres Bassats s'ils sont en païs, & les
Cadilesquers dont ay parlé, si l'importance de la matiere le porte: & commancent par les affaires de plus
grosse importance: Comme en consulter des propos
d'vn Ambassadeur, de luy donner response des ma-

tieres d'eftat & d'importance de pouuoir aus prouinces ruïneufes : de mort d'homme, ou condamnation,
& autres telles matieres. Là ou fi d'auenture il y a partie prefente, il faut que fans aucun aduocat, & ralon-
geur de caufe, qu'il die fon cas : puis a l'obiection de
partie aduerfe qu'il fatisface & prouue a deus tef-
moins ou quatre femmes, puis fur le champ eft donné
arreft diffinitif. Et quant la court a duré fept ou huit
heures, le Baffa s'en va communement feul au Prince
en allant deuant deus huifsiers, auec des baftons do-
rés : & racompte audit feigneur tout a la verité, ce qui
s'eft traitté, & les matieres qui font d'importance, là
ou le mentir eft mortel : car fouuent le Prince eft a ef-
couter a vne feneftre qui refpond fur l'auditoire, qui
eft faitte d'vn logis en autre : de telle forte qu'il peut
ouïr & voïr tout ce qui fe dit & fait audit auditoire,
fans eftre veu ne apperceu : & encor'que jamais n'y
feuft, on penfe toufjours qu'il y foit.   Luy aiant
ouï le recit & auis de fa court, peu de fois y contre-
dit, mais conferme : finon a moderer quelque rigueur,
ou a refpondre a vn Ambaffadeur.   La court leuée,
& le feigneur aiant dit fon aduis, la fentence eft irre-
uocable.   Lors font là quelques *Zazgilar* ou efcriuains, qui enregiftrent toutes les chofes de la court,
comme les arrefts, fentéces, licences, priuileges, faufs
conduits, &c. Le Baffa, & la court leuée il s'en vient,
a fa maifon en vne grande falle, là ou il efcoute jufque au plus pauure homme qui fe puiffe prefenter &
n'en laiffe pas vn qui ne luy donne fentence diffinitiue, ou qu'il ne luy baille vn Tefquer, ou lettre a-

dreçante a son juge pour renuoi,qui si hardi de failir
a juger en premiere instance.Les Cadilesquers voient
ceus qui appellent communement de grief & tort de
juge. Les ciuils de choses ciuiles. Les bonnes gens

aus villages sont ausi jugés en premiere instance,ve-
nants les deus parties , & leurs tesmoings tous ensemble : là ou se font infinies injures a cause des faus

tesmoings, dont il y a beaucoup : qui a cause de la diuersité de religions & opinion, pensent que c'est
bien fait de faire mal a vn homme d'vne autre loy : a
laquelle meschãceté les Turcs ont l'auantage, pource
qu'ils sont seigneurs & premiers fauorits. Les communes paines sont la loy de mesmes , qu'on appelle
talio,laquelle quelque fois reprouue, quelque fois ap-
prouue Muhamed. Le faus tesmoing est puni de la pai
ne qu'il charge,s'il est tesmoing faus, contre femme
d'adultere:il a quatre vints bastonnades. Qui bat vn
priuilegié, a deus cens bastonnades. Femme adultere,cent bastonnades.Celluy qui l'a accusée faus , auec
ses quatre vints bastonnades, est infame. Qui tue vn
autre hors colere,est tué. Qui est Muhamedicque,&
vse auec Chrestien,est tué par feu ou eau,s'il y en a au
lieu:Le Chrestien fait Turc,ou mort.De justice com
mune executoire,on brusle vif a Constãtinople en vn
basteau trainé par chaine de fer a vn autre bateau , &
mené entour la ville parmi le port:le patient couuert
seulemẽt de poix poudrée de soufre,& vn peu de bois
& sont quelque fois quatre ou cinq en vn , attachés au
fons du bateau a la renuerse.Ils sient par le meilleu.Le
meilleur marché de mort, est le pendre & decoller.

Ils empallent les brigants, fichant vn pau par le fondement, jufque a ce qu'il apparoiffe fortir par quelque
lieu en haut, puis dreçant le patiant planté comme vn
pau auec fon pau, là ou fouuant vit encor' trois ou
quatres heures, demi jour, vn jour finon que par mife-
ricorde on donne quelques afpres au bourreau pour
l'efgorger: car en cette mort là on diffout toute nature
fans perdre fang ne refpiration. Quelque fois on les
leue haut a vn gibet a deus eftages, & au fecond y a
des crochets de fer efmolu, furquoy on les laiffe choir
& attacher par ou ils rencôtrent, & demourer là mort
ou vif. Quelqu'vns font eftendus en crois fur vn cameau, auec vne crois de biés, puis le corps chiqueté, &
aus plaies on met des mouchons de chandelle courts
& ardans, jufque a ce qu'ils le confomment. Eftre jetté en la mer vne pierre au col, c'eft jeu. Il y a quelques
autres peines pour le criminel, comme de bailler infinie multitude de coups de bafton, felon le dit, & l'eftime du Iuge, & aufsi a l'arbitre de partie: côme le plus
proche parent d'vn homme occis peut demander &
auoir du Iuge cellui qui aura tué fon parent, & le punir ou par peine ou par argent, ou par tous deus. L'eftime d'vn homme eft de 6 o mille afpres: d'vn bras ou
pié ou œil perdu, ou autre partie neceffaire grandemêt
a la vie, ce qu'ils nommêt demi hôme, eft de la moitié
moins, & la refte a la proportion. Et fi quelque meurtre eft fait en vn voifiné, il faut que les prochains habitans, pour l'auoir laiffé tuer pres d'eus, paient chacun 2 5 afpres aus proches parens, ou qu'ils rendent
l'homicide au Subaci, qui a charge de prendre leurs

criminels,& informer contr'eus,iufque a fentence,la-
quelle ne peut donner a mort,fans le Cadi & Paracadi,& par apres il va a l'execution côme ici les Preuots
des marefchaus,& iuges criminels.Quant eft du ciuil
le Cady y donne ordre, & oïant les parties & publi-
quement.Publiquement il donne ordre au pris des viures par vn officier nommé Mortafsi, qui prend garde aus pois,mefures & pris des chofes.Il y a quelques
Mortafup qui donnent ordre au pris des marchandi-
fes, & des chofes portées de dehors, & en a quelque
pris pour certaine quantité,tant que l'office vaut beau
coup.   Il y a *le ffaremin* ou maiftre des œuures qui
prend garde aus edifices tant publicques côme particulieres: generallement tout depend de la diligence
defdits Cadis, hors les gents de la court,qui ont leurs
chefs *Aga* & *Baßi* pour Iuges,pource que facillement
les gents de lettres & de guerre ne s'accordent pas: &
principallement ceus ici ne veulent pas obeïr facilement a fentence de Iuge.C'eft merueille comme la for
ce & rigueur de juftice croift en guerre,là ou la licêce
croift:car pour defrober ou battre au village & hors le
camp les fouldars en font meftier:mais en guerre, la
tefte y pend, ou tant de coups de bafton que jamais
ne porte fanté. Il y a fur les champs d'autres gens de
juftice qu'ils nomment *Vaiuod* ou *Vaiuodlar*,qui ont
la charge toute telle que les Preuofts des marefchaus
ici,refte qu'a condamner, ce qu'ils ne peuuent faire a
mort,fans appeller le Cadi du lieu plus prochain,auec
le Talifman & Paracadi, pour condamner a mort.
Vaiuod autrement fignifie vn gouuerneur de païs,aiãt

charge du Prince Turc:comme eſt aujourd'hui le Vaiuod Bogdan de Valachie.Ils ont vn magiſtrat venal,
que nous n'auons point par deça,qui ſe nomme *Naip*,
qui garde ſi quelques vns vont en adultere,ou ont garſes auec eus, & les prend & met en priſon, s'il y peut
venir deuant les gens du Cadi ou Subaſsi: puis le met
en amende,& puniſt auſsi ceus qui vſent des garçons
d'amende de ſix aſpres,& de femmes x x ou xxx fois
plus. Chaſcun qui ſe marie doit certaine ſomme d'argent audit *Naip*, pour cette cauſe ainſi que je croy.
Quant quelque puiſſant homme eſt accuſé, & par in-
formations conuaincu de crime digne de mort, s'il
faut a ſe rendre a la Court a la premiere aſsignation,
on procede au jugement comme en ſa preſence, &
contre coutumax:puis on enuoie de par le Prince vn
huiſsier nômé Cahoux,au lieu ou il eſt, pour preſent
le Cadi & Sangeac du lieu,luy trancher la teſte,& l'apporter au ſeigneur pour teſmoignage : ce qui eſtonne
les plus grans. Pour entendre au long leur diligence de
Iuſtice,il faudroit plus eſcrire que je n'ay fait: & outre comme il n'y ait par deça rien ſi pres de l'immortalité que les proces & mangeries qui s'i font, & me
facent honte de reciter vne ſi grande diligence en gens
proclamés meſchants: ce qui les fait ſans nulle doute
ainſi regner,conquerir,& garder.Ie medeporteray en
cet endroit d'en plus parler,& paſſeray a la ſeconde
partie.

FIN.

La cauſe de cette entre-
PRISE, ET DESCRIPTION DE
L'HISTOIRE ORIGINALE DES
Turcs, Tartares, Mores, Arabes, et tous
autres Iſmaelites ou Mahometains.

O M M E ainſi ſoit, que Dieu aie mis l'homme en ce monde pour eſtre (en aidant l'vn
l'autre) animal ſociable, ou qui ſe delecte
d'eſtre aſſemblé enſemble & eſtant impoſſible, pour
la diuerſité des mœurs, langues, opinions & religions,
que de diuers hommes ſe face vne communauté, & v-
nion enſemble, premier que vraiement ſe congnoiſ-
ſent: il eſt treſcertain qu'œuure en ce monde plus belle, vtile, & neceſſaire pour la parfaitte reconciliation
humaine, ne ſe peut faire, que de vraiemēt donner aus
hommes telle congnoiſſance les vns des autres, que
moiennāt telle congnoiſſance, & congnoiſſant le vice
& vertu de la perſonne ou gent, au parauāt incógneuë
le monde ſe puiſſe, ſupportant l'autruy vice, & approu
uant la vertu, accorder enſemble. N'aiant jamais eſté
de memoire de lettres, gent, peuple ou langue plus
grand, en eſtendue & dōmaine qu'eſt au jourdhuy la
Muhamedicque ou Arabicque, qui toute entr'eus, ſous
le nom d'Iſmael baſtard d'Abraham, eſt compriſe: &
n'aiant jamais eſté puiſſance, ou qui plus longuement,
ou auec moins de raiſon, oppugnaſt plus la Chreſtié-
té que cette ici, n'i a qui pareillement les Chreſtiens
portent plus de haine, comme a ſouuerains ennemis:

combien qu'ils foient a l'entour de la terre, beaucoup
de peuples, je juge qu'il n'eft de nul peuple plus neceffaire expofer la connoiffance a la Chreftienté, que de
ceftuici. Combien donc que par le paffé, au retour de
mon premier voïage d'Orient, j'euffe traitté cet argument & hiftoire, & que beaucoup d'autres ayent effaié
le mettre en lumiere, neantmoins pourtant que nul
des autres n'a la cognoiffance de la langue Arabique,
dont defpend cette hiftoire & verité, & qu'alors que
je traittay le premier argument, en auois beaucoup
moins qu'a prefent, j'ay deliberé de nouueau en brief
traitter, & repeter le commancement de cette hiftoire
non au long, mais par fes origines, & inftitutions feulement: a celle fin que moiennant icelle hiftoire origi-
nale, les Chreftiens en telle connoiffance, jufques ici
couuers du voile de bien fort grande ignorance, commancent a connoiftre leurs plufgrans aduerfaires, tels
vraiement qu'ils font: & non comme l'opinion ou
paffion les a fait jufques ici en plufieurs chofes, plus
ou moins que la verité eftre jugés, de laquelle verité
eftant duement informés les Chreftiens, & principalement leurs Principaus chefs & Princes, je fuis affeu-
ré qu'il fe trouuerra moyen treffacile de reduire tout
le genre humain en PARFAITTE concorde, fe pouuant les deus plus grandes puiffances de ce monde reconcilier, & par mutuelle ou reciproque connoiffance accorder.

Pour

Pour quelle raison estant la langue Latine de plus grande estandue et plus facile a l'autheur, il a voulu escrire en la Françoyse ou Gallique.

ESTANT chose tresraisonable que le sage donne raison de toutes ses actions, & plusque tresraisonable, que toutes actions durables soient faittes auec l'ordre le plus parfait qu'il est possible, il m'a semblé deuoir rendre la cause pour quoy, je pouuant en la langue des Latins escrire, & plus amplement declarer cette histoire qu'en la Françoyse, neantmoins je l'aye voulu mettre en François. Il faut necessairement suïuir en nos actions les ordonnances Diuines, Celestes & Humaines: parce que combien que par autant long temps, & par aussi grande puissance que nous pourrons estimer, nous voulons ou a l'vne, ou a deus, ou a toutes les trois dittes ordonnances rebeller & repugner: neantmoins si est il de necessité qu'a la parfin elles sortent leur effet. Combien donques que depuis le temps du Deluge, & de la restitution & repurgation du monde, diuerses gents, peuples & puissances ayent auec leurs langues regi & gouuerné ledit monde, ce neantmoins la Diuine ordonnance, Celeste influence, & raison ou authorité humaine, ont consenti & conspiré en cecy (comme amplement auons deduit & demonstré aus origines de Gaule) qu'il faut que la superieure & absolue puissance temporelle du monde, vienne aus mains des Princes en la Gaule, par le peuple d'icelle esleus. Il est tout clair que le droit d'aisneffe eft chofe par la diuine loy tant approuuée, que la loy humaine quafi entre toutes gents luy donne la prerogatiue, pour le moins d'ordonner & comman-der, ce qui eft pour garder l'ordre trefraifonnable. Nous auons par l'efcripture fainte, que Noeh (qui dedans les humaines lettres eft appellé Ianus, & pre-mier parent des hommes & Dieus) deliura du Delu-ge auec foy trois fiens enfants, Sem, Cham & Iaffet. Iaffet eftre l'aifné des trois, eft chofe refolue entre les anciens interpretes, & auditeurs de Moyfe : auf-quels touteffois, fi quelqu'vn, parce qu'ils ne font pas congneus, voudra en cecy contredire, il faudra mau-gré qu'il en aye (ne pouuant entre les Chreftiens, Iu-ifs, ny Ifmaelites, Moïfe reprouuer) qu'il confeffe par le texte de l'efcripture, que ledit Iaffet (appellé Ia-petus par les Grecs & Latins) a efté conftitué fei-gneur temporel de l'vniuers, par le Prince du monde Noé fon pere. Car eftant Cham en fa pofterité mau-dit, par ledit Patriarche, & conftitué feruiteur des fer-uiteurs de fes deus freres, & par cette raifon acque-rant a iceus, comme a fes feigneus & patrons, encores qu'il euft conquis tout le monde : cela eft clair que la jurifdiction de l'heritage du monde appartient par droit diuin a Sem & a Iappet feulement. Et quelque part ou jurifdiction qu'en euft Sem (combien qu'il m'eft certain qu'il n'en eut que la fpiritualité) le pa-rent & Prince du monde Noé, donne a Iaffet telle jurifdiction qu'outre la benediction femblable a celle de Sem, il adjoufte en commandant & propheti-fant, qu'il faut qu'il habite aux tabernacles & propri-

L'origine des Frãcoys depuis Noeh felon Io-fephe.

eté de Sem. Parquoy de diuine ordonnance appert,
que la Iurifdiction de l'empire du monde appartient a
la primogeniture de Iaffet. Sachāt donc par Iofephus
autheur Hebrieu, que l'aifné de Iaffet dit Gomer fut
le pere & fondateur des François, ou Gaulois, pour
dire mieus, il n'y a doubte qu'a eux, en leur Prince n'a-
partienne par droit diuin l'aifneffe & jurifdiction de
l'empire du monde. Du nom de Gomeius leur au-
theur, ils eftoient appellés jadis Gomerites:& depuis
ayant peuplé toute l'Europe, furent nommés Gimri
Cimbri & Cimerij, comme encores le tefmoigne
Diodore Sicilien, & Valere Maxime, qui le nom de
Gauloys, ou Celte prend pour le Cimbre, & le Cimbre pour le Gaulois, comme aufsi fait Appian. De là
vient que bien & au vray Ammian Marcellin, de la
fentēce de Timagenes a efcrit, que les Gaulois font
Aborigines, comme les plus anciens habitans del'I-
talie, c'eft a dire, ou fans origine, ou defquels laditte
origine eft outre la memoire des hommes, & diuine:
a la gloire duquel vocable ou nom, les Atheniens, &
autres Grecs voulans par imitation venir, fe nom-
moient Autochtones, c'eft a dire Nais du lieu.

La celefte influance me conferme le mefme. Car
comme le figne premier du Zodiacq, ou cercle du So-
leil, nommé Aries, donne fon influance fur la Iudée
ou terre fainte, de là ou procede que toutes les religions durables, & premiere authorité du monde,
prennent leur origine, force, & duration conforme a
la diuine ordonnance, & qui jamais en fa verité ne de-
faudra : ainfi le mefme figne en la partie d'Occident

jette ſa meſme vertu ſur la Gallia ou Gaule:& ſur les païs voiſins,qui d'elle ont origine,duquel la memoire eſt conſeruée dedans les humaines lettres.De cette ſentence de l'influence Ptolemée, auec tous les Arabes,ſuyuant les Indiens,Perſiens,Chaldées, & Egyptiens autheurs d'Aſtrologie, eſt autheur, & tous les interpretes confirmateurs. Donc il eſt de neceſsité que ce ſoit la premiere juriſdiction du monde,là ou eſt le premier point de la celeſte influence.

La raiſon & authorité humaine, rend ce que deſſus pluſque treſcertain.Il eſt du tout notoire, que les plus grans honneurs, & loyers du monde ſe doiuent a qui fait le plus grand benefice du monde a l'humaine generation. Eſtant contraint le Iuif de confeſſer que le Meſsie (ſoit qu'il le croye venu, ou a venir, c'eſt tout vn en cecy) eſt le plus digne Prince d'eſtre ſerui qui jamais ſera.   Les Iſmaelites confeſſant que IESVS CHRIT receu des Chreſtiens eſt le Meſsie, promis aus Patriarches,& les Chreſtiens l'aïant approuué, il eſt treſcertain que Prince,peuple, ou puiſſance du monde ne peut faire plus grandes choſes,que de s'em ploier pour l'Egliſe de CHRIST, ,qui eſt le plus grand bien qu'on puiſſe faire pour la nature humaine. Mais comme ainſi ſoit que les Rois & Princes de Gaule, ayent plus aidé a la conſeruation de l'egliſe ſoit en Occident, ſoit en Orient,que n'a fait puiſſance du monde.   Il leur eſt deu le premier loyer du monde, qui eſt la Monarchie, parce eſt a eus venu l'huile & armoiries du Ciel. A cette cauſe leſdits Roys, par vertu de leur ordre, ont grace de miracles. Parce la

premiere

Les Francois auoir plus aydé a la conſeruation de l'egliſe.

L'huyle & armoyries venues du ciel aus Rois de France

premiere legitime Couronne du monde, par le Vicai
re de CHRIST a esté donnée aus Princes du Lys, par
ce sont innumerables profeties, tant dedãs les saintes
comme dedans les humaines lettres, de la grandeur
dudit regne, Peuple, Princes, & Empires, comme ja
auons traitté dedans l'œuure de l'interpretation du
Chandelier du Tabernacle, lequel en Hebrieu & Latin est Imprimé, & en François traduit. Voyant donc
tels priuileges de la gent Gallique, cõbien que leur an
cienne langue, & premiere qui fut l'Hébraique &
sainte, soit entr'eus perdue (comme toutes les autres
institutions de Noé) neantmoins il me semble ne deuoir cet argument en autre langue exposer, qu'en celle qu'vse & parle communement le peuple a l'origine, Region, & Iurisdiction duquel & Dieu & le Ciel,
& la raison humaine ont ordonné leur premiere faueur : a celle fin que se deuant, auec l'Empire, icelle
langue espandre, elle aïe desja en soy l'histoire par laquelle le commancement de la concorde du monde
se fera, & ainsi donne faculté a tous les Gaulois generallement de se preparer, pour reconcilier le peuple
d'Ismael, auec celluy d'Isaac, duquel nous auons la ju-
risdiction & heritage en la vraye Chrestienté, & jusques a tant qu'auec la langue & institution ancienne
du siecle d'or a la gent Gallique, plus qu'a nulle autre
par Noé concedée la premiere intention de Dieu, du
Ciel, & d'humaine raison soit accomplie, tousjours
laditte jurisdiciõ & heritage en premier lieu guarde
rons. Cecy est ce qui me meut que plustost en la langue Gallique, qu'en la Latine, ou plus commune es-

criue:car je ſçay vraiement, & necroy plus, que depuis que le Conſeruateur,ou Ange des Romains,eſtant plus puiſſant que celluy des Aſſyriens,Perſes,ou Grecs,leſquels il ha ſubjugué, n'a eu la puiſſance de ſe defendre du Gallique, il faut neceſſairement que le peuple dudit Gallique deuienne a l'vniuers ſuperieur. Parce pour la terreur du mouuement Gallique,les Romains auoient conſtitué les deus extremes forces, & eſperances de leur Republique, contre leſdits Gaulois:l'vne de la religion, par laquelle (comme eſtant les choſes quant aus hômes deſeſperées,& aus Dieus remiſes)faiſoient auec proceſſions châter aus jeunes enfans,& vierges A'MOTV GALLICO LIBERATE DIVI.L'autre que l'extreme force de l'Eraire,ou Treſor eſtoit conſeruée contre l'eſmeute des François, juſques a ce que Ceſar Dictateur ayant defendu la Gaule, de la domination & tyrannie des Souïſſes, Belges,& Allemants, & par cela juſtement poſſedée, vint auec la force acquiſe en France, a ſubjuguer Romme, & print ledit treſor, duquel il auoit oſté le beſoing. Ainſi naſquit en France ou Gaule la puiſſance qui a ſubjugué l'eſtat temporel de l'Empire Romain.   Puis pour ſurmonter du tout le ſpirituel ou

Religieus , Conſtantin ne vit le celeſte ſigne de la crois dont il fut conuerti,& deſtruit l'idolatrie,ſinon en la Gaule. Ainſi eſt aduenu, par la victoire du Gallique Conſeruateur (car il eſt impoſſible ça bas auoir victoire,que premierement les Anges des prouinces ne ſe ſoient vaincus, comme en Daniel & au droit fecial ſe voit) que la force corporelle ou temporelle

des Romains premierement,& depuis la religieuſe a
eſté ſubmiſe a la Gallique. Et quant Conſtantin ceſſa
de faire ſon deuoir, qui eſtoit en preſence & perſon-
nellement, tant luy comme ſes ſucceſſeurs, defendre
la liberté & l'egliſe Romaine, d'autre lieu ou païs que
de la Gaule n'a peu en ſon lieu deuëment eſtre appellé
Prince. Et par cecy la premiere & ſeule couronne de
l'Empire du monde eſt donnée a Charlemaigne, & a
ſes ſucceſſeurs, comme Princes de la Gaule, & ſanéti-
fiés par le miſtere du ſaint huile enuoyé du Ciel,
pour defendre l'Egliſe & liberté de tout le monde, en
commançant a Romme, conſtituée ſous la plus claire eſtoille & puiſſance du Ciel: Sauf ſeulement celle de
la Iudée & de la Gaule. Dõnant les empires auec leur
lãgue, les Doétrines & loix a leurs ſubjeéts, combien
qu'il tarde, il faut que celle du Gallique peuple par
tout auec noſtre traétation s'eſpande.

Du nom et juriſdiction des Iſmaelites.

SI LES Chreſtiens eſtoient autant exer-
cités aus eſcritures ſaintes comme ils de-
uroient, & principalement les François,
a qui j'eſcri, il ne me faudroit arreſter a expoſer qui
fut Iſmael, ou autre perſonne en l'eſcriture nommée:
mais ne ſachant communement rien moins, que ce
qu'ils deuſſent en cecy ſçauoir, je ſuis contraint de reciter ce qui eſt autre part eſcrit. Eſtant vne fois le
monde par le peché d'Adam & d'Eue guaſté en noſtre maſſe & origine, & 1 6 5 6 ans depuis eſtant toute
la nature deprauée & corrõpué par tout le monde, le

Deluge y mist fin. Aiant fait nouueau commancement sous le second pere du monde Noé & ses trois enfans: incontinent qu'il y eut asés de peuple de nouueau, se rebellerent en Babylone contre Dieu, edifiant la fameuse Tour de la confusion : parce qu'estant en ce temps là quasi tous tresdoctes en Astronomie, penserent que sous l'orientalle influence, du signe de Leo feust la premiere stabilité d'Empire qui feust en nature, depuis l'influence d'Ariés. Car desja Canaan fils de Cham auoit occupé la Iudée, là ou est le premier pouuoir & aspect du Ciel, quant au contraire Babylon pensoit auoir en son fondement les faueurs premieres. Ce pendant la diuine sapience voulut par sa misericorde refaire vn tiers principe au monde, & a son Eglise, tellement qu'estant Abraham en Chaldée sous la susdite estoille (aiant aussi bien le pouuoir de luy donner la foy & religion en Chaldée comme en Iudée) affin que la diuine ordonnance, & le Ciel tousjours s'accordassent, Dieu voulut qu'il sortist de sa maison, de sa parentelle, & de la Chaldée, & desnué de toutes choses s'en vint en la terre alors de Canaan, depuis ditte Iudée, pour estre & sous la diuine obedience & esperāce, & sous la premiere influence du ciel : auquel lieu Adam Prince des hommes & Profetes, auoit pour cette cause voulu eslire sa sepulture, affin, qu'a toute la generation humaine, cette sepulture feust pour lieu sacré, comme de IESVS CHRIST & des martys & saints, voions & auons veu faire. Et par cette mesme raison aiant ja Adā occupé le premier lieu, Noé dit Ianus par l'in-

uen-

uention du vin appellé Iani, esleut sa sepulture a
Romme au mont dit depuis Ianiculum, iusques a ce
que S.Pierre crucifié & enseuely sur le dit mont, feist
qu'on l'appelle *santo Pietro montorio*, sous le second a‑
spect du Lion. Abraham donc appellé pour habiter
en la Iudée, fut doué & orné auec sa foy, & la pro‑
messe de tressaincte posterité, de la iurisdiction de
tout le monde, quant a la religion & spiritualité : tel‑
lement que deslors qu'il feust esleu,& principallemēt
depuis que Melchisedec auparauant Pape, & souue‑
rain prestre du monde luy eust donné la benediction,
toutes les puissances temporelles de ce mōde luy eus‑
sent deu faire recongnoissance. Car toutes les posses‑
sions du monde incontinent apres la mort de Noé, &
fin du siecle ou aage doré, furent par tyrannies con‑
fondues, tellement que les Gaulois, ou Gomerites
mesmes, furent par leurs freres & enfans mesmes ve‑
xés & tourmentés.   Tant fut la force de la tyrannie
de Babel. Abraham tresriche de foy & promesses
diuines,depuis la benediction receuë, & depuis auoir
eu signe certain qu'il possederoit par sa posterité la
terre promise, fut par sa tressainte femme Sara solli‑
cité,qu'elle estant sterille, il luy pleust auoir affaire a‑
uec vne sienne Serue ou Esclaue Egyptienne nōmée
Hagar,a celle fin que ne pouuant auoir enfant legiti‑
me,il en eust aumoins vn bastard.Ce que fait, l'enfant
fut nommé Ismaël,duquel il ne faut douter que tout
ce qui est fait,& dit & escrit tant en sa personne cōme
en celle de sa mere,& des siens: douter ne faut disje,
qu'aussi bien il ne soit dit , fait & escrit en figure des

chofes auenir, comme ce qui eft fait dit & efcrit en fi
gure d'Ifaac, de fa mere, & des fiens. Quant eft a Abr
ham, il a toufjours porté femblable & efgual amou
a Ifmael, & a Ifaac, parquoi fe voit que quant eft a l
volonté d'Abraham, toute la jurifdiction donnée
luy, deuoit eftre efgualement entre Ifaac & Ifmael, de
mode que quant Sara commanda que ledit Ifmae
feuft chaffé, & desherité, Abraham le trouua tref
mauuais & trefdolent, vaincu du diuin commandement, luy obeift en le chaffant. Icy donc eft la force &
preordination du corps ou eglife des Ifmaëlites,
lefquels a la verité ont la jurifdiction dudit Abraham,
jufques a ce qu'Ifaac & le vray enfant legitime foit
n'ay, c'eft adire par feule diuine ordonnance, & fans
tyrannie foit née la parfaitte & vniuerfelle congregation des fideles obeiffans au vrai & legitime, & final enfant d'Abraham, par laquelle congregation il
faut que le fils de l'ancelle & fa mere enfemble, foit
chaffé. Car il faut que ce fier & cruel Ifmael, depuis
que fes mains auront efté contre tous, ou quafi contre
tous les habitans de la terre, mais principalement con
tre le regne des Chreftiens, aufquels le tout appartient, que tous enfemble ou les mains & forces de
tous foient contre luy. Mais parce que Dieu a donné
a Abraham & a Hagar de trefgrandes benedictions,
pour ledit Ifmael, comme dedans l'efcriture fe peut
voir, il failloit que la gent & pofterité d'icelluy vint en
la grandeur d'Empire, & religion, qui depuis neuf
cens ans en ça s'eft veüe en tous les peuples qui croiét
en la baftarde doctrine de Muhamed baftard, expofée

dedans l'Alcoran, composé de l'abbastardie discipline des Chrestiens, des Iuifs, & des Païens, lors que lesdits peuples furent abbastardis. Ie ne me mettray a reciter l'origne des Arabes & Madianites, lesquels tant par leur credance, comme par la saincte Escriture, se glorifient d'estre selon la chair descendus dudit Ismael, & Moyse, qui fugitif de la court & richesses de Faraon s'en alla chés le souuerain prestre des Madianites, qui sont les Ismaelites, là ou estant pasteur, eut la vocation de la legislation diuine en fait foy. Ce me sera assés que des plus celebres & notables peuples, qui venans a cette persuasion Arabique & Ismaelique, depuis ont tenu l'Empire, j'assigne les origines jusques a ce jourd'huy incongneües, ou non considerées en la Chrestienté. Certainement le nom dudit Ismael imposé par l'Ange en faueur de la sainte Sara, qui fut cause de sa conception, ou generation, monstre assés la diuine préordination. Car combien qu'il soit nommé Diuine Audience, a cause de la mere affligée au parauant, & depuis consolée par ce que Dieu escouta son oraison, neantmoins estant serue, tout son auantage estoit auantage & bien de sa maistresse: duquel bien il n'eust rien esté, si elle n'eust esté ancelle de Sara. Et au 16, 17 & 20 Chapitre de Genese est diuinement promis, & prophetisé, qu'il sera grand, & que sa semence ne sera mesurable ou numerable par son grad nombre: non a cause de la mere, mais parce qu'il est semance & posterité d'Abraham. Qui voudra bien & parfaittement entendre pourquoy Dieu a laissé & fait crestre vne si grande persuasion, & Em-

Arabes d'ou se disent estre descendus.

Que signifie le nom d'Ismael.

pire au monde, sans la volonté duquel autrement r
vn poil d'vn animal, ni vne feuille d'vn arbre ne peu
naiſtre, croiſtre, ſe mouuoir ou choir: il faut neceſſaire
ment qu'il conſidere toutes les choſes aduenuës en
uiron Iſmael & les Imaelites & Madianites: car en c
que la ſainte Eſcriture en expoſe, il faut que ce ſoi
en figure, & par allegorie, de ce que depuis deuoit e
icelle gent baſtarde auenir.

De la vraye et premiere origine des Turcs.

'IGNORANCE des orientales hiſtoires &
L langues, & la negligence de pluſieurs, &
la haine laquelle nous de pere en fils prenons contre tous Sarrazins (comme nous diſons) &
principalement contre les Turcs, a eſté cauſe que de
leur origine, combien que beaucoup en ayent eſcrit,
fors en vn autheur ſeulement, n'aie encores eſté au
vray touché. Et combien que cet autheur, qui eſt
Hayton, & qui 42 ans fut Roy d'Armenie, aye bien
noté le lieu de là ou premierement ſortirẽt les Turcs,
depuis que Muhamed fut eſleué: neãtmoins par igno
rance des hiſtoires & de la Coſmographie, ſi n'a il pas
ſceu dont ils eſtoient procedés, auant qu'ils partiſſent
de Turqueſtan, ou de la Medie, Parthie & Cho-
raſſam. Mais c'eſt beaucoup qu'il nous nous ha noté le
lieu lequel juſques au jourdhui encores s'appelle Tur
queſtan, & le temps qu'ils furent premierement veus
ſortir de leurdit païs, qui fut enuiron cent ans depuis
l'origine de Muhamed, eſtans par les Perſiens aſsie-
 gés

gés qui alors par les Arabes, & de la nouuelle religion
estoient oppressés, appellés en aide & secours, auquel
estant tard arriués, lesdits Turcs d'innumerable multitude de gents & animaus, accompagnés, planterent
leurs pauillons en l'Armenie majeur, là ou establirent
tellement leur demeure que leur langue fut faitte a
tous les Armeniens commune, comme elle est jusques au jourd'huy. Mais parce qu'estãt vaincu l'Empire de Perse, tant par les armes comme par le religion, il ne leur estoit possible cõtre les vainqueurs re-
sister, ils se rengerent incontinent a receuoir la reli- *Du Chalifat*
gion, & se confedererẽt pour conuerser auec les Per- *ou Papat des*
ses & Arabes, là ou ils eurent peu fait de demeure que *Turcs.*
le Chalifat de Bagdad, qui est la souueraine puissance
d'icelle religiõ, leur tomba entre les mains, & par cinq
cents ans ou enuiron tousjours l'ont tenu, jusques a
ce que les Tartares (qui au parauant, ainsi que par la
communité & similitude de la langue se peut voir, estoient jadis tout vn) estans miraculeusement sortis
des monts là ou ils estoient reserrés, leur osterent laditte dignité de Chalifat ou papat. Et si tresgrand
ha esté le Turquesque Empire, que l'an que les François allerent a recouurir la terre sainte ils estoient def
ja seigneurs de toute l'Asie, jusques a Constãtinopoli,
ou aumoins jusques a Nicea, là ou par les Frãçois fut
fait journée contr'eus, estant alors leur Prince nõmé
Solyman, lequel estant desconfit, cõme on peut voir
par les histoires de la conqueste de la terre saincte, le *L'origine de la*
nom des Turcs a esté, quant a dõmaine & seigneurie *maison Hoto-*
comme aboly, jusques a ce que des Turcomans (qui *mane.*

auec leurs pauillons & villes, ou habitations chemi-
nantes quasi en toutes les planures des mons Taurus,
Cassius, Lybanus, & Amanus habitent comme anti-
ques Nomades ou Arabes, ou comme jadis les Hebrieus) s'est esleuée de rechef la maison Othomane
qui a present a son siege sur l'Empire de Constantinople. Aujourd'huy ceus qui estants Turcs de l'ancienne race habitent selon la coustume ancienne aus
champs auec leurs animaus, en changeant, & portant
leurs pauillons, selon l'opportunité des herbes ou de-
serts, des eaus ou secheresse, du froit ou du chaud,
d'vn lieu en autre, vacabons: se nomment encores du
nom ancien de Turcoman s'ils parlent Turc, comme
de la mesme condition se disent Harab ou Arabes
s'ils parlent Arabe, de là ou se voit encores le naturel
& coustumes de ceus qui premierement descendirent
de Turquestan païs confinant entre la Tartarie &
Chorassam de là la Medie.

Que le nom de Turc est en haine et injurieus en-
tre les Turcs mesmes, et pour quelle raison.

EST vne chose naturelle, & tant de Dieu
& du Ciel, comme de la Nature & raison
humaine donnée a tous les hommes, de
quelque condition ou païs qu'ils soient, qu'ils se de-
lectent de leur nom : & combien que ledit nom fust
vocable ou mot villain ou mal sonnant, neantmoins
pour garder l'antiquité du sang, lignage & maisons,
& encores pour affermer chascun sa possession, ou-

tre que chacun s'en delecte, il faut neceſſairement
qu'ils l'aient pour honnorable & qu'ils l'obſeruent.
Les Turcs,eus entre tous les peuples qui aujourdhuy
ſe trouuēt au monde, ont tellement leur nom pour o-
dieus,qu'outre que ne Prince,ne priué quant aus a-
ctes publiques, n'en vſent : il n'y a celluy qui ne trouue pour injure d'eſtre appellé Turc : ce que beaucoup
de gens aiant notté deuinent que ce mot de Turc,
ſonne comme qui diroit vilain. Mais eſtant en France des maiſons honnorables des Villains,& en Italie
des Villains, des Chiens, & des Maſtins, non ſeulement en commun nom , mais en propre : cela monſtre bien que ce n'eſt pas ſuffiſant argument que Turc
pour ſignifier Villain ſoit vocable odieus. A la verité
les Turcs meſmes, ſinon par la haine qu'ils ont ac-
couſtumé de pere en fils,n'en ſçauent rien, parce qu'-
ils ont du tout perdu leur langue ancienne. Le vocable de Turc donc ſonne autant en langue Chaldée &
vulgaire, de l'Hebraique, comme delaiſſé, abandonné & maudit,auquel mot les Turcs meſmes ne prennent guarde quant ils le prennēt de l'Arabic (qui eſt
Chaldé & Hebrieu corrompu) pour laiſſer & aban-
donner, diſant *Terc* ou *Turc iledum*, c'eſt a dire laiſsé
ou abandonné l'ay fait , pour dire , je l'ay laiſsé , car
ils parlent ainſi. La ſaincte Eſcriture,& la Coſmographie enſemble nous monſtreront clairement par
quelle raiſon ce vocable de Turc ſoit ſi odieus. Nous
auons par l'hiſtoire ſainte , qu'alors que le royaume
d'Iſrael,c'eſt a dire des dix Tribus, qui auoient rebellé
a celle de Iuda, & au regne de Dauid, & au vray & le-

gitime chef de l'eglife, pour fe faire vn Roy a part, a-
yant conftitué leur puiffance en Samarie, & trefgran-
dement & longuem nt creu & profperé. Salmanaffar
Roy des Affyriens les vainquit, deffeift, & emmena
innumerable peuple outre la Medie, & le fleuue d'icelle dit Gozan, les laiffant depuis l'Affyrie par toutes
les cités efpandus, jufques de là de Habor & Gozan.
Depuis en Ezra eft efcrit comme tout ce peuple innumerable des Samaritains (car ainfi comme trefju-
ftement ceus qui adoroient en Ierufalem fe difoient
Ierofolymitains, auffi ceus qui adoroient en Samarie
font Samaritains : combien que ce nom par l'efcriture ne fe life, finon des Payens en leur lieu conduits)
s'en partit du païs là ou il auoit efté conduit, & s'en
alla par plus d'vn an & demy de journées plus loing
vers Orient, quant leurs preftres leur eurent efté of-
tés, pour les donner aus nouueaus Samaritains, a caufe que les Lions les mengeoient s'ils n'adoroient le
Dieu d'Ifrael, a celle fin qu'ils feuffent feparés des autres peuples & races : là ou peu a peu laiffés & abandonnés de Dieu, & parce gaignant le titre de Turcs
(car la region de Tartarie & de Turqueftan s'eftendent jufques aus païs de Tharfe & du Cathai) n'ont
retenu autre de leur anciéne inftitution que d'eftre pa
fteurs & Nomades. Dudit lieu donc, jufque auquel le
Roy d'Armenie efcrit qu'il y a fis mois de chemin, a
bonnes, & liberes journées, parquoy il faut qu'a Nomades y en aye trois fois autant, pour le moins, a caufe des animaus, & des femmes, petis enfans, & autres
bagages. Les Turcs en font premierement venus a la
reconnoif

recognoissance du monde, quant ils ont du tout oublié leur origine, pour la noblesse de laquelle s'estoient
esleués tant contre Dieu qu'il les a abandonnés. Cecy est la raison de la Cosmografie, laquelle jointe a-
uec l'escriture sainte, monstre clairement la raison de
l'origine des Turcs, lesquels estans abbastardis & depuis retournés a la bastarde loy, & d'Israëlites faits Ismaelites & Bastars, sans leur sceu mesmes, pour monstrer la diuine puissance & dispensation plusforte que
nulle resistance humaine, auoir tant de pouuoir, qu'-
elle a sans le sceu de l'abbastardy Israël mesmes, restitué en sa posterité bastarde, le Bastard & tresimpar-
fait Royaume d'Israël, jusques a tant que le vray &
legitime regne dudit Israël soit au lieu du bastard né,
introduit & restitué. Cecy sont les secrets & mer-
ueilleus misteres de la diuine ordonnance, reuelés aus
72 auditeurs de Moyse, & comme par profetie en la
secrete doctrine du Zohar exposés, pour reueler la
gloire de Dieu au monde. Il failloit si le Royaume
d'Israel, auquel estoient vnies les tribus de Iosef, E-
fraïn, & Manassé vouloit faire son deuoir, & qu'il re-
ceust les liures de la sainte escriture qui suiuent ceus
de Moyse, & leurs interpretations, & qu'a l'imitation
de Moyse feist la Quaresme, & qu'ayant dedans la
Syrie ou terre sainte, extreminé les idolatres & Ca-
naneens, en tout le monde il s'efforçast & destruire
l'idolatrie, & d'enseigner la religion du vray Dieu, en
attendant tousjours le vray & parfait regne d'Israël
sous le Messie ou CHRIST : ce que n'ayant fait, comme il deuoit, parce que Dieu ne peut estre fraudé ou

priué de l’effet de sa volonté, Dieu estant courroucé
contre les abbastardis Prelats des Chrestiens qui sont
legitimes enfants pour leur punition a voulu que de
l’incongneue posterité & abbastardie des Israelites,
fust suscitee & aydée celle des Ismaelites, par laquelle
fust en partie accomply & bastardement, ce que tandis qu’ils estoient legitimes deuoient accomplir le-
gitimement & parfaittement. Et par cette cause Muhamed leur chef & legislateur, bastardement né d’vn
Payen & d’vne Iuisue son Esclaue, a esté receu en
Arabie par dix ans pour Messie, par les Samaritains,
alors banuis & excommuniés, & dechassés des autres
communs Iuifs, jusques a ce qu’estant par eus des-
couuert estre de doctrine bastarde, & en partie fausse,
il les dechassa & se fist seigneur de leur cité, laquelle
par cela a esleu pour sa sepulture, la nommant *Medinat al Nabi*, c’est a dire la cité du Prophete : pour ce
que ce fut son premier acquest & fondement de sa
puissance. Qui voudroit donc veritablement referer
les Turcs en leur origine, il les trouueroit estre procedés des Israelites, quant pour laisser Dieu & ses Iuges
& Prestres, ils esleurent le regne, lequel estát venu de
Baniamin & Saul, en Dauid & Iuda, les dix Tribus
enorgueillies a cause du sang, & plusgrandes benedictions de Ioseph, voulurét faire la diuision, de la quelle, a celle fin que parce ils paruinssent a leur plusgrief-
ue punition, Dieu se voulut dire l’autheur, & ne voulut que Iuda leur feist la guerre pour telle occasion.
Et par ce & eus & tout le monde sont venus soubs la
loy du regne a eus, quant ils demanderent le Roy, pre

Muhamed re-
ceu par les Sa-
maritains de-
puys par luy
deschassé.

Origine des
Turcs.

dicte, laquelle ne fut jamais en vraye pratique soubs
Ifrael, mais soubs Ifmael, ainsi que soubs les Turcs,
Tartares, & Perses, principalement se voit au jourdhuy. De la se voit que non seulement aus Turcs est
odieus le nom de Turc, mais a toutes autres nations,
combien qu'il soient de la mesme religion, soiét Mores, Persiens, ou Sofiens, soient Tartares ou autres,
le nom & la personne du Turc est si tresodieus, que
la ou il ne demanderont rien, ou seulement despuil-
leront le Chrestien ou Iuif, il mettront le Turc a la
mort la plus cruelle qu'ils se pourrôt aduiser, & principalement les Arabes & Mores.

Des Tartares et de leur origine.

EN TOVTES les histoires d'Orient &
en beaucoup d'Occidentaus qui ont esté
là, se trouue escrit, ou se dit & croit pour
commune opinion (qui ne peut du tout estre fausse)
qu'enuiron la fin de nostre Hemisfere vers Orient, tirant en Septentrion, il y a eu vne tresgrande multitude de Iuifs resserrés entre des môtagnes, ce qui est
entre les Iuifs par les liures de leurs histoires & traditions chose tant commune, qu'ils ne tiennét rien plus
vray, disant que les dix Tribus sont là guardées de
Dieu, iusques a ce qu'elles sortent & viennent a l'aide des autres Iuifs, & au terrestre regne du Messie.
Pour tout certain cette opinion a esté tresvraye, depuis le temps que les dix Tribus s'en allerent là, &
partie deça, partie dela les monts Imaes en terre d'A-

rharet se poserent a habiter, iusques a ce que dedans
lesdits mons miraculeusement sont sortis les Tartares, comme cy apres par les parolles de Hayton reci-
terons.   Il se trouue par histoire fameuse, mais de
plusieurs escrite, ou par Alexandre le grand Grec, ou
par autre Prince ou puissance, craignant qu'vne gent
qui tousiours auoit en la Surie & en son pais resisté
aus Monarchies, ne feist en Orient le mesme, & sortist desdittes montagnes de là : desquelles pour les
pastis de leurs bestes estoient passés, auoit lesdits Iuifs
renclos dedans lesdits mons, tellement que par nulle
force humaine n'en pouuoient plus sortir. Quoy qu'il
en soit, & quiconques eust renserré lesdits peuples de
là desdittes montagnes, cela est pour certain & resolu, que la grande & terrible multitude des Tartares,
qu'il y a enuiron quatre cents ans apparuset au monde, ainsi qu'il est contenu en leurs histoires mesmes,
comme les ha traduites ledit Roy d'Armenie, estoit
du tout close & renserrée de montagnes & de mer,
tellement qu'il estoit à eus impossible d'en sortir : &
parce ayant deliberé la diuine prouidence de les faire
alors sortir, quãt moins il le pensoient & meritoient,
les admonestant par leur Ange, leur feist miraculeusement eslire leur premier Prince Changui Chan,
estant au parauant Mareschal ou Feure. Puis l'ayant
esleu, leur commanda ledit ange, que tous d'vn accord, & sous l'obedience dudit Prince, ils se deussent
assembler au pié de la montaigne qui touche la mer
Septentrionale, & se preparassent faisant neuf oraisons
a Dieu, & luy demandant grace de sortir de telle pri-

son & cloture de montagnes en liberté de la terre.
Faitte l'oraiſon miraculeuſement, la mer ſe retire de
neuf piés, tellement qu'hommes, beſtail & charrois
paſſent, & ſortent dehors en la planure, depuis ce
temps là par leſdits Tartares occupée depuis leſdits
mons juſques au pres de la Ruſsie, Litvanie, & Po-
longne. Car le Roy des Moſchoüites, auant qu'il
feuſt fait Chreſtien a la Grecque, eſtoit prince d'vne
Horde deſdits Tartares, & eſt eſtendue laditte gent a
la partie meridionnale deſdits mons, juſques au Ca-
tai, outre la fin de noſtre hemiſfere en Orient : & le
grand Chan prince trop plus grand que le Turc, eſt au
jourd'huy encore de la race de ceus qui de là ſortirent,
pour chaſtier l'orgueil de leurs freres les Turcs, &
pour aider aus Chreſtiens a ce qu'il s'en vit par effet.
Car le ſecond Prince depuis Changuis, ayant eſté con
uerty a la Chreſtienne foy, par la diligence de Hayton
Roy d'Armenie, & autheur de la preſente hiſtoire, a-
lors que les Chreſtiens perdirent la terre ſainte, vint
des parties d'Orient juſques en halab, pour les penſer
ſecourir : de ce que puis deſtourbé alla en Bagdad, là
ou eſtoit le Chalifat, & ſouueraine puiſſance des
Turcs & Mahometains : Et vaincu, & prins le Chalife,
le fiſt mourir de faim & ſoif, l'ayãt reſerré en la cham
bre de ſes innumerables Treſors, comme vn homme
indigne de poſſeder la puiſſance de laquelle ne ſe pouuoit ou vouloit aider. Et ainſi depuis ce temps là le
Chalifat de Bandas, ou Bagdad a eſté mis au bas : &
ne ſe gouuerne au jourd'huy la ſouueraineté de la
Religion Iſmaelique, ſauf que par les Muphty, qui

font en chafcune prouince comme Patriarches ou Archeuefques.

¶ Comme les Turcs et Tartares font vne mefme gent, et de la raifon du nom de Tartare.

LES IVIFS dedans la fecrette doctrine de leurs peres ont pour certain receu, & efcrit de 72 fages auditeurs des Moyfe, que les Tribus d'Ifraël, aufsi bien comme celle de Iuda, deuoient eftre rapellés de l'Orient, n'ayant peché tant griefuement comme Iuda en la vraye eglife : & qu'au retour defdittes Tribus, leur deuoit, comme du temps de Moyfe & Iofué, eftre ouuertes les eaus, comme fut la mer Rouge, & le Iourdain jadis : ce qu'ayant efté fait aus Tartares par angelique admonition (car il eft pour tout certain, que combien qu'vn peuple foit, par fes pechés, de Dieu laiffé, & fon ange premierement abbaiffé, jamais le dit Ange ne laiffe ledit peuple, comme il fe voit en Daniel de Iuda captif (il faut inferer que ce foient vrayement les fucceffeurs des dix Tribus, lefquels par longue obliuion de fon origine, eftás retournés en leur premier naturel, finon qu'ils font faits d'autant plus cruels, comme ils deuoient eftre plus humains, alors qu'ils ne fe pouuoient plus enorgueillir de l'ancienne race & diuine loy, Dieu leur a fourni de la promeffe a leurs peres faitte. Auoir efté vne mefme gent les Turcs & Tartares, auant qu'ils paffaffent les mons, ou par quelque moyen ayant eu pratique enfemble, la langue le tefmoigne. Car la langue Turque & Tartarefque ont peu moins d'affinité

enfemble que la Françoife,& Efpagnole ou Italienne.
Mais parce qu'elle n'eft pas Chaldée,Surienne ou vul
gaire de l'Hebraique comme elle eftoit en la terre
fainte,il faut ayant efté les Tribus chaffés, peuples
fans armes,& non dateurs de langues ou de loix, elles
ayent auant leur feparation prins la langue du païs ou
elles s'arrefterent,qui fera la Scythique. En fomme
n'ayant efté promis a peuple du monde que les eaus
pour leur liberté & deliurance fe deuffent miraculeu-
fement ouurir,fauf, qu'aus dix Tribus,& n'eftant aduenu, fauf aus Tartares habitateurs du païs ou s'arref
terent lefdittes Tribus,il faut que les Tartares foyent
les reftes defdittes Tribus,& Miniftres de l'Ante-
chrift,enuoiées pour le chaftiement du monde. Le
nom des Tartares appellé entr'eus & entre les Turcs
Titar ou Totar,& non Tartar,montre qu'ils font les
reliques & reftant des Turcs & Ifraëlites, maudits &
delaiffés,ce que fonne ou fignifie en Chaldée la vois
Totar. D'iceus eft venu non feulement l'Empire du
grand Chan,mais celluy du Sofi,& des Hordes voifines a la Mer Pontique ou majeur,qui font Ifmaëlites
& celluy des Mofchouites Chreftien, qui a guardé il
y a plus de deus cents ans que lefdits Tartares ou Ta-
tares ne couruffent en l'Europe,comme par auãt fou-
loyent,pluffouuent que de vintecinq ans en vintecinq
ans.

Que lés Tarta-
res font des
dix tribus d'if-
rael.

Comme il eſtoit de neceſſité, quant Muhamed chef des Iſmaelites vint au monde, qu'il ſe le-uaſt en la terre ſainte chef d'Empire du ſang d'Abraham.

A INSI fut deſtiné au liure de Geneſe, lequel contient la future diſpoſition detout le monde, que quand la poſterité d'**Abra**ham ſeroit ſur la terre ſainte eſtablie, jamais ſon Empire, & cômandement ou regne & poſſeſsion d'icelle terre ne ceſſeroit, tant que le monde dureroit: ce qui s'eſt verifié continuellement ſous le temps de la loy de Moyſe imparfaitte, & ſis cents ans depuis icelle accomplie, ſous la puiſſance des vrais & reformés Iuifs, ou Abrahamites qui ſont les Chreſtiens, deſquels jamais les Eueſques ou Patriarches ſucceſſeurs de IESVS CHRIST juſques audit temps, pour quelque perſecutiõ n'auoient deffailli. Eſtant alors le Roy de Perſe venu en ſi grât orgueil & inimitié côtre IESVS CHRIST & les ſiẽs, qu'il feiſt edit que par tout ou il eſtendroit ſa puiſſance, IESVS fuſt renié, & refuſant l'amitié de l'Empereur Romain, s'il ne renõçoit & faiſoit renõcer a IESVS CHRIST, cela eſt pour tout certain, que quãt les Empereurs Chreſtiẽs euſſent perdu la terre ſainte, & regne de la poſterité d'Abrahã il failloit qu'ou vn tel ennemy de IESVS CHRIST, ou vn autre moins mauuais poſſedaſt la diuine juriſdiction. Nous ſçauõs que quãt Heraclius eut de tel blaſphemateur Choroes auec la victoire recouuert le bois de la S. Crois, & ramené l'Eueſque en Ieruſalẽ, il s'adõna tellement

L'orgueil du roy de Perſe cõtre Ieſus Chriſt.

a plaisir & repos que tout le pais d'Orient fut abandonné: en telle sorte qu'estans alors les Persiens &
les Arabes ou Ismaëlites en commune guerre, ce fut
chose diuinement, & selon la diuine prediction ordon
née, qu'en lieu du mal gouuerné Empire des Chrestiens sur le Iudée, plustost succedassent les Ismaëlites
auec le droit des Samaritains ou Israëlites, que les Payens du tout ennemis de CHRIST. Les successeurs
doncques du Bastard & Ismaelite profete Muhamed, partie vray & partie faus, & semblable a Saül &
Caïfe, suiuant son institution, & ayant quasi tout en
vn temps mis a bas le Roy de Perse, lequel sans les
Muhamediques force Heraclius n'eust vaincu, & gagné la Syrie & Terre sainte, establirẽt en la ditte Terre
sainte leur bastarde puissance d'Abraham, au lieu de la
legitime: qui estoit tellement abbastardie, que sans les
Ismaelites, les Payens possedoient Ierusalem. Et en signe de cette bastarde restitution de regne, Homar
feist, ayant confermé les Chrestiens en leurs temples
de la Mort & Natiuité de IESVS, qu'au lieu du tem
ple de Salomon, feust edifié le temple, qui vulgairement par tout auec commune ignorance se nomme
de Salomon, comme ainsi soit qu'il soit de Homar
tiers successeur de Muhamed. Ainsi donc les Chrestiens de la terre sainte, qui n'estoient plus par leurs
Princes defendus, & qui par les Perses estoient bannis, furent par les Ismaëlites confermés: tellement
que comme escrit Hiafer Historiografe Arabe, Homar conceda au Patriarche de Ierusalem, que comme
ainsi soit qu'vn Ismaelite faisant son oraison ou Zala

Le Roy de Per-
se vaincu par
le moyen des
Muhamedi-
ques par l'Em-
pereur Hera-
clius.

Histoire d'Ho-
mar tiers suc-
cesseur de Mu-
hamed.

en vne eglife, il la confacre & ofte aus Chreftiens, le
Muffulmans pourroient faire au temple de la fepultu
re en Ierufalem, & a celuy de la natiuité en Bethleen
leurs peregrinations, entrées & oraifons fans les con
facrer, ce qui fe guarde jufques aujourd'huy: & n'euf
pas efté gardé, fi le Roy de Perfe euft par tout le mo
de comme il vouloit, fait adorer fon Dieu Mitres o
le Soleil. Il eftoit donc de necefsité, pour monftrer
force de la diuine ordonnance, que defaillant les legitimes & vrais fucceffeurs de la terre fainte, comme a
uant la vocation d'Abraham auoient fait, la baftard
puiffance maintint la jurifdiction diuine, jufques a c
que la legitime retourne en fon lieu.

Combien de chefs fe font portés pour fouuerain
entre les Muhamediques ou Mufful
mans et Ifmaelites.

YANT efté plantée par Muhamed cett
A   puiffance en Arabie & partie Meridional
de la terre fainte, felon qu'en l'efcritu
fe voit qu'Ifmael ou au ventre de fa mere, ou auec
celle, ou a part luy toufiours a fui, peregriné ou habit
en cette partie, tant luy comme fes Madianites, de
puis que le fondement fut jetté en deus cités, l'vn
des Iuifs Samaritains, comme deffus ay monftré, l'au
tres des Payens qui eft la Meccah, defquelles tous le
chipitres de l'Alcoran & Baftarde loy font nommé
ou Mechhiens, ou Mediniens, felon que là ou ça on
efté, ou fe croient auoir efté efcrits, laditte puiffanc
depuis s'eftendit jufques aus fins de l'Afie & de l'A

frique,& pafferent jufques en Europe par l'Efpagne.
Combien donques qu'en Damas, cité noble de Syrie, aye efté, comme par voye de Concile, corrigé l'-
Alcoran, & reduit au point qu'il eft, auec ces principaus docteurs & interpretations, & que d'icelluy,
comme de la loy, defpende la premiere authorité, ne-
antmois auant que cela feuft fait, defja y auoit cinq
chefs, comme Patriarches, qui s'attribuoient chafcun
la fouueraine puiffance de commãder a tous peuples,
fous couleur de la fouueraine intelligence dudit liure. Le premier fiege eftoit la cité du Prophete, & la
Mecca, auec l'Arabie pour obedience. Le fecond
fut Bagdad en Chaldée, aiant pour obeiffance Carmanie, Perfe, Parthie, Medie, la Meffopotamie, Affyrie & Chaldée. Et cettuicy a toufiours efté le principal & appellé en l'occident le Chalife de Bagdad, ou
de Bandas. Le tiers a efté en Egypte au Caire, cité nouuellement edifiée des ruïnes de Babylon ou
Menfis, & fondée principallement fous la deuotion
de deus femmes tenuës pour faintes & parentes du
Pfeudoprofete, l'vne Fatima, de laquelle furent nommés les premiers pontifes Fatimij : l'autre Nafiffa, a
la fepulture de laquelle a efté toufjours tant de deuotion, que Sultan Selim pere de Soleyman grand Turc
a prefent regnant : ayant deffait les Sultans du Caire,
& gagné la cité, trouua dedans le tronc des aumofnes
de fon Eglife ou Mefgeda, plus de cinq cens mille fe-
rafs ou Ducats d'or, fans innumerables autres richeffes & pierres precieufes. Le quart & plus noble apres
eftoit au Cahiroan cité edifiée defdits Ifmaëlites, pres

des Syrtes ou Seches & Bans de Barbarie,& fut con-
stitué ledit siege par les imitateurs de Haly parent de
Muhamed, lequel beaucoup de peuples préferent audit Muhamed, comme ceus ici & les Perses , & les
Aramaniens ou Ciliciens,tellement que là ou les autres peuples crient , *la Muhamed,* en quelque douleur
ou peril, ceus ici crient *la Haly.*   Comme l'Egypte
estoit sous ceus du Cahire , aussi estoit le reste de
l'Afrique sous le Cahiroan, jusques a ce que ceus de
l'Occident en essayerent a drecer vn autre en Marroc, grand'& populeuse cité. En Damas tousjours
a esté vn chef souuerain,mais plusgrand en authorité & sçauoir de leur escriture & Theologie, qu'en armes,lequel toutesfois auant la dominatiõ des Turcs,
& des Souldans d'Egypte,estoit obeï en la Syrie, Armenie & Natolie ou Asie mineur. Quasi toute la resolution de leur credence despent des Theologiens
de Damas , combien qu'au Cahire & en Bagdad y
eust plusgrande vniuersité & estude.

Du nom general auquel conuiennent tous les Is-
maelites de quelque puissance, pontificat, ou
prouince qu'ils soyent.

L A PREMIERE apprehension qu'on a d'-
vne chose,encores qu'icelle apprehension
ou opinion ne soit pas vraye , fait neantmoins le plussouuent qu'elle se mette en vsage pour
vraye, comme en innumerables fausses appellations
des choses se voit,mais principalement en l'appellation

on par nos eſcriuains vniuerſellement donnée aus
profeſſeurs de la Baſtarde doctrine d'Iſmaël. Car
comme ainſi ſoit que tous Mahometains,& principal
lement ceus de la Barbarie, & de l'Arabie & Surie,
nous les ayons nommés Sarracins, neantmoins il
n'y a nul d'entr'eus ne qui s'appelle Sarrazin, ne qui
ſache que tel mot veut dire. Et n'a pas ſuffi de leur
donner entre nous vocable incongneu, mais nos eſcriuains ont incontinent gloſé ſur vne fauſſeté vn au-
tre:c'eſt qu'eus s'appellent Saracins, pour ce qu'ils
ſe dient eſtre naiz de Sarra femme d'Abraham,& nõ
d'Hagar ſon ancelle, comme ainſi ſoit que tant par
les eſcritures qu'ils tiennent vraies & canoniques,
comme par leurs articles de foy,& dedans tous leurs
docteurs, ils ſe diſent comme ils ſont enfans d'Hagar ou Highir ancelle d'Abraham. L'erreur eſt venu,
par ce que peu auant que Muhamed ſe ſouleuaſt &
commançaſt a s'eſtendre tant vers la Surie, comme
vers la Perſe,il y auoit dedans la Petrée Arabie & en
l'Idumée certains Arabes coureus, deſquels jamais
tel païs ne fut deliure, qui ſe nommoient Saracein,
non par raiſon de religion ou ſang,mais par ancienne
appellation d'icelle gent,deſquels Ptolemée fait men
tion dedans l'Idumée. Amian Marcellin dedans la
vie de Iulian Cæſar apoſtat,au quatorzieſme liure les
deſcrit, & dit que d'iceus alors plus de deus cents
ans auãt l'origine de Muhamed & de ſon Alcorã,tout
eſtoit plein deſdits Sarracins deſpuis l'Aſſyrie juſques
aus catarractes du Nil,ou en le Royaume de Preſtre
Ian,leſquels faiſoiẽt les meſmes courſes & violéces,&

C

pilleries ſur les marchants & habitans de tous les païs
voyſins, comme au jourduy font les Alarbes ou A-
rabes. Dont parce que leur principale habitation
eſtoit aus deſerts & montagnes, qui ſont entre l'Arabie & les païs circonuoiſins, comme ſont la Chaldée,
Aſſyrie, Meſopotamie, Surie & Egypte, quant les
Arabes excités auec leur nouuelle religion ſortirent,
ayant ou deffait ou accompagné en laditte religion
leſdits Sarracins, on penſa aus païs voiſins que ce
feuſſent leſdits Sarracins, par l'ignorance de la langue:
deſquels & par vne temerité de juger, nos eſcriuains
donnerent en Surie, & depuis juſque en Eſpagne par
tout là ou eſtoit telle gent congneue l'interpretation,
de laquelle Iſmaelite n'oit jamais parler. Et pour con-
fermer telle vaine appellation, les interpretes qui en
Eſpagne, ſous le commandement de S. Bernard in-
terpreterent l'Alcoran, par tout là ou ils trouuerent le
vocable Muſſulman, qui en langue Arabique veut dire Pacifique & fidele enuers Dieu, voulurent interpre-
ter Saracenus ou Sarazin. C'eſt donc le vocable duquel tous ceus qui croyent en l'Alcoran veulent eſtre nommés, que Muſſulman, ſoit qu'ils ſoient Arabes, Syriens, Perſiens, Tartares, Turcs ou Mores.
Qui veut donc entrer en quelque pacifique & amia-
ble propos aueques eus (combien qu'il n'y a que les
Turcs qui ayent en haine leur nom) il faut les nommer Muſſulman, comme nous Chreſtien ou fidele.
Ainſi ils ſont tous nommés par l'autheur de la race
Iſmaël, Iſmaeli ou Iſmaëlite, par leur Baſtard profete
Muhamed, Muhamedi ou Muhamedique & Maho-

metique, difant a noftre mode , & a caüfe de-la religion Muffulman les hommes, & les femmes Mufful-
mina, ou Muffulminet. Aucuns difent Muflim par
voix corrompue.

Quelle langue eft a tous Muſſulmans commu-
ne, et dond elle eft venue.

P   ARCE que l'homme eft dit en Grec ani-
      mal logique, qui veut dire & raifonnable,
      & parlant, ou parlant auec raifon, depuis
que l'homme veut par pratique congnoiftre vn autre,
ileft necefsité ne le pouuant par la feule raifon & confentement interieur congnoiftre qu'il s'efforce par le
parler & langue d'en auoir la pratique. Parce eft de necefsité fçauoir, qui eft la langue a tous les Muffulmãs
commune: affin qu'en l'apprenant nous puiffons venir
a parlement auecq'eus, non feulement par Ambaffa-
des & Turgemans ou Dragomans, mais communement & par toutes perfonnes, & de tous propos. Il
eft donc a fçauoir que comme les Ifmaëlites par ligne
baftardé font du fang d'Abraham, aufsi par raifon fuperieure, & loy de religion (laquelle eft le premier &
dernier motif de tous peuples, & combien que fans
raifon par commun confentement eft a toute raifon
en tout le monde fuperieure) & par langue font Ba-
ftards & de la religion & de la LANGVE dudit Abraham. Comme donc nous voyons que les Iuïfs &
pofterité d'Ifaac par tout le monde en tous les Empires ou regnes là ou ils fe trouuent toufjours, ont tellement guardé leur langue Hebraïque & enuoyée du

Ciel, que jamais en autre n'ont volu quant a leur vsage, que les saintes escritures feussent traduittes : aussi
les sectateurs de la Bastarde loy de l'Alcoran, partout
le monde, n'ont jamais promis qu'icelluy Alcoran
feust par aucun des leurs leu ou entendu, en autre langue qu'en l'Arabique & Bastarde de l'Hebraique : laquelle langue Arabique, a cause du grand dommaine
acquis & maintenu sous ledit Alcoran, au jourd'huy
est plus grande que jamais ne fut & la Grecque, & la
Latine, & l'Hebraique ensemble. Car combien que les
Indiens, Catains, Tartares, Chorassmiens, Perses &
Turcs ayent la langue tresdiuerse de l'Arabique &
que les Suriens, Arabes & Mores l'ayant quelque peu
semblable, si estce que la langue Grammatique desdo-
ctes en toute disciplines, & dedans l'Alcoran escritté,
est commune entre les doctes, juges & Prestres de
tous les habitans quasi de l'Asie, de l'Affrique & de
plusque la tierce partie de l'Europe. Ainsi au lieu que
la langue auec le Decalogue, descendue du Ciel n'est
pas estendue ainsi comme elle deuoit, en tout le monde, auec l'Empire de leur Messie & nostre CHRIST,
estant la vraye & legitime, par laquelle l'Empire eternel d'iceluy CHRIST doit estre amplifié & estendu, il
a fallu (depuis que nous le voyons fait) que la Bastarde, au lieu de la legitime, succedast & dominast le
monde. La mere donc & fondement de laditte langue Arabique est l'Hebraique : laquelle qui vrayemêt
sçait, peut auec tresgrande facilité, en la connoissance
& art de l'Arabique venir, & auec tous Mussulmans
cônuerser.

Qui non seulement la langue Arabique & Chaldée, mais la Latine & Greque, procedent de l'Hebraique.

C OMME ainsi soit que de la sentence & authorité de l'vniuersel monde, & principalement des meilleurs & plusçauants, tous les hommes en toutes les parties du monde, soyent d'vne espece : c'est a dire Raisonnables, & ydoines a parler : parquoy de toutes autres bestes diferent : & parce soit de besoing que tous ayent prins origine d'vn premier homme : il faut aussi que jadis comme tous ont vn commun principe de raison, & consentement interieur, ils eussent vne seule & mesme langue a tout le monde commune: laquelle partant de la maison & vsage dudit premier homme, & petit a petit s'estendant par tout le monde, a par necessité tant duré ensemble, comme la paix diuine & domestique auec raison a duré. Quiconque donc feust ladite langue, il faut qu'elle feust vne & seule. Mais comme ainsi soit que les hommes, combien qu'ils soient nais pour parler ensemble, ainsi comme pour vser de raison, ne puissent parler & a la verité, ne parlet sauf que par auoir ouy parler autruy: ce qui est trescertain, comme sans auoir exercé leur esprit par science acquise ou exercitée, & par autruy incitée, vsent de bien peu de raison, il fut de necessité qu'au premier homme & autheur de l'humaine generation, parce qu'il n'auoit nul duquel peust apprendre a parler, miraculeusemét feust enseignée la langue par laquelle premierement donna les noms propres, & en la plus parfaitte langue qu'il

Que la langue Hebraique est plus ancienne que toutes les autres langues.

eſt poſsible, c'eſt a dire en telle que la nature & verité
des choſes autāt qu'il eſt poſsible s'accorde auec l'etymologie & origine du nom, ce qui eſt cauſe qu'en toutes les langues naturellement on s'efforce de trouuer
quelque etymologie ou vraye raiſon de la ſignificati-
on des choſes ſignifiées par les noms. Eſtant choſe
prouuée entre les Chreſtiens, Iſmaelites & Iuifs qui
par Empire, ou par loy dominent au monde, que
Moïſe receut le Decalogue eſcrit diuinement, il faut
que la langue là ou il fut eſcrit fuſt celle de laquelle jadis les anges ou intelligences ſeparées, auoient enſei-
gné a Adam premier parent. Car Dieu, les Anges, &
le Ciel eſtāt treſparfaits ne changent leur inſtitution,
mais la renouuellent ſeulement entre les hommes
pour la faire tenir, approuuer, & receuoir. Et parce

IESVS CHRIST inſtaurateur de nature parla Hebrieu
ancien ou Grammatique miraculeuſement & ſans l'a-
uoir apprins, & ce en conuerſant & diſputant auec les
Scribes & Fariſéens du vray ſens des eſcritures &
vieil Teſtamēt: puis auec le peuple vſa de la Surienne
langue imparfaitte & tirée de l'Hebrieu, comme l'I-
talien du Latin. Ayant eſté Adam Prince de la loy de
Nature, Moïſe de la loy eſcritte, & IESVS CHRIST
de la Loy de grace, & voyant que Moïſe & IESVS
CHRIST ont parlé & vſé de la langue Hebraïque, il
faut qu'Adam euſt receu des Anges la meſme langue.
Auant donc que la confuſion des langues fuſt, il faut
qu'en tout le monde fuſt commune la langue Hebraïque, & ſa vulgaire, ditte la Chaldée, parce qu'entre
toushumains les Chaldéens a la tour de Babylone

ont premier commãdé que les autres, & la langue a
tous commune ont nommée sienne. Il ne faut douter
que le Deluge mettât fin aus siecles passés, Noeh pere & Prince du monde, lequel fut deliuré du Deluge
auant laditte confusion, n'euft donné a tout le monde,& principalement a ses aisnés enfans fils de Iafet,
les lettres & langue sainte, auec les trespaifaittes disciplines de la Theologie & Aftrologie, en laquelle il
eftoit plus que nul autre excellent. Les anciens & ca-
pitaus caracteres Latins, lesquels jadis (comme encor' en partie font) eftoient tous vn auec les Grecs,
parce n'ont autre difference des anciens & communs
Hebrieus, qui au jourd'huy, depuis le temps d'Efras
font aus mains des Samaritains Iuifs, qu'iceus font
réuerfés & contre nature allât de gauche a dextre, entre les Latins & Grecs,& entre les Samaritains fuyuant la nature de la dextre a la feneftre s'efcriuent, a
la mode des autres Hebrieus, & des Arabiques qui
auec les Suriens font defcendus d'iceus. Comme
donc la lãgue Suriene & l'Arabique font venues tant
par lettres, comme par la plus grand' part des mots
& dictions de l'Hebraique facrée, & gardée dedans
les faintes efcritures, aufsi les lettres ou characteres Latins, qui anciennement eftoient Grecs font venus de la Samaritaine ou Hebraique commune, en laquelle Moïfe efcriuit les cinq liures, parce des Samaritains, feulement receus & approuués, qu'en icelle
langue Samaritaine,& non en autre, les auoient receus de Moïfe. Et que laditte lettre Samaritaine fuft
jadis commune en tout le domaine des Iuifs au

De la lettre sa-
maritaine.

Des anciens
characteres de
la langue lati-
ne.

parauant qu'Efras publiaft & feift (quant au peuple)
femblant d'auoir trouué,& de foy inuenté les facrés,
& qui jufque a ce temps là aus s'euls fages auoiët efté
vfités,& auec priuilege communs, les Medailles, &
Marbres & Monnoyes anciennes le monftrent. Car
en Ierufalem là ou les Samaritains n'ont jamais donné ni habité,ni habitent aucunement jufques au jour-
d'huy,on ne trouue monnoyes d'autre forte que de
la Samaritaine langue,& mere des Latines & Greques

Cadmus inuen
teur de quelles
lettres.

lettres:ce que fachant Cadmus Surien ou Fenicien,
en venant en Grece, apporta lefdittes lettres, & les
tourna, comme jadis auoit fait Ianus ou Noeh, pour
en eftre veu inuenteur,parce qu'au parauant les Ga-
lates ou Gaulois les auoient toutes femblables,ce que
j'ay ici voulu mettre en efcrit,& en ce difcours, comme extraordinairement, a celle fin que voyant comment de la langue Hebraique & vraye eft defcendue
l'Arabique d'icelle Baftarde tant en figure de lettre,
comme en mots & paroles, laquelle commáde a tout
l'Orient,& Midi : aufsi fepeut voir comme la langue
de l'Empire occidental, combien que lointaine, tant
par la figure comme par les paroles, eft de la cómune
& exterieure dudit peuple deduitte : pour monftrer
que comme au lieu de la vraye religion & lettres, il a
efté necefsité d'introduire en la terre fainte & Empire eternel de la pofterité d'Abraham la Baftarde loy
& religion,auec lettres abbaftardies, & des faintes de-
duittes : ainfi failloit il qu'a la plus celebre & noble
puiffance, profane ou temporelle du monde, & a la
gent fuccedant au droit d'Ifaac & primogeniture de

Noeh, fust donné le plus parfait vsage de la langue
commune & exterieure. Car il faut necessairement
que comme de la matiere est extraitte la forme naturelle & actuelle, aufsi de l'estat temporel le plus noble
de l'Occident, sorte la forme & ordre de tout le monde, par moyen de vraye religion, laquelle en la langue
Occidentalle & exterieure, & fille de l'Orientale sainte
& exterieure soit restituée la puissance de la forme en
tout l'Orient destruitte. Les figures & characteres de
la Samaritaine sont exposées & escrittes dedans les
origines de la Gaule, escrittes en Latin.

*Quelle loy, et par quelle raison, est a tous If-
maelites commune.*

ONFESSANT toutes personnes raison-
C nables que tresjustement tout euure doit
auoir loyer pour le bien bien, pour le mal
mal, & semblablement sachant que nous tous par
amour propre, connoissant le bien & naturelle equité,
neantmoins nous suiuons le mal & le contraire: il n'y
a personne qui sceust nier que le naturel de la nature
humaine soit abbastardi par sa propre volonté, & mespris de la raison naturelle, & loy de la conscience: par
quoy la diuine prouidence tresjustement a nous tous
deuroit donner le loyer de nature abbastardie. Et
parce que c'est le propre de la diuine bonté, auec le
saint, faire saintement, & auec le peruers faire peruer-
sement, il ne faut douter qu'estant les loix don de
Dieu, les legitimes ne meritent la legitime, & les Ba-

ſtards non par ſang, mais par mauuaiſtié abbaſtardis,
ne meritent la Baſtarde. Combien donc & que les Iſmaëlites n'euſſent jamais eſté, & que les dix Tribus
abbaſtardies n'euſſent en leur poſterité engendré Samaritains, Tartares & Turcs, auſquels en punition de
leur baſtardiſe, ou peché deuſt eſtre donnée loy baſtar
de, ſi eſt ce que tout l'vniuerſel monde, pour eſtre ab-
baſtardi, en eſt pluſque digne, ayant par tout abandon
né la raiſon. Mais eſtant certain que les Chreſtiens
reſtitués & fournis du plus parfait ayde a bien faire
qu'il eſt poſsible, en eſtant ſous meilleure loy, plus gaſ
tés & abbaſtardis que toutes gents du monde, ſont
plus dignes de telle punition. Et par cecy eſt aduenu
ainſi que les Perſes & Chaldéens, fauteurs des Manichéens & Neſtoriens, & les Grecs en la langue & o-
pinion deſquels, comme les plus ſpeculatifs hommes
de l'Orient, ont eſté fondées toutes les Hereſies du
monde (ſauf bien peu qui ont des Latins prins origine) ayent eſté les premiers aſſeruis ſous l'Empire &
baſtarde loy des Iſmaëlites, que nulle autre nation.
Car la langue Grecque, auec les choſes ſacrées, s'eſten
doit juſques en Surie & Egypte. Parce doncque les
Payens laiſſant la loy de nature, les Iuifs laiſſant & ré-
prouuant le Meſsie, apres l'auoir crucifié, & par conſequent le vray ſens de la loy eſcritte, & les Chreſtiés
tant par diuerſes & mauuaiſes doctrines, comme par
treſmauuaiſes meurs laiſſant la loy de grace, eſtoient
abbaſtardis, Dieu a voulu que ſur le plus beau dom-
mainé que tous euſſent ſuruint la Baſtarde doctrine
de l'Alcoran, qui veut dire la leçon & racueil de diuers

chapitres & preceptes: lequel Alcoran ou loy est col-
ligé & accumulé de diuers passages, histoires & sentenses prinses de la loy de nature, de celle de Moïse,
& de celle de grace, estant premierement par igno-
rans, ou mauuais Payens, Iuifs ou Chrestiens, lesdittes sentenses, gastées, faussées, & deprauées. Dieu a
ainsi voulu (il y a desja neuf cents & cinquante sept
ans) commancer son jugement, affin que par l'incom-
modité qui se sent sous telle bastarde doctrine, donnée aus mains des plus cruelles & irraisonnables gêts
du monde, tous peuples, & principalement les Chrestiens, desquels seuls la loy est parfaitte, fussent contrains retourner a la perfection d'icelle: par faute de laquelle auoir bien gardée, continuellement portent
plus grief pois, qu'elle ne peut estre. Car comme Dieu
ne peut donner plus grande punition (sauf l'abandon
ner du tout) a vn peuple, que de luy faire eslire Princes folastres & effeminés, sous le gouuernement desquels est continuellement Cherté, Guerre, & Pestilen
ce, aussi ne le peut il mieus punir que de le conduire
sous vne loy folle & sans raison, comme il a fait l'O-
rient & Midy sous l'Alcoran, lequel auec beaucoup
d'autres liures est en telle authorité, comme a nous le
Nouueau & Vieil testament.

Que côtient le liure de Muhamed nommé l'Alcoran.

S'il y a eu quelque commodité au monde, & quelle elle est par la doctrine de l'Alcoran ou des Ismaelites.

IL EST pour certain, & que Dieu & Nature ne font jamais rien sans cause, & que Dieu jamais ne permet venir vn mal au monde, que d'icelluy ne soit causé vn bien infiniment, plus grand que ledit mal. Estāt tout resolu que la discipline, chastiment & vexation ou tourmēt donne entendement, a qui le soufre (comme il se voit a chastier enfans, drecer apprētifs, & rabbaisser orgueilleus) il est trescertain que l'affliction que Dieu a permis que les Chrestiens auec l'Alcoran soufrissent, leur a esté infiniement plus vtile, que n'eust esté le plus long abus de la loy de IESVSCHRIST, si aucun trouuer eust esté possible, & des honneurs, richesses & sciences, sous le moyen de laditte loy acquises. Mais sans tel benefice, lequel est semblable a celluy du fouët ou verge, accoustumée d'estre bruslée, depuis que Dieu ou les peres en ont chastié leurs enfans, il y en a d'autres innumerables lesquels deuant estre faits & depart les Iuifs, & depart Chrestiens comme vrais enfants d'Abraham, il a fallu que Dieu depuis qu'ils sont abbastardis, & ont cessé de faire leur deuoir, susci-

De la destruction de la loy Payenne par la Muhamedique.

taft en leur lieu & prosperité temporelle la susditte lignée bastarde d'Abraham: laquelle, cōbien qu'elle n'aye fait œuure de perfection, neantmoins elle a en premier lieu aboly & gardé de recroistre au mōde la puissance & religion de la gent & loy Payenne, pour la destructiō de laquelle a esté instituée, & de Dieu fauorisée,

rifée, la Chreſtienne & Iudaique religion, chaſcune en
ſon temps. Dont en tout le monde, combien que les
Iſmaëlites laiſſent & Chreſtiens & Iuifs viure chaſcun en ſa loy & cerimonies, ce qu'ils empeſcheroient
s'ils vouloient, ou pour mieus dire, ſi Dieu leur per-
mettoit, neantmoins a tous les Idolatres, & temples
des idoles, ſur leſquels ont pouuoir, font telle guerre,
qu'en nulle maniere ne leur pardonnent. Et cecy
eſtoit le point principal pour lequel Dieu auoit donné la couronne de la puiſſance ſpirituelle, & celle de la
temporelle auſdits Chreſtiens & Iuifs, a celle fin qu'-
au moins s'ils ne pouuoyent procurer qu'en tout le
monde IL SE FEIST BIEN, ils contraigniſſent tout
le monde a SE RETIRER DV MAL, le plus grand de
ce monde, qui eſt LE NON CONGNOISTRE DIEV,
& en ſon lieu reuerer & adorer les idoles & euures
de main d'homme. En ceci donc Iſmaël, Muhamed, & toute la ſecte qui croit en l'Alcoran, eſt vrayement l'aiſneſſe legitime d'Abraham, combien que
quant la mere Agar ſoit baſtarde & de vrayement
bonnes euures vide & denuée. Nayant donc jamais
eu tant la Iudaïque, comme la Chreſtienne loy pluſ-
grans ennemis que les Cananéens, Payens & Gentils, & ne pouuoient au monde aduenir vn plus grand
mal, que ſi telle puiſſance, par l'orgueil mondain & fables Grecques au monde introduitte, retournaſt vne
autres fois en pouuoir & regne, il faut conclure que
le bien, lequel ont en deſtruiſant l'idolatrie introduit
les Muſſulmans ſoit infiniement plus grand, que quel
que mal qu'ils ayent introduit au monde, par l'erreur

en leur fauſſeté introduit. D'auantage, ils n'ont pas
ſeulement deſtruit l'idolatrie, mais deuant eſtre du
tout perdüe la connoiſſance, de IESVS CHRIST, là ou
les Payens euſſent dominé, & là ou les Prelats Chreſtiens eſtoient negligens de maintenir laditte connoiſſance, & en beaucoup de lieus eſtans diligens a la deſtruire, il eſtoit de neceſsité, que laditte aineſſe baſtarde d'Abraham, en deſtruiſant l'idolatrie, y pourueuſt
tellement, que pour le moins en tout le monde feuſt

perſuadé, & que le monde a eſté créé d'vn Dieu ſeul,
& qu'il a eſté vn Deluge vniuerſel, & que de la ſeule
maiſon de Noé eſt nay ou renay tout le monde, &
qu'Abraham eſt chef de la vraye religion, & qu'a
Moïſe a eſté donnée la loy du Ciel, & que les Profettes, entre leſquels Dauid eſt Prince, ont eſté illuminés
de Dieu, & que IESVS CHRIST, ou Meſsie eſt le Meſ-
ſie & Prince promis aus Iuifs, & qu'il eſt Verbe, Eſprit
& Mente de Dieu forme, moule, fontaine & chef de
tous les hommes, conceu du S. Eſprit, nay de la vierge Marie, auteur d'infinis miracles, juſques a reſſuſciter les morts : qu'il eſt au Ciel raui en corps & en ame,
& parce plus haut que toutes creatures raiſonnables :
& que ſon Euangile eſt la doctrine & perfection de
toute vertu, religion & verité, que luy ſeul auec ſes
diſciples ſera le juge du monde, & qu'il y a Enfer &
Paradis : & d'innumerables autres ſentences, en ſoy
treſurayes : combien que par eus mal entendues : ce
qu'a la verité aujourd'huy ſeroit du tout perdu, principalement en Aſie, & en la pluſgrande partie d'Afrique, ſi Dieu n'en euſt entr'eus gardé & continué la

memoire pluſtoſt baſtarde que nulle. Car comme en vne republique il eſt beaucoup meilleur d'auoir vn chef,combien qu'il fuſt mauuais,imparfait ou tyrant, que de n'en auoir nul,& auoir chaſcun voiſin, ou pluſ puiſſant pour tyrant:auſsi eſt il beaucoup plus vtile au monde d'auoir retenu l'imparfaitte connoiſſance de l'-Eternelle verité & religion, que de n'en auoir retenu aucune connoiſſance.Parce que,qui ſçait que les cho-ſes ſont,combien qu'il ne ſache quelles elles ſont, eſt beaucoup plus diſpoſé d'enquerir la verité d'icelles, que celluy qui ne ſçait ſi elles ſont.

En quelle condition eſtoit quaſi tout le monde,et principallement l'Aſie et l'Afrique, quant les Iſmaelites s'eſleuerent, et comme d'iceux alors eſtoit neceſſité.

N ON SEVLEMENT comme deſſus ay de-monſtré, eſtoit de beſoin que la poſteri-té charnelle d'Abraham s'eſleuaſt, que telle ſe ſouſleua, pour maintenir le poſſeſſoire de la terre ſainte,deſtinée a l'eternel Empire d'icelle poſte-rité, mais parce qu'en l'vniuers de l'Aſie & Afrique, ou par tyrannies des Payens,Ariens,Neſtoriens,Ma-nichéens & autres telles gens, ou par l'ambition & orgueil des Prelats Chreſtiens, toute la Concorde, Charité & vraye puiſſance des Chreſtiens,eſtoit,prin cipallement en l'Orient perdue, comme il ſe voit par les hiſtoires,dont il failloit qu'iceux eſtans desfaits,les Payens retournaſſent a dominer au monde. Nous ſçauons comment la gent Arriene entre les Gots, Viſigots, Oſtrogots, Vandales & Lombards, aiant ſaccagé toute l'Europe, planta ſes forces en Lombardie, Eſpagne & Afrique, & deſtruit quaſi par deus cens ans auant Muhamed toute l'Afrique, & la Chreſtienté. Puis, comme les Neſtoriens & Manichéens auoient quaſi tout deſtruit en l'Aſie. Depuis comme les Perſes du tout ennemis des Chreſtiens, ſaccage- rent toute l'Aſie & l'Afrique, en faiſant par tout edit, que qui voudroit ſauuer ſa vie, renonçaſt a IESVS CHRIST, comme il eſt dit deſſus. Lors toutes l'Arabie, Indie, Chaldée, Perſe, Medie, & Parthie eſtoit quaſi toute retournée a la gentilité & paganiſme, ou idolatrie, tellement que ceſſant & les martyrs de vouloir mourir pour IESVS CHRIST, & les Prelats de preſcher, & les Princes de defendre & augmenter la religion de IESVS CHRIST, & par conſequent icelle auec le Vieil & Nouueau teſtament allant en oubly (comme en noſtre ſiecle plein de lettres voyons encores entre la plus grand part & des Preſtres & Moynes, & du peuple ne ſçauoir dire autre, ſauf qu'il eſt Chreſtien) il failloit qu'vne puiſſance, religion & doctrine baſtarde luy ſecouruſt, ce qui juſque icy a eſté par les Iſmaelites fait : leſquels n'euſt eſté la puiſſance de l'aineſſe du monde, qui leur reſiſta en la Gaule, & en l'Italie, auſſi bien euſſent toute l'Europe occupée, & tenue, comme par ſept cens ans ont tenu & ſubiugé l'Eſpagne, a cauſe, qu'ils offenſent beaucoup moins que ne faiſoient les Ariens & Gots de l'Afrique & de l'Eſpagne occupateurs.

Com-

Combien donc que de la fauſſeté de la baſtarde doctrine des Iſmaelites eſt nay au monde treſgrande
ruine & degaſt, tant aus couſtumes & lettres, comme a la religion, neantmoins le bien qu'ils ont fait
tant en abbaiſſer l'orgueil des Chreſtiens, Iuifs, & Payens, comme en deſtruire l'idolatrie, & maintenir
l'odeur & ſouuenance des hiſtoires & doctrines ſacrées, eſt infiniment plus grand que n'eſt le mal aduenu de par leur loy. Et en outre, Dieu ſans que nul
y penſe, a fait que des ſept dizieſmes du monde, les
habitateurs ſoyent deſja a demy conuertis, & quaſi
Chreſtiens : & parce treſjalous de ce qu'ils penſent
appartenir au diuin honneur, tellement qu'entre i-
ceus s'en trouue qui meurent pour ſouſtenir telle verité de CHRIST, côme ils peuuent par leur Alcoran
connoiſtre, en attendant que mieus ſoient informés:
ce qui eſt le ſouuerain bien qu'on puiſſe pour l'amour
de Dieu en quelque ſorte qu'il ſoit conneu monſtrer.
Car voiant comment ils meurent pour l'imparfaitte
& ombreuſe connoiſſance de la verité, comment pen-
ſons nous qu'ils doiuent faire, quant autant que nous
auront parfaitte connoiſſance? Ainſi voyant Dieu
que par tant entendre ou penſer entendre, comme a-
lors innumerables heretiques faiſoient, toute la paix
& concorde du monde (qui eſt la fin pour laquelle
Dieu a enuoyé toutes les religions & reformations
du monde) a eſté perdue, bannie & diſſipée ſous couleur de bien & de verité, il a voulu reſtituer en lieu de
ſes abbaſtardis enfans vne baſtarde race de ſerfs, leſquels par ne ſçauoir point au vray la volonté du ce-

D

lefte pere, & par non la fçauoir ne la faire point, ou la
faire mal, font dignes ou de moindre punition, ou de
plufgrand loyer que les vrais & legitimes, qui bien la
fçauent & n'en veulent rien faire. Et parainfi il fe
peut & doit juger qu'eftant le plufmefchant des Mahometains, ou Ifmaelites, moins pecheur enuers
Dieu, a caufe de fon ignorance, que n'eft le moindre
des Chreftiens qui offenfe dauantage, a caufe de fon
fçauoir & grace, Dieu a mieus ordonné de les laiffer
venir a imparfait fçauoir, & pource qu'ils en fçauent,
mourir ou defpendre les biens, la vie, & l'honneur, que
de laiffer viure les trop fçauants, & qui par trop fçauoir en œuures l'ont regnié, & non feulement ne veulent defpendre biens ne vie, ni honneur, mais voudront perdre toute verité pour gagner les biens tem-
porels, & du corps & de l'ame, c'eft adire de la temporelle & non de l'eternelle gloire : pour lefquelles chofes nous voyons au jourd'huy la plus grande partie
des Chreftiens renoncer a toute verité.

Des admirables et fubites mutations faittes au
monde, principalement depuis que fut leuée la
baftarde doctrine des Ifmaelites, et pour quel-
le caufe font auduenues.

C OMME il foit tout prouué entre peuples,
qui des hiftoires Grecques & Latines ont
cognoiffance, que le peuple fuget a l'Empire Romain, a efté le plus grand poffeffeur de toutes les chofes aus hommes defirables, qui oncques
fuft au monde, & principalement des lettres & fça-

woir, des armes & pouuoir ou force, & des richeffes ou
delices & plaifir temporel, qui font les biens de l'ame,
du corps & de fortune, & foit aufsi prouué comme
le mefme empire Romain, par voye de la religion de
IESVS CHRIST s'eftoit non feulement fortifié, mais
aggrandi en Orient, en Mydi & en Septentrion, tellement que tant en ciuile puiffance comme en religieu-
fe, tout noftre hemiffere depuis Conftantin jufques a
Focas Empereur, eftoit en vn commun confentement & côcorde, muni de pouuoir, de fçauoir, & d'a-
uoir, c'eft la chofe la plus admirable du monde, comment cette mutation aduint fi fubit, qu'en moins de
cent ans, gent au parauāt deftituée defdicts pouuoir,
fcauoir, & auoir & du nom quafi incongneüe, a tellement eftaint tout le pouuoir, auoir, & fçauoir Chreftien en toute l'Afrique & l'Afie, que depuis le temps
que telle fecte commāça, fe peut dire qu'auec la liberté Chreftienne aufdits païs fe perdit toute la felicité
du môde. Ie di le Chreftien & Romain pouuoir pour
vn. Et que ce fuft chofe miraculeufe, & de Dieu de-
ftinée, pour venger la prouidence de l'ingratitude humaine, il fe voit clairement en cecy. Car eftant le fçauoir & lettres, le pluffouuerain bien & plus appetible
du môde, & par lequel les autres font faits immortels
en memoire humaine, non feulement en l'Afrique &
en l'Afie, là ou tout en vn moment furent deffaits
les Romains, mais dedans la Grece mefme, & dedans
Romme, Italie, France, Efpagne, là ou n'eftoit encores paruenue telle peftilence, les lettres moururent
quafi tout en vn coup : tellement que là ou au para-

uant il y auoit quaſi en vn meſme temps entre les
Grecs vn ſaint Baſile, Gregoire Nazanzene, Eüſebe,
Epifanie, Chryſoſtome, & autres de ſouueraine elo-
quéce: Entre les Latins S. Hieroſme, Ambroiſe, Au-
guſtin, Lactance, Arnobe treſeloquent, & au dernier
S. Gregoire ſeul d'inferieure eloquence, tout le monde incontinent entra en vn ſilence & ignorance ſi
grande, que par cela il faut neceſſairement juger, que
Dieu nous oſtant telle lumiere là ou n'eſtoit pas encores venüe, & là ou encores graces a Dieu n'eſt point
arriuée ou demeurée telle gent, nous laiſſa en ſon ire
& indignation.   Car ſi a la verité y euſt eu, ſoit entre Grecs, ſoit entre Latins, lumiere de lettres & ſçauoir, on euſt facilement obuié a telle ignorance, allant
des païs là ou telle gent ne dominoit pas encores, a ſecourir, là ou elle dominoit. Mais quoy? on ne peut dire autre ſauf, qu'ainſi a pleu a Dieu, pour nous punir
le plus aigrement du monde, & pour faire mourir le
corps de l'vnion du monde. Mais qui eſt choſe plus
admirable en cecy eſt, que jamais n'auons receu laditte lumiere perdue, premier que les Iſmaëlites, deſja
par grans empires & regnes mis en repos, euſſent auſſi de leur coſté tellement acqueſté les lettres, que depuis ſaint Bernard, enuiron l'an 1000, du ſalut du
monde, juſques a 300 ans, comme nous auons eu
les treſſouuerains queſtionaires : accómodateurs des
choſes de noſtre religion a la naturelle raiſon : ainſi
au meſme temps ont commancé leſdits Iſmaëlites a auoir eſcriuains treſexcellens en toutes les diſciplines vrayes & demonſtratiues, & quaſi autant

de

de temps ont duré comme les noſtres : pour nous
monſtrer clairement, que telle predeſtination des Iſmaëlites, par ce qu'elle eſt benuïte en Abraham, ne deuoit ſouffrir ſans eſtre premierement ouye, & en ſes
authorités & raiſons par meilleure authorité & raiſon
confutée, d'eſtre abolie. Car ſi elle euſt eſté abolie, Qu'il faut que la loy Muhamédique ſoit abolie.
& a ſon commancement deſfaitte, on n'euſt point
veu l'omnipotence de Dieu, qui ainſi prepare le meſ-
chāt pour ſon mal jour, comme le bon pour ſon bon :
& fait cela, non point en forçant ou contraignant
quelconque particulier d'eſtre meſchant, mais en gui-
dant le corps & grande compagnie des bons ou meſchans en telle fin comme il a predeſtiné. Et en ſomme parce qu'Iſmael depuis beaucoup de benedictions
fut chaſſé par authorité de Sara, contre le vouloir d'-
Abraham, & auſsi par permiſsion, non inductiō guy-
de ou conduitte par raiſon naturelle, qui dit, que le
baſtart ne doit pas eſtre heritier comme le legitime :
auſsi faut il finalement que le corps de la republique
Iſmaelique ſoit chaſſé par authorité de l'Egliſe, & par
raiſon naturelle confuté : ce qui ne ſe pourroit faire,
s'ils n'euſſent eu leurs authorités & raiſons deſja exa-
minées & eſcrittes par autheurs en ſouueraine puiſſance portés & conſtitués. Mais au-jourd'huy nous
voyons clairement par vne ſoudaine mutation, qu'-
eſtant les lettres Grecques, Latines & Hebraïques,
auec toutes les doctrines diuines & humaines, pluſtoſt, & a ce qu'il ſemble a beaucoup, plus-clairement,
en moins de cinquante ans entendues & expoſées que
jamais en mille ans ne furent, là ou les Iſmaëlites au

d iij

jourd'huy n'ont plus de lettres ne difciplines, il faut qu'a la verité foit en nous retourné l'aduantage, pour confuter auec authorité & raifon toute laditte puiff-ance,& doctrine. Et plus grande mutation & mer-ueille voyons depuis lefdits dix ans quant nous con-fiderons quafi par feule puiffance de Mariniers, & de Marchans le monde neuf qui eft plus grand que le noftre, eft non feulement defcouuert & vaincu, mais a la religon Chreftienne conuerti, fous la puiffance de l'Efpagne, eftant principée toutesfois la nauiga-tion Portugalloife par vn Gentil-homme Venitien *da Ca da mofto,* comme l'Efpagnolle par Colomb ci-toyen Gennois. Ie laiffe a part l'art de l'Artillerie & de l'Imprimerie, trouué entre les Chreftiens La-tins, l'vne pour confommer la fapience au monde, l'autre pour accomplir la puiffance, ce qui eft de la feulle prouidence reftitué aus Chreftiens, affin qu'ils voyent que c'eft Dieu feul qui occift & viuifie.

Des Terres neu-fues & quelles font reduites a la Chreftienté, & par qui.

Don de Dieu l'Imprimerie & artillerie.

Quelle chofe a la verité eft l'heritage auquel ne peut fucceder par raifon le Baftard, comme le legitime, ou Ifmaelite, comme l'Ifaakien ou Chreftien.

ESTANT ainfi que nous voyons par ex-perience, comment les Ifmaelites ont meilleure, plufgrande, & plus pacifique portion au poffeffoire & dommaine du monde, & non feulement de la Syrie & terre fainte, que n'eurent oncques les Iuifs : & dauantage voyant dedans l'ef-criture fainte que depuis qu'Ifmael eftant chaffé &

jetté horsde la paternelle maiſon, eſt predeſtiné de de
uoir eſtre fait chef de grand peuple & gent puiſſante:
non ſans cauſe nous deuons douter qui eſt l'heritage
paternel d'Abraham, duquel ledit Iſmaël eſt debouté. Car ſi nous prenons ſeulement la terre ſainte
pour ledit heritage, comme on veut communement
entendre, nous trouuerrons eſtre fauſſe telle intelligence, depuis neuf cens ans en ça, que leſdits Iſmaelites la poſſedent. Si nous entendons le droit d'A-
braham, lequel Abraham incontinent qu'il fut eſleu
de Dieu, & declaré eſleu, pour eſtre pere du ſauueur
du monde IESVS, fut fait juſte heritier, & ayant droit
a tout l'heritage & domaine du monde, tant temporel comme ſpirituel, & ce en vertu de ſon HOIR
IESVS, auquel ſeul en ſoy & en ſes mébres & eſleus,
appartient toute puiſſance tant au Ciel comme en la
terre. Si nous entendons, diſ-je de toute la juriſdiction dudit Abraham, Iſmael n'euſt ſceu en ſon droit
ou heritage habiter en lieu qui n'euſt appartenu a A-
braham & a Iſaac, premier qu'a luy, & principallemét
en Berſabée, qui eſt de la terre ſainte: beaucoup
moins en l'Arabie heureuſe, là ou ils ont habité,
principalement eſtant beaucoup de païs en elle meilleur que la terre ſainte. Si nous diſons eſtre l'heritage, la cognoiſſance du Meſsie, & ſemance promiſe a Abraham, vrayement (ainſi comme en la premiere partie de l'hiſtoire des Turcs demonſtreray) &
a la fin du ſecond de la concorde du monde ay eſcrit, combien qu'auec vn treſgrand nombre de fauſ-
ſetés, ſi connoiſſent ils, & poſſedent en leur foy &

Que les Turcs
croyent plus de
Ieſus Chriſt
que les Iuifs.

d iiij

loy baftarde beaucoup plus de verités de IESVS
CHRIST que ne font les Iuifs. Car pour le moins,
par tout ou ils dominent, on croit que IESVS receu
des Chreftiens, eft le vray Mefsie, & CHRIST, promis a Abraham, & aus profettes enfuyuans, ce
que nient les Iuifs : parquoy en ce ne peut eftre l'heritage dont eft queftion, eftant leur part (combien
qu'imparfaitte) beaucoup meilleure que defdits Iuifs.
Il eft donc de necefsité que l'heritage auquel ne peut
fucceder raifonablement l'enfant de la chambriere,
comme celuy de la maiftreffe, foit autre chofe que ce
que deffus eft dit. Eftant chofe raifonnable qu'entre
toutes parties litigantes, ou fur vn mefme fait, ou fur
vn mefme droit, la raifon y mette fin & decifion, il
faut neceffairement que nous remettons l'intelligence de tel lieu a laditte raifon, n'eftant donc tel heritage, ne le temporel, ne le fpirituel des Iuifs : car les Ifmaëlites ont eu & en l'vn & en l'autre plufgrande perfection que les Iuifs : il faut que l'heritage duquel eft
priué & desherité Ifmael, aupres de fon frere Ifaac,
foit autre, & neantmoins foit trefdigne de Dieu & de
Moyfe fon fecretaire & profete. Le but & bien final
pour lequel heriter l'homme eft finalemét mis en ce
monde, eft a celle fin qu'a la plus noble partie de foy,
qui eft l'efprit ou intellect, gaigne & donne la plus
grande perfection. La plus grande perfection de l'ame
efprit ou entendement, autrement dit intellect ou
mente, eft que non feulement il croye ou fache, mais
par raifon congnoiffe toutes chofes. Car alors que
l'homme fçait non feulement par la caufe des chofes

ce qui

Pourquoy l'hõ-
me eft mis en ce
monde.

ce qui eſt le commun but de l'homme, mais dauantage ſçait & par la cauſe, & beaucoup plus pour l'a-
mour de la ditte cauſe de toutes choſes, vrayement a-
lors il tient le vray but & heritage pour lequel donner
a l'homme en ce monde, Dieu crea ledit monde pour
l'amour de l'homme. C'eſt donc la vraye poſſeſsion &
heritage du vray homme, qui connoiſt & vrayement
meſpriſe ſoy meſme pour connoiſtre, priſer & aymer
eternellement ſon Dieu, & cauſe du monde, & qui
ſçait ſous telle conſideration rendre la raiſon & cauſe,
autant qu'il eſt poſsible, ou deſtruiſant toute fauſſeté,
ou prouuant & demonſtrant toute verité, principalement des choſes hautes & diuines.   Il faut donc que
tel heritage de vrayement rendre la raiſon des choſes
diuines, ſoit ceſtui là duquel eſt fait poſſeſſeur l'enfant
legitime d'Abraham, & duquel eſt dechaſſé le baſtard
d'icelluy. A telle fin donques la diuine prouidence a
laiſſé croiſtre les Iſmaëlites juſques au comble de ſçauoir & puiſſance a telle gent predeſtinée, affin qu'a-
yant & par authorité & force, & par raiſon humaine
naturelle de la religion Chreſtienne Iſaakienne ou legitime, connoiſſent & auec eus tout le monde, que
treſjuſtement comme baſtars ſont deboutés & treſjuſtement desherités ayant allegué tout leur droit.

F I N.

Mahumetes ego muratij filius, dei soldanus
et Baasinaz ac Rachmael, presses a summo deo
in altis beatus, in solari circulo positus super imperatores
gloria affluens, ex dei parte felix, a remedijs mortalibus
... magnus machumeti propheta filius ex armis
... imperatorum imperator, et principum princeps, qui
ab oriente in occidentem sunt. Voto et iuramento hoc
spondeo huius dei omnium creatori, non bissenos pro somno
oculos meos, non opulentiam dulcia, non politicem amorem
non tactum sponsa, non ab oriente in occidentem vestiturum
... donum desiderij conseruando quoad equi mei ungulis
... ex ligno, aere, auro, argento, lapide pictura
et manibus cultum christi factos, totas istas domos inuioland[...]
a facie terre ... pertimere ab oriente in occidentem, ad
laudem veri dei sabaoth, et magni prophete machumet
exterminauero. Hac ob omnia et quod inuolueram in maximis
... et multi subditi, ... ducibus in bellicis scriptis sub
... magni dei victoribus ... et terre, sub motu etiam
... profatis ... diro, et si ... animum ad deum
... marte armati ad me ... impleuerim prophetas dei
et ... machumet magni, quorum alter minime, alter
... in ... robeus aduersa?

La deu et ... dei turci
... ... machumet

... primo ... scripsit

La tierce partie des

ORIENTALES HISTOIRES, OV

EST EXPOSEE LA CONDITION,

Puissance,& reuenu de l'Empire Turquesque:auec
toutes les prouinces & païs generalement depuis
950 ans en ça par tous Ismaelites conquis.

Pour donner, auec telle connoissance, vouloir & moyen de tels païs
& richesses conquerir aus Princes & peuples Treschrestiens, & ai-
nés au Droict du Monde,

Par GVILLAVME POSTEL Cosmopolite.

A POITIERS,
Par Enguilbert de Marnef.

M. D. LX.

Auec Priuilege du Roy.

ſA R Priuilege du Roy, donné a Enguilbert de Marnef, eſt
permis d'imprimer & vendre les preſens liures intitulés, De la Republique des Turcs , & des meurs & loy de tous autres Mahamediques.
Hiſtoire & conſideration de l'origine des Tartares, Perſiens, Arabes
Turcs & tous aultres Iſmaelites. Des Orientales Hiſtoires, ou eſt expo-
ſée la condition, puiſſance & renenu de l'empire Turqueſque. Le tout
eſcrit par Guillaume Poſtel Coſmopolite.& defenſes a tous autres de
de non en vendre ni imprimer autres que ceus imprimés par ledit de
Marnef,iuſques au temps de cinq ans, à compter du temps qu'il ſeront
paracheués d'Imprimer: ſoubs les peines contenues par lettres ſur ce
faittes, données a Eſcoan, le ſeptieſme de Mars 1547. Par le Roy, Maiſtre Francois de Connan , maiſtre des requeſtes de l'hoſtel preſent:
ſignées Coéfier:& ſéeles du grand ſeel ſur ſimple queue.

Acheués d'Imprimer le 9. Decembre 1559.

*A MONSEIGNEVR TRESILLVSTRE PRE-
lat & Prince CHARLES CARDINAL DE
LORRENE, GVILLAVME POSTEL salut
& accompliſſement de ſes bons deſirs.*

C OMME la Diuine Prouidence , il y a quatre cens
& quarante trois ans, vſa des graces & grandeurs
par elle a la maiſon de Lorraine concedées, pour donner effeƈt a la Treſnoble entrepriſe du recouurement de la Terre
ſainƈte (qui eſt la premiere & ſinguliere proprieté de IESVS
CHRIST là ou il a voulu venir en ce bas monde) tellement que
combien que le Pape auec pluſieurs grans Prelats, & Pierre l'-
Hermite auec pluſieurs Princes & Seigneurs ſeculiers, feuſſent
en deliberation dudit voyage, neantmoins auant que par le bon &
ſaint exemple de vos anceſtres Godefroy, Baudoin, & Euſtache
de Buillon, fuſſent incités a renoncer a tout, pour l'amour de Dieu,
dateur de tout, & prendre la dure crois de vertu ſouueraine, conſtituée en faire bien, & ſoufrir mal pour l'amour de Dieu & charité de ſon prochain, la ſainƈte entrepriſe ne ſceut iamais auoir effeƈt: Auſſi monſeigneur ie penſe a la verité que Dieu & Nature n'ayent pour autre cauſe mis en vous le comble de leurs dons,
ſauf qu'a celle fin, que par les moyẽs a vous de preſent donnés, ſoit
ietté le treſheureus & eternel fondement, pour non ſeulement accomplir treſfacilement l'œuure par eus commancé, mais pour rendre auec la meſme facilité tout l'vniuerſel monde ſubget a IESVS
CHRIST. Qui me fait penſer qu'a ſi haute entrepriſe, & la plus
noble qui onques fut, ſoyés par les graces a vous faittes deſtiné,
vous l'entendrés s'il vous plaiſt. Il eſt de neceſſité que le Prince
eſleu a l'eternelle Monarchie, & gouuernement ou proteƈtion
temporelle du regne Euangelique de IESVS CHRIST ſoit incité
a ſon droit pourſuiuir, & non ſeulement entendre, par perſonne de
ſouueraine authorité, ſçauoir, beneuolence & credit enuers ledit
Prince. Voyant donc qu'aupres du Roy Treſchreſtien, tenés tel
degré en toute excellence, que iamais plus grand Prelat ne fut en
pareille condition aupres d'vn Prince, & qu'il ne reſte autre cho-

()ÿ

se , que de faire entendre & mettre en fait les raisons de la Monarchie, auec les moyens par lesquels le Roy peut & doit a laditte Monarchie pretendre: Ie vous ay voulu dedier ce bref & petit,
quant en parolles, mais tresgrand traicté quant a la consequence,
a celle fin qu'ayant auec les raisons de la Monarchie, par icelluy,
conneu que tous les peuples du monde, qui auiourd'huy sont en estre, & les plus fameus, & qui n'ont n'y entr'eus ni auec les Latins, ne de lettres, ne de coustumes, ne de Princes, ne de païs aucune communication, par laquelle peussent l'vn de l'autre auoir
receu telle opinion, tous dis-ie tiennent pour certain, & pour sentence diuinement reuelée, qu'il faut que le Roy de Gaule soit Monarque de l'vniuers, alors soyés plus confermé, entendant pourquoy
c'est que par l'ancienne interpretation de Moyse, le mesme est des-
clairé, pourquoy c'est que Iosefe dit les Gaulois estre les aisnés &
premiers peuples du monde, ausquels par consequent appartient le
premier droit. Par quelle cause Berosse dit le mesme. Qui a meu
Solin & Caton Romains a escrire que les premiers peuples, mesmes autheurs des tresantiques Vmbriens en Italie, sont de race
des Gaulois. C'est sentence eternelle, & tant par le diuin comme
par l'humain droit & histoires confermée, qu'il faut que comme
lesdits Gaulois sont les aisnés du monde, aussi de leur consentement soit vn Monarque, qui en l'vniuers domine, esleu & defendu.   Par cecy donc Monseigneur vous verrés que toute verité
consonne a toute verité. Pour autant donc que c'est le but & fin
de ma vie mortelle, Ouurir le plus amplement que ie pourray les mo
yens de paruenir a la concorde du Monde, laquelle est audit monde
du tout necessaire, & sans vn Monarque vniuersel, ne se peut a-
uoir, i'ay a deus moyens d'icelle mis mon estude. L'vn qu'ils se trou
ue vn Prince qui de tout son cœur y veuille entendre, comme le
Christ de Christ, auquel soient proposés les moyés a ce necessaires,
pour estre autant comme s'estend l'vsage de la langue Latine ma
nifestés, affin qu'auec la raison d'iceus soient gagnés les cœurs.
L'autre que les peuples d'estrange langue, & de la Latine differente, & de diuerse religion & seigneurie, soient de par nous auec
le moyen de leur langue incités, & par les choses a eus mesmes ap-

prouuées tant a la verité de IESVS CHRIST, comme a celle de
son Monarque, par raison & authorité demonstrée, soient conduits, & a nous aussi auec le moyen de laditte langue soient ren-
dus familiers. Car c'est le premier moyen de l'humaine conuersa-
tion que la raison & la langue.   Au premier point ie me suis mis
en mon deuoir d'y mettre le meilleur ordre que i'ay peu & sceu,
tellement que remettant le tout, tant en cet opuscule, comme en
autres a ce propos escrits, en la connoissance & sçauoir de ceus a
qui il appartient, principallement (comme a tous equiualente) a vo
stre bonne discretion, comme de personne aupres du Roy souueraine, le soubsmets, a celle fin que ie voyät y auoir fait, ce qui est a moy
possible me puisse a l'autre moyen ou partie retirer, ainsi comme par
l'Oeuure de la Concorde du monde on peut voir en ce auoir esté
ma deliberation de long temps, de laquelle par ma derniere peregrination en Orient, ay ia accomply vne bonne partie, apportant en
la Chrestienté Occidentale, la plus grande abondance que i'ay peu
recouurer des liures saincts, tant en la langue Syriaque, & iadis
vulgaire vsitée a IESVS CHRIST, comme en l'Arabique en
toute l'Asie & l'Afrique, & en vne tierce partie de l'Europe cō-
mune. Car ainsi faut, accomplissant la Clementine De Magistris,
trouuer & procurer les moyens que les Ismaelites, qui auiourdhuy
sous la langue Arabique auec leur Alcoran occupent en seigneurie quasi toute l'Asie & l'Afrique, auec vne tierce partie de l'Eu
rope, par leurditte langue reçoiuent la verité eternelle. La Syriaque & qui estoit du temps de IESVS CHRIST vulgaire de l'-
Hebraique & saincte, en laquelle IESVS voulut prescher sa doctrine Euangelique, est a propos pour manifester aus Iuifs la verité. Car elle n'est que bien peu differente de la Chaldée escritte dedans le Targum, Misna & Thalmud Ierosolymitain, de tous les
Iuifs entendu. Pour donc multiplier par imprimerie le Nouueau
Testament, auquel n'y a pas difference d'un iota des bons exemplai
res Grecs (comme ie feray estant de besoing en face de l'eglise ap-
paroir) i'ay fait la Diligence de l'aller querir en la Terre saincte,
& apporter par deça lesdits exemplaires a tous les Chrestiens d'-
Orient vsités. Ayant donc deliberé de tant insister par mes escripts

& propos, que les raisons de la Monarchie prouiènent iusques au Roy & son Conseil, & ayant tant fait qu'a vous son souuerain Conseiller soient paruenus, i'auray ce me semble attaint vn grand point de mon desir, quant au premier moyen de la concorde, ou establissement de la souueraine puissance, qui la doit de fait procurer, selon la foy & sermens par le Roy Treschrestien a son celeste sacre promis. Car combien qu'il promette aus peuples a luy de fait subgets tant seulement, & non a autres, rendre & garder la Loy, la Iustice, & la Paix, conseruant en toute l'Eglise de Dieu, neantmoins si est il obligé autant que le droit de l'Eglise & le sien s'estend, c'est a sçauoir par tout le monde, estandre pour les mesmes fins, son pouuoir, sçauoir, & vouloir, principalement depuis que tel droit, comme a l'Aisnée & premiere puissance temporelle de ce monde, luy seroit manifesté. Il me reste au surplus pour espandre l'Euangelique doctrine entre les Tartares, Persiens, Arabes, Mores, Aegyptiens, Barbariens & Turcs, qui auec plusieurs autres peuples tous vsent de la lägue Arabique pour leur Grammatique, de m'occuper a l'autre partie de mon entreprise, pour au moyen de laquelle entendre, il a pleu a Dieu par le Sereniſsime Roy de Pologne me faire auec tresbeau salaire inuiter, affin qu'aus Turcs, qui tant a la Hongrie & Vlachie, comme a autres païs a luy voisins sont prochains, soit par l'Imprimerie donné lumiere auquel party, combien que i'aye deliberé viure de mes trauaus & sueur, neantmoins ie n'ay voulu entendre ou respondre, iusques a tant que ie sache si a la republique Gallique, en laquelle ie suis n'ay, ie pourray en quelque chose plus qu'a l'autruy profiter. Car i'aymerois mieus, moyennant que mes labeurs fuſsent en la mienne acceptés, viure icy en pauureté & mespris, qu'ailleurs en richesses, plaisir, & honneur. Tel est le but de mon intention. Pourtant Monseigneur reuerendiſsime, ie vous prie & supplie, comme Prelat de Souueraine authorité, comme Prince de souueraine equité, comme premier Conseiller de la Royalle maiesté, comme homme de singuliere prudence, noblesse & humanité, vueilles en ce pratiquer les graces que Dieu, Nature & vostre vertueuse exercitation vous ont donné, de ne regarder la basse condition & petit sçauoir de cel

luy qui vous escrit, & si haute entreprise en ses escrits osé em-
brasser, (car comme quelque fois le bon Homere sommeilloit, aussi
souuentesfois vn Iardinier parle fort a propos) mais veuillés vous
de vostre grace efforcer a mettre en auant la plus noble entreprin-
se qui onques fut, ne qui sera iamais en ce monde. Consideres que
si l'authorité, armée d'eloquence, & de raison plussouuent apparente que vraye, a iusques icy gaigné & retins tous les regnes &
Empires de ce monde, si Cicero a deffait Antoine & confermé Au
guste par la mesme verisimilitude, combien sous l'authorité de
IESVS CHRIST, & de son premier ministre Terrien, aydé de
vostre conseil, & des nobles facultés & Clergé, & de la Noblesse
& Iustice de France, aydé & secondé sera puissante l'eternelle
verité, & d'authorité Diuine & Humaine, & de raison munie?
La victoire des cœurs de tout le monde, premiere en soubhait, &
derniere en effet, est par vostre moyen entre les mains du Roy
Treschrestien, toutes les fois que par son seul consentement approu
uera son droit, & commandera qu'a tout le monde soit exposé.
C'est pour conquerir auec l'entreprise de la Terre saincte, tout le
monde, de ce qu'a vous en Spirituel & au Roy en Temporel, Dieu
vous donne la grace.

La tierce partie des Ori-

ENTALES HISTOIRES.

ARCE qu'en toutes chofes la raifon de
P paix precede celle de guerre par nature,
car toutes chofes ont a leur principe commancement par elle : il me femble eftre le meilleur
aufsi, qu'en noftre narration l'eftat de paix foit premier efcrit que cil de guerre , car par l'oppofition de
deus contraires aduient plufgrande congnoiffance
de celluy duquel on veut principalement traitter.
Premier donc l'eftat de la Court du Prince refidant
en Conftantinopoli, ou ailleurs hors la guerre , fera
efcrit. Puis la maniere d'exerciter les gens defquels il
fe veut feruir. Apres fera la maniere & ordre de che-
miner & paufer en Camp. Puis s'enfuiura le gouuernement des Prouinces, & les Finances. La conclufion fera (ainfi qu'ay promis au commancement
du premier liure) du grand païs que tient cette belliqueufe nation : auec vn brief de leurs hiftoires. Et
deuant que rien commancer, je protefte a peine de
la verité, & raifon, pour en faire efpreuue, de ne coucher par efcrit chofe que je n'aye veuë , ou par les
Eunuques, & ceus qui ont efté nourris au Serrail ou
Court du Prince , n'aye diligentement cherchée &
entendue. Et quant aus eftats lefquels je penfe a-
uoir obferué, depuis le plus grand jufques au plufpe-
tit, je les ay eus des Treforiers, & du Griti , & autres

qui jufques au dernier l'ont obferué. Le temps & la raifon feront foy de mon dire. Le Prince Turc a plu-fieurs lieus ou il refide en temps de Paix : mais les principaus & plus frequents font a Conftantinopoli, Bruffe, & Adrianopoli, qu'ils nomment Edernay: entre lefquels le lieu le plus frequẽté du prefent Prince Sultan Suleimain eft Conftantinopoli,& ne refide peu ou point aus deus autres,finon quãt il eft ja quelque bruit de guerre. Et quant cela eft du cofté de la Natolie, il fe va alors hiuerner en Bruffe , Magnefie, Cuthahie,Gogna,Gezari,Siuas,Adena,ou autre lieu opportun pour faire conuenir fes gens de bonne heure. Si c'eft vers Occident il fait le pareil pour pareille caufe en Edernay,Samandria,Sofie,ou autre lieu opportun, pour incontinent aufsi vnir fon armée enfemble. Mais ce fera affés de voir comment a Conftantinopoli il eft traitté domeftiquement: pour fçauoir le tout: Car des Serrails ou lieus de nourrir jeuneffe ,fous le commandement du Prince, ou quelque fois il va,j'en diray quant je parleray des Spachis. Eftant le Prince chés luy en fa chambre, merueilleufement de grande richeffe ornée, comme de lames d'argent doré,garnies de pierreries en grande quantité,il n'admet homme du monde a venir vers luy, fors les Ambaffadeurs, par deus fois : a fçauoir a Dieugard,& Adieu :& les Bafchiats ou Cadilefquers pour les caufes qu'ay fufdittes en la Iuftice, ou quelque capitaine ou Bachia pour caufe vrgente , & hors couftume. Mais y eft feulement ferui, quant a l'eftat de chambre,par douze jeunes hommes vallets

de chambre, qui le veſtent & deſpouillent, baillent a
lauer, & traittent chaſcun par ordre & temps, comme
icy les Vallets de chambre, ſinon qu'ils ny ſont pas
par quartier. De ceus icy y en a vn qui a charge tous
les jours d'aller demander a *l'Emin chaſna* ou Threſorier general du Serrail 40 ducats ſultains, pour
tous les jours mettre en ſon *duliman* ou ſac, pour
faire quelque preſent aus jeunes hommes de ſon Serrail, ou quant il va a la Meſgeda, comme deſſus ay
dit, pour donner l'aumoſne. & celuy qui le deſueſt
ou deſpouille ce jour là, s'il y a rien de reſte deſdits
40 ducats, ou des deus mille aſpres, c'eſt pour luy.
Des autres y en a deus qui toute la nuit luy tiennent
deus torches allumées, l'vne au cheuet, l'autre aus
pieds du lit : lequel honneur il faiſoit faire a Hibrahim Paſchia la nuit qu'il le feiſt tuer, pour le recom-
penſer du priuilege qu'a luy ſeul auoit fait de memoire d'homme, d'entrer chés luy quant il vouloit,
& de boire & de manger auec luy. Ces jeunes gents
icy, ne ſont de plus haut eage que de 20 ou 22 ans
pour le plus, tous beaus jeunes hommes Eſclaues,
fils de Chreſtiens, & choiſis par Phiſiognomie (a la
quelle les Turcs merueilleuſement ſe connoiſſent) du
nombre de 700 ou 800 autres Eſclaues qui audit
Serrail ſont nourris, & ſont comme enfans d'hõneur
communement precedant ſa perſonne, ſur les pluſ-
beaus & adroits cheuaus qu'il ait : & quant le ſeigneur
ſort, ne feuſt que pour aller juſques a la Meſgeda ou
Egliſe, il y en a vn de ceus icy, qui luy porte les ſouliers (pource que les Turcs ont de petites bottes lar-

a a ij

Vallets de chã
bre du grand
Turc.

Hibraim Pa-
ſchia.

Turcs grands
Phiſiognomes.

ges, ayſées a chauſſer comme vn ſoulier: que s'il ne
failloit qu'eſſayer vn cheual, ils les mettent: l'autre luy
porte l'arc & la fleſche, & s'appelle *Benc ſeliĉtari* a la
difference des *Seliĉtar* ou *Soluſtar* qui ſont gents de
cheual qui marchent a vne des ailles du camp. Et parce ceſtuicy ſe nomme Benc, qui veut dire le ſeigneur
Seliĉtar. Le tiers qui luy porte les habillements en vne
male, s'appelle *Chiocad.* L'autre *Seraſter* luy porte
l'eau, & l'aiguiere, car jamais les Turcs qui ont puiſſan
ce principallement, ne vont ſans quelque vaiſſeau
plein d'eau: ſoit pour boire ou pour lauer. pource,
qu'apres toute œuure de nature, peché & autre choſe, comme ay ſus eſcrit en la religion, il faut eſtre
laué en la loy de Muhamed. Il y en a vn auſsi qui
lui porte vn ſiege bas, qui ſe ploye a la mode des
chaires portables de deça, reſte qu'elle eſt de quelque
riche eſtoffe, non toutesfois comme celle que les marchants Venitiens luy feirent l'an 1532 toute couuerte de perles, de l'eſtime de quarante mille ducats,
ſelon leur dire, car celle là garde la chambre, auec le
heaume d'or & pierreries, accompagné des doſsiers
de perles venus tout d'vne main, mais la chaire
qu'il porte eſt large & de drap d'or friſé. Voyla de
quoy luy ſeruent ſes Vallets de chambre, qui ſont
touſjours aupres de luy, & ont vn chef ou capitaine:
car il n'y a ſi petite compagnie de ſeruiteurs chés le
Turc, qui n'ait vn ſuperintendant, qui amende & cor-
rige, ou reſponde des negligences de tous particuliers en vn meſme office. Cedit chef ſe nomme *O-*
dabaſſi, maiſtre des Chambriers, & eſt le pluſgrant
de tous.

de tous. Et par deſſus eus & des autres, deſquels nous dirons, y a vn Eunuque ou Garde-couche qui prend garde a leur conuerſation, pource qui s'entent plus honneſtement qu'il ne ſe dit. Leſdits jeunes hommes, qui ſont, comme ay dit, communement douze, quelque fois huit, quelquefois dix, ont pour jour chaſcun 18 ou 20 aſpres.leur Capitaine 30.l'-Enuque 60. Voyla du ſeruice de chambre. Main-tenant nous dirons de la table, mais que premier aïons eſcrit que ceus icy, & les cent deſquels nous parlerons tantoſt, ont tous coëffes d'or, & veſtemens de ſoye deusfois en l'an donnés du ſeigneur, auec vn arc, fleſches & eſpée, le tout garni d'or. Le ſeigneur ha d'ordinaire cent autres jeunes hommes, qui s'appellent *Sſeſnigirlar*, c'eſt adire, Eſcuyers, qui le ſeruent a apporter les viandes ſur table, & ont vn chef appellé *Sſeſnigir Baſſi*, Capitaine des Eſcuyers, qui donne ordre entr'eus a changer d'office ſelon le vou-loir du Prince. Quant a l'ordre qu'ils tiennent, c'eſt d'apporter grande quantité de plats de pourcellaine, garnis de Ris a diuerſes ſortes, & d'autres potages & viande a l'appetit du Prince:ſelon l'ordonnance dudit maiſtre des Eſcuyers, eſt faire eſtendre la nappe en terre, ou ſur vn lieu eſleué d'ais, faire aſsiſtence a ſa table durant l'heure, ce que fait, luy ayant quaſi de tou-tes viandes fait l'eſpreuue, s'en vont des meſmes vian-des repaiſtre : car ceus icy, & les precedans, outre leurs gages, ont cheual & bouche a court, ſi ont beau-coup d'autres, durant qu'il fait reſidance au Serrail a Conſtantinople : carlà il y a force jardiniers qui ſont

jeunes garçons de la Grece, defquels je diray en leur
lieu : & pour toute cette defpence, chafcun jour l'vn
portant l'autre fe defpent 5000 afpres, qui font
cent ducats : chafcun millier d'afpres, vallant 20 ducats Sultannins. Qui par vne certaine opinion qu'-
ont les Princes fe prennent du reuenu des jardins, &
diuers Sarrails , là ou il y a force jeunes garçons a labourer, & garder, & vendre ce qui en vient, qui tout fe
met en vn trefor a part, lequel s'appelle, La table du
Prince. Et fi le Prince eft abfent, toufjours fe garde
jufques a fon retour , en fon integrité , fans jamais
l'employer autre part. Car les Princes Turcs, depuis
Sultan Muhamed, ont cela qu'ils ne veulent pas defpendre des deniers du peuple, finon quant ils le deffen
dent & vont en guerre : car alors ils ne viuent pas defdits jardins, mais des tailles, ou trefor commun. Quāt
font a repos, ils viuent defdits deniers de jardinages,
lefquels ne faut pas s'esbahir d'y fournir, pour deus
caufes, l'vne eft qu'ils font quafi en continuelle guerre
de frontiere : & ont les plus beaus & riches jardins du
monde : L'autre eft que jamais ne font extraordinai-
re : & leur raifon de viure ainfi eft , qu'ils dient les tailles & tributs eftre *haram agemi cani,* c'eft a dire le prohibé fang du peuple , non a defpendre, finon a la deffendre : & que l'autre eft de jufte labeur. Et n'eft
pas ainfi que dient quelques vngs, qu'il laboure, puis
enuoye vne poyre ou autre fruict a vng Bafchia
& luy mande qui luy donne mille efcuts : fe font follies , car les Bafchiats ne manient pas les deniers du
Prince , & aufsi qu'il ne laboure pas. La tiers eft,

Les deniers de
la table du Prin
ce fe prennent
du profit de fes
iardins.

Faulfe opi-
nion.

qu'il a fon Treforier ou Argentier qui touts les jours
liure argent , pour touts affaires domeftiques , fors
que pour ceftuicy , & encor a ceftuicy, fi les aultres
n'y fatiffont. Lefdits cent jeunes hommes ont cha-
chun de gages de 6 a 7 afpres le jour , outre leur
table, monture, & veftement comme deffus. Leur
capitaine ha 4 0 afpres le jour. Nombrer icy *Bal-* Des autres fer-
tegilar, *Afgilar*, *Chaluagilar*, *Uegilfcharlar*, *Sacharlar*, uiteurs dome-
qui eft autant adire comme feruiteurs domeftiques, ftiques du Prin
cuifiniers, efpiciers, ou paticiers, defpenfiers, porteurs ce.
d'eau : ce feroit chofe trop longue , & aufsi qui n'eft
pas toufjours en vng eftat, dont m'en deporteray , a-
ïant dit qu'ils font enuiron deus cens en tout , qui
ont chafcun 5 ou 6 afpres le jour, l'vn portant l'aultre:& en chafcun office leur Bafsi ou chef, qui ont de
3 0 a 4 0 afpres le jour. Cecy eft eft proprement l'e-
ftat de chambre & table , & pour dire generallement
du dedans de la maifon. Il y a par dehors deus cents Des portiers &
2 0, 3 0, plus ou moins, *Capigis* ou Portiers, qui gar- de leur de -
dent a la porte du Serrail, par jour naturel, en certaine uoyr.
bande & nombre, & le plus fouuent tous enfemble, les
vngs de la premiere, les aultres de la feconde porte,
quãt il y a quelque groffe affemblée à la Court: comme quant quelque Ambaffadeur va baifer la main du
Prince, pour faluër ou dire Adieu, & pluffrequents a
dire adieu, a caufe du banquet, ou quant le Diuam ou
Iuftice fe tiẽt, ou que quelque Bafchia au gouuerneur
de prouince vient a la Court. Ceusicy gardent s'il fe
fait le moindre tumulte du monde là dedãs, qui en eft
l'autheur, & le puniffent de prifon ou de bafton. Gar-

dent aufsi quant a la porte qu'on n'entre point auec
armes dans le Serrail du Prince. Ceus icy portét tous
quant ils font a la porte, leur bourc ou haut bonnet,
les vngs pointu, les aultres rabatu: mais a touts fait de
fil d'or trait, comme ont les enfans dont ay dit, refte
qu'ils font rouges, & ceüs ici blācs, comme font aufsi
de tous Agas, Bafsi, Soubacy, & aultes d'office premi-
nénte en guerre. Cefdits Capigis font aufsi gardes aus
diuerfes portes du pauillon, qu'homme n'y entre, fors
les domeftiques & Bāfchiats & Cadilefquers, dont ay
dit. Ils ont neuf, dix, quinze afpres pour jour, l'vn portant lautre: leur Capigilar Cahaia ou Capitaine ha 50
afpres le jour: & trois Capigibafsi au deffoubs de luy
ont chafcun 35 afpres le jour, qui toufjours s'enten-
dra, fans dire ou eftre repeté tant de fois, quant je parleray de gages au deffoubs de 10 ducats aus autres
offices. Pour enuoyer dehors executer fa volonté &
ordonnance, le Prince ha 100 *Sfaoüs* ou Huifsiers:
Car pour leur office ne les puis mieus comparer qu'a
Huifsiers de la Court, ou a fergents fiefés, dont l'vng
feul d'iceus peut par fimple parolle du Prince, ou arreft du Diuam, aller prendre quelque perfonnage,
tant grand foit il, & felon que l'ordonnance le porte:
ou le mettre a mort: ou l'amener & conftituer prifon-
nier. Toutesfois quant eft queftion de mort, n'eft
temerairement faite execution, fans forme de Iuftice,
comme vulgairement on dit, mais en cette maniere. Le perfonnage eftant accufé probablement par
plufieurs bons tefmoings, & querelles ou querimo-
nies, & n'ayant voulu comparoir, apres eftre admo-

nesté, en est fait jugement en son absense : & depuis
que la Court ou Diuan en a communiqué auec le
Prince, alors on donne commission par escrit, ou Tes-
queré audit Ssaous qui doit aller premier, au Sāgeach
du lieu & au Cady, & luy aïant monstré sa commission pour verifier l'information ou accusation sur le
lieu, les inuite a venir voir mettre en execution ladite
sentence, a laquelle ils se trouuent s'ils veulent : c'est
assés que de peur que soubs ombre du seigneur ne se
fist quelque faute ou meurtre, qu'on y appelle le plussouuent le Iuge & recteur de Prouince : & si c'est le re
cteur de Prouince qui ait failli, on appelle son ou ses
voisins : puis dit on au personnage, en luy monstrant
l'arrest, commandement du seigneur, ou sans luy
monstrer, on dit les mesmes parolles : lors ne faut
que le personnage face aultre chose, que demander
quelque heure d'aduis a sa conscience & a sa maison,
combien qu'elle est confisquée, & ledit Chaous en tes
moignage de son execution raporta la teste du personnage a la porte, là ou quelque fois y en aura pour
vng jour quarante ou cinquante : pource que les Capitaines des frontieres, pour entrer en grace, s'ils tuent
quelques vns, ils en ennoyent les testes a la Court, en
tesmoignage.   Voyla l'office plus commun desdits
Ssaous.   Les aultres vont a garder personnes priuilegiées par le païs, ou a Constantinople les Ambas-
fades, & ont pour aides deus ou trois hommes Ianitzaires, auec ce pouuoir, que quiconque fait injure aus
personnes qu'ils doiuent garder, ils le peuuent punir
de coups de baston sur le fait, & s'il le merite, en appel-

lant le Cady, le faire mourir. Bref ce font perfonnages fort priuilegiés, & par ce grans larrons : car parce
qu'ils ne font fubjets qu'a la Court, ils eftendent fort
leurs priuileges. Ils ont chafcun de trente a quarente afpres le jour. Leur Capitaine appellé *Sfaous*

Du Capitaine
des huifsiers.

baffi a 150 afpres, & eft fort grand perfonnage par
reputation, & que le Prince veft deus fois l'an de drap
d'or, ainfi comme fes Bafchias & *Imralemaga*, auf-
quels tous donne vn *caffetan* de drap d'or de fix mois
en fix mois, foit paix foit guerre. Depuis que j'ay
dit du commun eftat de Chambre, de Table, de Garde, & de Commandement, feroit maintenant l'ordre
de dire du confeil, fi je n'en auois ja dit en la Iuftice,
& aufsi que par apres j'en diray encor' parlant des
chefs de guerre. Mais deuant que je m'efloigne de la
maifon du Prince, je veus dire en quoy il paffe le pluffouuent fa folitude. Il y a en fon Serrail, ou il fe

En quoy le
grand Turc
paffe le temps,

tient communement, fept ou huit cens jeunes hommes, efclaues enfans de Chreftiens, qui font l'eflite
de tous les captifs qui luy font prefentés, lefquels apprennent par vne grande diligence les lettres Arabiques & Turques auec la loy, & toutes efpeces d'armes
entre Turcs vfitées, & a bien cheuaucher, & piquer vn
cheual. Le Prince, a caufe qu'il font en vn mefme
enclos auec luy, prent paffetemps a les voir faire leur
exercice, & par quelques galleries les peut voir fans
eftre veu, ou bien s'il y en a quelqu'vn qui par grace
ou fyfiognomie luy plaift, il le fait venir & deuife auec
luy, puis luy fait quelque prefent & donne quelque
robe de brocat, qui eft fine foye tiffue de fil d'or ou

d’argent, ou leur donne quelque ſomme de ſultains,
comme il feiſt a Cabazolles jeune homme François
de nouueau renclus audit Serrail.　Quelque fois
fait faire des artifices de feu, faire trainées, tirer fu-
zées, expugner chaſteaus de bois, deffendus par canes
de poudre, voire tirer de l’arc, car quant, il veut, &
ſouuent va vers eus, & du coſté ou ils eſtudient.
Luy auſſi quelquefois liſt aus interpretes de ſa loy,
mais pluſſouuent d’Ariſtote ou d’Auerrois en A-
rabic : quelquefois demande l’opinion de quelque
choſe aus vieus Hogealar ou doĉteurs qui monſtrent
la loy auſdits jeunes hommes, qui tous ſont gardés par Eunuques, qui ſont chaſtrés tout outre, &
meſme le Threſorier dudit lieu, qui s’appelle *Chaſnan-*
darbaßi, a cauſe qu’il liure les deniers auſdits *Odalar*
(deſquels ay parlé ci deſſus) eſt chaſtré. & n’i a la
la dedans homme qui aye paſſé 24 ans, qui ait ſon
planteur de nature, ſauf le Prince, & le *Boſtangi*
baßi, maiſtre des jardiniers qui ſont en vn autre endroit vers la marine ſeparés, qui ſont enfants du peuple appellés *agem oglam,* qui ſeruent de labourer le
jardin, & de mener la fuſte du Seigneur & celle de ſa
ſuitte, quant il va a l’eſbat.　Quant a luy, il ſe de-
leĉte bien encore de voir leſdits *Boſtangalar* ou jardiniers, & les interroguer du labeur, & eſt par cela qu’-
on dit, que luy meſme eſt laboureur, ce qui eſt faus.
Autrement le jour du Diuam il peut eſtre a eſcouter
a la dangereuſe feneſtre, de laquelle ay parlé en la Iuſtice, pour eſcouter & voir (ſans pouuoir eſtre apperceu) les matieres qui ſe traittent, deſquelles en refe-

rant le mentir eſt mortel. O que je n'oſé dire ce que
je penſe! que pleuſt a Dieu qu'vn ange familier peuſt
faire la pareille opportunité au Roy Treſchreſtien,
d'oyr & voir tous les juges ſouuerains, & allongeurs
de proces:on ne voirroit pas,emploier le ſens de deus
ou trois cens hommes,a deſrober le monde, en riant,
& trouuer mille moyens de faire les loix œuures d'―
Arachné:car pour jugement ne pour appeau, ny a en
noſtre temps matiere du monde diffinitiue. Or paſſons outre, & voyons a quoy paſſe le temps le Seigneur quant il va aus champs. Il ſort quelque fois
au ſoir deſguiſé,& s'en va par la ville,aus compagnies
& eſcoute qu'on dit de luy , de paix, de guerre, des
fruits, de l'eſtat des villes,& en fait ſon profit, & ſouuent attrappe lourdaus par leur confeſſion. Il va
quelquefois a la chaſſe,ou a la volerie, a peu de compagnie:& va aus lieures connis & beſtes rouſſes , hors
le ſanglier en leur loy deffendu , dont a cette cau―
ſe le païs eſt tout plain:& pour ce faire a les plus beaus
leuriers & eſparuiers du monde, & les plus viſtes,leſ-
quels il fait traitter fort curieuſement, & ont cette
couſtume tous ſeigneurs ou grans perſonnages
Turcs,qu'ils font nourrir leurs chiens de meſme eus,
& touſjours les ont veſtus, ſinon quant il faut courir
ainſi comme les cheuaus: car de ces deus animaus là,
ils font telle garde quaſi que d'eus meſmes , a les faire
pollir, traitter, nettoier, & couurir. Mais retournons
a la chaſſe auec le Prince, là ou ſe trouuent aucuns de
ſa garde, & ſouuent le Baſſia,& quelques Capitaines
de grande charge;& alors ſe peut parler auec luy.

Quant

Quant il va ainſi *Sariana*, ou jouer, il y eſt ſept ou huit jours du moins, ſe retirant en quelqu'vn de ſes logis vers Seluires, Andrinopoli, Scatari, le Fanar & autres lieus voiſins, là ou par tout y a pluſieurs logis, qui ſont du propre du Prince. Quelque fois aus meſmes lieus ſe fait mener ſes femmes ou Eſclaues, mais alors va le pluſſouuent par la fuſte, comme ſus ay dit, au premier liure, parlant de l'vſage de ſes femmes auec leſquelles il va ſeul, auec les Eunuques, & a la chaſſe va accompagné. Il a encore vn autre paſſe-temps en ſon Serrail, a luy fort commun, qui eſt vne eſcuyere de 2 0 0 les plus beaus cheuaus & plus adroits de toute la Turquie : qui combien qu'ils ſe trouuent quaſi bons de toutes pars, toutesfois ceus du Suriſtan, Arabiſtan, Hermenlu, & de Bogdan, qui ſont de Surie, Cilicia, Armenie & Valachie ſont les plus excellens. Cette ditte eſtable de deus cens cheuaus d'eſlite eſt comprinſe dans le Serrail, par telle ſorte qu'elle a ſon iſſue dehors & dedans. Le Seigneur vient par dedans, & regarde voltiger, & tourner court, & eſtre maniés ſeſdits cheuaus par les jeunes hommes du Serrail, qui ſelon leur priuilege eſſayent les plus beaus. Il y en a entre les autres ſept ou huit choiſis de tout le nombre, qui ſont les cheuaus de ſa perſonne : & quant il ſort, ſoit pour ſeulement aller a l'eſgliſe ou Meſgeda, luy en ſont menés ſept ou huit, ou plus en main apres luy, ornés d'vne groſſe richeſſe de pierreries, ſi bien qu'il y en a tel qui a vn pectoral ou poictral vallant trois ou quatre mille ducats, la ſelle beaucoup plus : je ne parle point qu'il n'y a quaſi Turc de compte, qui n'aye reſne de bride d'vne chaiſne d'argent, & le mors & ferrure pareillement. Soit en paix ſoit en guerre, ledit Seigneur a touſjours apres luy en main leſdits cheuaus. La reſte cent nonante, ſont pour la monture des jeunes hommes dont ay parlé, & pour celle des eſclaues qui ſont nourris audit Serɪail: leſquels le Seigneur monte quant il va en guerre. Çeſdits cheuaus ſont penſés generallement deus par vn homme, par telle ſorte que cent hommmes penſent les deus cens cheuaus: chaſcun a ſis, ou huit aſpres le jour: & l'Eſcuyer par deſſus a ſoiſante aſpres.

Tandis que nous ſommes en propos d'Eſcuyrie, je veus encor' parler de la grand' eſtable du Seigneur, là ou il tient de quatre mil a 4500 cheuaus, non qui ſoient tous en vne eſtable, mais par cy par là: & ſont pour monter la reſte des gens de ſa maiſon:& pour premierement monter les Eſclaues, qui du Serrail ſortent a ſoude: car combien que quant ils ſont dedans pour apprendre, on leur baille gages certains, ils ne les manient juſques au ſortir, & pour ce qu'apres ſortir ils n'auroient de long temps eſpargné, ayant dix, ou quinze, ou vingt aſpres pour jour, dequoy auoir cheuaus & habits. Le Seigneur au ſortir, & pour aller en premiere guerre leur baille communement cheual & habit. I'ay dit en premiere guerre, car aus aultres, quant ils ont perdu leurs cheuaus, ils leur en conuient racheter de leurs gages, & en tenir chaſcun deus pour le moins. Mais ſans ſortir de propos, je veus dire des haras & Cameaus

en toutes les plus belles prayeries d'entour Conſtantinople, ſont tout l'eſté, haras qui ſe retirent l'hiuer en vng lieu dit, & plus prochain : du nombre on
n'en peut dire, ſinon qu'il eſt merueilleuſement grand
& ceus qui les gardent ont pour jour chaſcun de trois
a 4 aſpres.   Ils ſont appellés *Ciongililar*, & leur ſuperintendant petit *Ciongilibaſſi*, a 15 aſpres, & y en a
vng en chaſcun quartier ſelon le nombre. Il y a auſsi
grand nombre de ceus qui penſent des Cameaus & De ſes palefre-
s'appellent *Deuegi* ou *Deuegilar* de *deueh*, qui veut dire niers & de ceus
vng Cameau, auſquels Cameaus pour continu & ac- qui penſent les
couſtumé trauail, & petite ou pluſtoſt nulle deſpenſe, Cameaus.
les Turcs ont tout le nerf de leurs expeditions portant viures, finances, armures, metal, pieces pour fondre en artillerie en lieu opportun, pauillons grans, &
autres telles choſes neceſſaires en camp. Deus Ca- De la force des
meaus ſont quaſi autant comme trois mullets, & ſe- Cameaus.
ront leſdits Cameaus ſans boire trois jours, s'il eſt
beſoing : mais qu'ils rencontrent de la verdure, ou De leur nourri-
chardons, ou aïant pour jour vn picotin d'orge, qui là ture.
en lieu d'auoine ſe donne aus cheuaus & beſtes d'expedition. Le nombre de ces animaus eſt quaſi incredible, tellement qu'en vne longue peregrination le Le nombre d'i
Seigneur aura deus cens mille Cameaus, comme par ceus quaſi in-
raport de gens fidelles ay eu, qu'il auoit a l'encontre credible.
du Sophi dernierement, & que Sultan Selim ſon pere
a la journée de Calderandag auoit. Trois Cameaus
ſont penſés d'vn homme : car il ne les faut ne frotter
ni eſtriller, & ſouuent, voire en hiuer les laiſſent coucher dehors: puis quant ils les veulent charger, il ſuſ-

fift de s'aſſembler deus ou trois pour apporter la char
ge aupres de luy, puis il ſe couche tant qu'on luy ait
chargé ſaditte ſomme ou charge ſur vn baſt: puis ſeul
ſe releue : qui eſt certes vng ſecours diuin. Sont touts
gens de petit eſtat, comme gros bouuiers, qui les trait
tent & ont pour jour deus ou trois aſpres. deus ou
trois chefs ſur ceus, ſelon le nombre, ont 13,14,20
aſpres: il y a pour tout ce nombre d'eſcuirie, vng *Ar-*
paemin maiſtre des prouiſions d'orge, & de foin, qui
quant le Seigneur eſt a repos, n'a charge que de l'eſcuyrie du Seigneur (car les harats & Cameaus en eſté
ne couſtent rien) d'y pouruoir d'auoir touſjours bonnes prouiſions de foins, pailles briſées, & orges ou a-
uoynes. Mais quant on va en guerre il faut qu'il donne ordre pour le camp, qu'on y ait touſjours marché deſdits viures a cheuaus pour ledit camp : & pour
ce faire ha en ſa compagnée deus cens hommes, pluſque moins, a luy aider, & ſe nomment *Arpagilar,* qui
ſont tous paiés du Seigneur, l'vn plus, l'aultre moins
de 6 a 8 aſpres : luy il a 60 aſpres. L'eſcriuain ou cil
qui tient les comptes 20. Le *Cahaia* ou contrerolleur
30. car cela eſt par tout general, qu'il n'y a office qui
tienne compte de miſe & recepte ou de gens (ſoit que
ſe ſoit) qu'il n'y ait auſsi Eſcriuain & Contrerolleur
ſur tous ces affaires d'vne ſi grand Eſcuyrie y a vng
Imbrahor baßi, ou vng grand Eſcuyer & vn petit, *ou*
Cochiuc imbra horbaßi qui gouuernent & diſpoſent
des affaires des Eſcuyries, & font deliurer les orges &
foings par temps prefix, non ſeulement a ceus du Seigneur, mais auſsi a ceus qui ont cheual a court, cõm—
me

me gens priuilegiés, amis, Capitaines, forains & Am-
baſsadeurs. & pour ainſi diſtribuer ont auſsi ſoubs eus
Iazgis & *cahaias* Eſcriuains & Contrerolleurs. Le
grand *Imbrahorbaſſi* ha pour jour 5 0 0 aſpres. le petit 2 0 0. Eſcriuains 3 0. *Cahaias* 4 0. Mais deuant que me partir de la maiſon, & paſſe-temps que
le Prince prend, je veus (pour confirmation de cet
argument, & confutation de ceus qui penſent que
comme vne beſte priuée de tout plaiſir, ne ſe ſoulcie
de faire choſe qui ſoit de paſſe-temps) reciter qu'il ha
en telle reputation ſes maiſtres de Vollerie & Venerie
ou Chaſſe, qu'a eus quaſi ſeuls de tous ſes officiers,
baille charge de gens a luy fort requis & aimés. Car
outre ce qu'il donne au *Secmenibaſſi*, ou maiſtre Ve-
neur, ou des Veneurs, & gouuerneurs de chiens, qui
a cent aſpres le jour, il luy baille charge & gouuernement de deus cens Ianitzaires ſoubs luy: & au *Tſacre-
gibaſſi*, maiſtre Faulconnier, auec ſon eſtat de deus
cens aſpres le jour, donne ſept cens Ianitzaires ſoubs
luy: qui eſt argument certain qu'il eſtime ceſdits perſonnages dignes de quelque honneur, pour leurs gros
gages & commiſsion. Ie veus maintenant dire de la
maniere qu'ils ont de nourrir les jeunes gens en Serrail, parce que le principal de tous eſt dedans le logis
du Prince, comme ja ay dit en brief, pour ce qu'au
premier liure en ay parlé. Quant par terre, ou par mer
en guerre ou hors guerre ſont prins quelques Chreſtiens, quiconques ſoient (hors les Armeniens) tous
les plus jeunes, beaus & de plus belle apparence pour
la force, ſoient maſles ou femelles, ſont volontiers

b b

Des gages des maiſtres de la vollerie & venerie.

Des ieunes gens qui ſont mis au Serrail de Conſtantinople.

Ou ſont prins les ieunes gens du Serrail.

prefentés au Prince : & fi c'eft en lieu de là ou il foit
abfent qu'on les prent, le Baffia ou Capitaine qui les
amaine les fait veftir de foye ou brocat d'or ou d'argent, a la Turquefque, & fouuent auec quelque taffe
d'or ou d'argēt, ou autre chofe pour prefent en la main
font prefentés. Et fi le Seigneur eft prefent a la bataille mefme, on les luy prefente comme on les trouue:
lors le feigneur de quelque prefent ou gouuernement
de païs fait recompenfer de fon cofté, felon l'eftime
qu'il en fait. Et pourtant qu'il y a pratiquer & gagner auec le Prince, a luy bailler ainfi des Efclaues, il
y a beaucoup de marchans gros & riches qui les vont
acheter en la Mer noire, de là ou ils ont des Mingrel
les, des Cercafsi, des Mofcouites, des Rouffes, & Li-
thuains : & felon la grand'excellence & beauté qu'ils
ont les prefentent pour en auoir double pris, ou faueur a l'aduenant. Le Seigneur les ayant enuoié, toutes les femelles premier au Serreil de Conftantinopoli, ou des Sultannes, aus conditions au premier liure deuant efcrittes. Les maffes les plus beaus il les
retirent en fon Serrail pres de luy. Les moins beaus,
enuoye aus autres lieus comme en Galata, Magnefia,
Andrinopoli, Brufsia, defquels apres diray. Ceus icy
De leur inftru-
ction en la loy
Muhamedique. eftant renfermés pour cinq ou fix, ou fept ans, felon l'-
eage qu'ils y font mis, & la diligence qu'ils font d'ap-
prendre, cependāt on leur prefche de leuer le doit, &
faire profefsion de la loy, a la mode qu'ay ditte au
commācement de la religion. Ils ont maiftres Eunuques, qui leur monftrent les lettres Arabiques, dont
aujourdhuy, fors vne partie d'Europe, tout le nom

de vſe: & dauantage la langue Turqueſque laquelle
s’eſcrit par careĉtere Arabique, comme l’Aleman-
de par le Latin, ayant beaucoup moins de ſimilitude:
car la langue Turque eſt Tartareſque, qui n’a rien
commun auec l’Arabique: puis leurs ayant monſtré
vn petit de Grammatique, leur font lire & apprendre
l’Alcoran par cœur, s’il eſt poſsible, affin qu’a tout
jamais s’en ſentēt:& s’ils ſont grans, comme d’auoir
paſſé quatorze ou quinze ans, on leur fait apprendre
les armes quant & quant: comme de tirer de
l’arc, manier la cimeterre ou eſpée turque: jouer d’-
vne demie picque, & autres choſes a eus vſitées:
monter a cheual ſans ayde,& puis ſans eſtrier, aprendre a faire tourner court vn cheual, le faire dous au
montoir,viſte au partir, & autres telles choſes a leur
mode, juſques a tant qu’ils en ſachent aſſés pour ſortir, & eſtre en grace: & lors ſont annoblis pour leur
vie, exempts de tailles & impots, a gages de 1 0, a
2 0, & 2 5 aſpres tous les jours, & payés par quar-
tiers tant en paix qu’en guerre, pour touſjours eſtre
preſts & legers a partir au beſoin de la guerre. Laquelle quant ils ont hanté long temps, & fait bonne
preuue, on leur donne quelque place, pour prendre
leurs gages, & les fait on Caſtellans, & d’autres offices a eus vſités. S’il y en a qui ayent eſprit de ſe faire congnoiſtre, ils peuuent eſtre les mieus venus du
monde,& deuenir gouerneurs de païs & Baſſats: car
là ſelon la vertu qu’on voit en l’homme apparente,on
juge de Nobleſſe, & ſelon la preuue du temps paſſé
ſe donnent les honneurs. Ceus ici ainſi nourris & an-

De leurs eſtats
quand ils ſont
mis hors du Ser-
rail.

b b ij

noblis s'appellent *Spachiel* & *Spachi oglam* & *Ulufagi*, defquels plainement dirons, quant nous nombrerons les gens de guerre. Il y en a communement a Conftantinople fept ou huit cens, & a vn autre Serrail, qui eft hors Galata on Pera, y en a fix ou fept cens, felon l'opportunité des guerres qu'ils fourniffent, eftants nourris en pareille condition que deffus : refte qu'ils n'ont pas tant de gratuités comme les autres, a caufe que le Seigneur ne les voit fi fouuent:& auffi n'ont nuls cheuaus pour s'exerciter comme ici. Ils fortent toutesfois tous d'vne mefme dignité, & font nommés enfans du Seigneur : car vrayement ils font fes adoptifs,refte que ceus de Galata ont pour les premiers ans moins de gages, que ceus qui font nourris a Conftantinopoli. Ceus de Magnefia, là ou fe tenoit Muftaffa premier nay de ce Seigneur, font du tout en pareille condition, refte que quant aus lettres font petit nombre. Les enfans de ces *Spachis* ici pour priuilege de leur pere, font fouuent receus aufdittes inftitutions, ou pour le moins aus gages de leurs peres,& en eftat,qui eft la caufe qu'on les nomme *Spachi oglam*, c'eft a dire enfant de *Spachi* : pource que les autres fe nommêt *Spachi*. A la refte le Turc pour rien ne veut receuoir les enfans d'vn Turc naturel, pour inftituer là dedans,combien qu'il y en a qui luy donneroient tous les ans cinq cens efcus, voyre mille: pource que fous le priuilege de *Spachi* pourroient faire groffes traffiques,defquelles auroiêt immunité,au grand dommage des impofts & gabelles, & des deniers du Prince,dont il ne veut faire cette ouuerture a

fon

Marginal notes:

Des ieunes gês qui font au Serrail de Conftãtinople eftant hors Galata.

Du ferrail de Magnefia.

Des enfans de ceus qui ont efté mis hors du ferrail.

Turcs naturels ne font receus au Serrail & la raifon.

ſon peuple, ni a homme qui aye groſſe richeſſe, &
pouuoir de manier gros deniers, mais en deus ou trois
generations ſe finiſt ce *Spachi oglam*. Les autres dient
qu'il les refuſe, a cauſe qu'il ſe trouue mieus ſerui des
eſtrangers ou Chreſtiens, que des ſiens. Et quant a ce
qu'on demande pourquoy ils ayment mieus ſe ſeruir
d'Eſclaues & eſtrangers que de leurs gens, dient vne
reſponſe fort Philoſophique ou Naturelle, qu'ils ſont
mieus ſeruis ainſi: Pource que l'homme eſt d'vne telle nature qu'il connoiſt mieus le benefice de l'ennemi
que de l'ami, & que les Chreſtiẽs qui ont vne horreur
grãde des gens diuers de leur loy, & qui a cette raiſon
attendent d'eus eſtãs en leur puiſſance, tous les maus,
& aduerſités du monde, ſe voyans auoir pour tout ce
mal là, tous les biens qu'ils peuuent ici eſtimer: &
pour captiuité liberté, pour ſeruitude nobleſſe, & priuilege: & receuoir ce bien de l'ennemy ineſtimable
qui eſt le Prince, pluſgrant que n'auroient de l'amy.
Pour cela ſont contrains d'eſtre grandement fidelles: dont n'eſt de memoire d'homme que Chreſtien
regnié, ainſi nourri, leur aye fait trahiſon. Mais ſeruent tous par pluſgrande fidelité que les autres. Et
n'eſt aucunement vray ce que quelqu'vns dient, que
le Turc arme des Chreſtiens non regniés: mais bien
donne quelque fois a aucun Chreſtien quelque charge
de Turcs: comme il a fait au Gritti, qui auec ce, auoit
vne bande de Chreſtiens du coſté du Vayuode de
Hongrie qui tient les parties du Turc. Ce qui n'eſt
jamais aduenu a autre Chreſtien qu'on ſache: & encor'c'ettoit ſon compagnon & quaſi pour lors omni-

b b iij

Pourquoy le
Turc ſe ſert
pluſtoſt de Chre
ſtiens ou eſtran
gers que de ſes
gens.

Hibraim Baſſa. potent en Turquie Hibrahim baſſa, qui luy donnoit
cette charge & non le Seigneur: car il le vouloit faire
en partie Vayuode de Boudin ou Hongrie. Il eſt
bien vray qu'il y a quelques canonniers, & en autres
offices particuliers, là ou quelques Chreſtiens ſont
mis non en bende, credit ou puiſſance aucune qui
peuſt nuyre ou ayder. Des autres Serrails, ou boſtans
ou jardins, il y en a quaſi par toutes les bonnes villes,
là ou ſont mis (non pas pour apprendre lettres ou ar-

Des enfants des
Chreſtiens ſu-
gets aus Turcs. mes, mais affin de s'exercer en gros & dur labeur) les
enfants des Grecs ou *agimoglam* enfans du peuple
Chreſtien qui ſont ſubgets aus Turcs, ſont mis auſdits jardins pour y eſtre quelque quatre, cinq, ou ſix
ans a s'endurcir au labeur qu'il faut qu'ils endurent,
quant ils ſont faicts Ianitzaires.

Faulte de Io-
uius. Et certes, quelque choſe qu'en ait eſcrit Iouius,
qu'ils ſont mis audits Serrails pour apprendre lettres,
le contraire eſt verité: car ſi ce n'eſt quelque grand
priuilege & recommandation du maiſtre, a qui ils aient bien ſerui jamais ni entrent, ſinon pour trauailler
& labourer leſdits jardins, deſquels j'ay dit eſtre em-
ployé le reuenu, au plat du Seigneur. Mais pour en entendre plus aplain, & que tout auſſi eſt plain de fauſſeté, quant on dit qu'ils Diſment les enfants, j'en veus

Faulſe opinion
du diſme des
enfants. mettre la verité, pour oſter la fauſſe opinion. Le Seigneur ha des gens propres a ceſt a faire, qui de trois
en trois, ou de quatre en quatre ans, ſelõ le beſoing de
gens s'en vont par les païs de tous Chreſtiẽs ſugets au
Prince, & vont de village en village, eus ou leur
commis, demander au Papas on preſtre Grec, com-

bien il ha baptifé d’enfans qui ayent au deffus de douze ou quatorze ans,& au deffoubs de dixhuit ou vingt
ans. Alors fur fa tefte , & par fon papier là ou les
efcrit,eft tenu de refpōdre la verité:& s’il y en a quél-
quun qui foit mort , malade ou abfent, eft tenu par
teftation le dire. Lors tous ceus d’enuiron ledit eage font affemblés , comme beaus moutons en vng
troupeau : alors choififfent, non par difme , comme
penfent les fcriuains de Difme, mais les plus beaus,
forts & roydes qui foiēt entre tous. Et là aduient qu’-
vng poure pere,qui auoit la grace de nature d’auoir les
plus beaus & forts enfants du païs , eft contraint les
perdre a toutes les eflites:car ils ne regardēt pas comment, ni a qui il eft,mais qu’il foit bon pour le feruice du Prince , & pour trauailler. Et ne fe pourroit
aufsi aucunement faire ce Difmage,voyant que plufieurs n’en ont point,les autres vng ou deus, les autres
plufieurs : dont ne fe fait pas la a paye d’argent ou e-
ftime,mais cil qui plaift, car autrement jamais n’auroient fait. Lors ayant fait par tout leur cours, en
rameinent chafcun an d’eflite, quelque dix ou douze
mille, a Conftantinople, & les diftribuent aus Bafchiats & gros perfonnages , aus labeurs ayfés , &
aus euures publiques ou du Prince. Et qui vit jamais vng piteus cry de gens venans apres leurs enfans qui s’en vont en diuerfe loy , & puiffance & fer-
uitude,je le vous laiffe a penfer,car plus hydeus n’ay
veu. Eus ainfi diftribués,font laiffez là quatre ou cinq
ans felon ce qu’ils ont d’amis qui les facent venir aupres du Prince, comme pour eftre *paltegis* ou porte-

boys en cuifine, ou *Boftangi* jardinier, ou autre petit office: & n'ont autres gages de leur maiftre finon
de beau pain bis, & de l'eau a peine leur faoul. & vne
fois l'an vnes mefchantes braies, & vng petit roquet
de gros drap ou de feutre, des fouliers, vng petit bonnet jaulne aigu, pour monftrer qu'ils font efclaues du
Prince: & font tenus s'ils font quelque chofe, ou s'ils
gagnent, d'en apporter l'argent a leur maiftre, fuft il
Bafchia: a la refte d'auoir force coups de bafton, s'ils
ne befongnent bien & diligemment. Ceus qui font
a la ville fous le Capitaine, qui vont deça & delà be-
foigner aus affaires du Seigneur, ou publiques, comme a feruir Maffons, porter terre, pierre, fablon, ont
efpoir d'eftre les premiers en foulde. Ces aultres
ici plus tard. Leur coucher a tous, eft fur la belle dure, pour accouftumer a viure en Camp. La folde là ou
premier viennent, eft vng afpre le jour, vng & demy,
deus & demy, ou trois pour le plus, de quoy ils viuo-
tent & mainent vie de gens de pied. De la refte
de leur vie, j'en diray en Camp. C'eft affés d'auoir
monftré la continuelle miniere de gens que le Turc
ha par ces deus moiens. De nombre conftant & certain ils font 3 0 0, ou 3 5 0 *Agemoglam* au jardin
du Seigneur : dont les quatre vingts ou cent, ont la
charge dela fufte du Seigneur, auec la fuitte, & ont
pour jour vng afpre & demy, deus au plus. Ils ont
par fus eus vng *Boftangibaßi*, comme ja ay dit, qui leur
ordonne leurs offices, ayant gages de 4 0 a 6 0 afpres.
En Andrinopoli font 3 0 0 communemẽt aus jardins, a pris, & maiftre comme deffus. En Bruffe, & en

Magnesia, & quasi entous beaus lieus pour faire jardin, sont 5 0, 1 0 0, 2 0 0, selon l'exigence du lieu : a pareil traitement, & maistre que dessus. Par tel nombre qu'au raport du *Bostangi Iazgisi*, ou du Contrerolleur des jardiniers, doiuent estre plus de quatre mil en tout, pour le fin moins. Il y ha a Constantinopoli vn *Aga Agemoglam* capitaine de 5 a 6, ou 7 0 0 0 de ces compagnons, selon le besoing qu'on a de les tenir a l'affaire du Prince: icelluia charge de les renclore par bandes en leur lieu : & au matin de les enuoier par compagnies, de deus cens, trois cens plus ou moins aus affaires qu'on en a aus naues ou galleres, ou aus journées & gages, de particuliers, là ou ils vont a journée, & reçoit pour eus, cestui là qui les commande pour son maistre. Il a chascun jour dix mille aspres pour les entretenir & payer, & les vest moyennant quelque argent d'auantage, deus fois l'an, de gros drap bleu de Salonique: puys peu a peu selon leur diligence, les fait monter a aller seruir les bandes des Ianitzaires grands pour apprendre la traffique des armes parmi eus. Les gages, dudit Aga ou Capitaine sont 6 0 aspres. Cette menuë canaille icy, quelque fois se leue contre la ville, si bien qu'on est contraint se garder la maison serrée, de peur qu'ils ne vollent les maisons: tellement qu'a nostre arriuer a Constantinopoli auoient voulu saccager les Chrestiens & Iuifz, & vne partie des Turcs, durant que le Seigneur estoit absent en Bagdet, contre le Sophi: si bien qu'ils tuerent leur Capitaine, & autres plusieurs gros personnages, pource qu'a cause qu'ils sont Esclaues

Du capitaine de ces enfants.

Mutinerie faitte par eus, & ce qu'il en aduint.

du Prince, personne ne leur ose toucher, & ont la liberté des armes, d'arcs & fleches, & ceus qui n'en auoïét, en alloient voller aus boutiques. Dont au retour du Prince, en furent jettés en la mer enuiron cent cinquante de nuit. & fut ordonné que la nuit seroient enferrés comme moutons, & iroient par petites bandes aus affaires destinées. Comme aussi parauant auoit fait Hibraim Bassia aus Ianitzaires: qui pour vne sedition, & autres maus qu'ils faisoient de nuit, les feist tous renclore en vne grande maison pres la Mesgeda, de Sultan Selim: là ou faut que tous la nuit se trouuent sans legitime empefchement, ou sans estre mariés & residens, sur peine de priuation de leurs gages. Congneus ces compagnons icy, & leur education, il faut venir a assembler le Camp, si toutesfois nous auons premier dit, ce qu'en guerre & hors guerre est commun. Les seigneurs Turcs, d'vne grande & plus que hannibalique industrie a conquerir, & a tous autres superieure en garder ce qu'ils ont conquis, ont tousjours des gardes de frontieres, & protecteurs ou augmentateurs des limites conquis, lesquels offices ils commettent a pauures Capitaines, pour auoir occasion & cause de s'enrichir sur les ennemis: & sont communement du nombre de cinquante ou soixan-mille hommes exempts de tailles & imposts, qui sans receuoir autres gages que leur conquests, seruent au Prince durant que la guerre n'est pas vniuerselle, en tourmentant l'ennemy. Et quant la guerre se fait, vont en gastant & courant vn jour ou deus deuant l'ost, affin que tout le plat païs soit net, ou alors ne

font s’euls ou en petit nombre, mais aufsi tous les
bannis, caffés, & autres larronneaus s’adjoignent
auec eus pour la pillerie:qui eft vn ineftimable fecours qui rien ne coufte en paix. Ils ne font qu’eftre,
aus efcoutes,fans vexer le voifin, mais durant guerre,
jamais n’ont ceffe de leur auantager. Ils font du cofté
de l’occident, ou Romely ou de Grece, le nombre
qu’ay fufdit,& fe nomment *Aquangis,* ou *Iquingilar,*
qui veut dire gafteurs.   Du cofté du Sophi, ou de
Leuant, ou de Natolie ou Afie, il y en a nombre peu
moindre qui s’appellent *Curts,* ou *Curtlaret,* font la
plufpart montagnois defefperés, des montagnes d’-
Herminlu ou d’Armenie, entre elle la Mefopotamie, Choraffam, & Perfe ou Medie : lefquels Xe-
nophon en l’expedition de Cyrus contre fon frere
appelloit Charduchi : & font peuples qui eftoient li-
bres, deuant que la plufpart d’eus fuffent fubgets au
Turc. Ils gardent que le Sophi ne defcende par déça,
premier qu’on y ait donné ordre, en fouftenant la
force de l’ennemy. A ce dernier voyage du Turc contre le Sophi l’an 1 5 4 9, lefdits Curts ont efté deftruits.   Deuant que je d’efcriue aulcune chofe, je
veus icy dire, que tous ceus, qu’icy apres j’efcriray,
font payés en guerre & hors guerre,fors les *Afaplar,*
qui font aduenturiers,leués par païs,dont y en a quelque petit nombre d’ordinaire, les autres incontinent
font renuoyé :& font de fi peu d’eftime,que quelque
fois ils feruent de pont aus gens de cheual pour paffer par les bourbiers, dont effayent le gué. Maintenant pour bien entendre tout leur ordre de guerre, &

Aultres gardes
de frontieres.

Charduchi.

Aduanturiers.

n'obmettre rien, je commanceray a deſcrire l'ordre,
lequel tant en chemin comme en pauſe ou logis, ils
tiennent aupres du Prince. Premier le Seigneur pour
ſa garde a de vieus ſouldars, appellés *Solalar*, qui ont
eſté ja long temps Ianitzaires, & font grandes preu-
ues d'armes, comme d'arc & fleſches, cimeterre, hac-
quebute, laquelle ils laiſſent quant ils ſont *Soulacs*, de
peur de l'eſtonnement du cheual du Prince, & ſont
du nombre quelque fois 2 0 0, ou 3 0 0, l'autre
4 0 0, 8 0 0, ſelon le vouloir du Prince qui augmen-
te ou fait diminuer le nombre a ſon plaiſir. Ils ont
chaſcun de cinq a ſept aſpres : & ont deus *Solac baſſi*
ou Capitaine a chaſcun 3 5, ou 4 0 aſpres, reſte que
juſques a tant qu'ils ſoient authoriſés, & mis en plus
grandes dignités, ils ſont toujours ſubgets a l'*Aga*
ou Capitaine general des Ianitzaires. Outre leurs
gages ils ont vne fois du Seigneur vn burc ou haut
bonnet a leur mode, fait de fil d'or trait, & vne fois
l'an des habillemens: a ſçauoir vn ſaye dit duliman, des
chemiſes que tous portent fort longues, & autres beſongnes a eus vſitées : & leur eſt toujours tenu cet
ordinaire, juſque a ce qu'ils ſoient en plus riche eſtat,
ainſi comme aus Ianitzaires, tous ſe donnent vne fois
l'an des habits, vne robe, des bragueſſes, vn couſſac
ou large ceinture, des ſouliers propres de Ianitzaires,
& vne chemiſe. En ſorte que le Prince donne a trois
ſortes de gens des habits par leur pauureté, aus *Age-*
moglam, aus *Ianitzaires* & aus *Soulacs* : a d'autres moitié par beſoing, moitié par amour : comme aus jeunes enfants & jeunes femmes, tenus aus Serrails : aus

                                                        au-

uatres par honneur & richeſſe. Aus trois premieres bandes de gros drap communement bleu, qui s'ap
pelle de Salonique, pourceque les Iuifs qui en grand' Drap de Salonique.
multitude habitent en Sſalonique le font, dont les
Turcs n'ont encor' vſage: aus ſeconds drap de ſoye,
& deus fois l'an, aus deus Paſques grandes & petites:
aus tiers pareillement aus deus Paſques de drap d'or,
& ſont les Baſchiats ou mareſchaus du regne *Deſterderler*, ou generaus, qui ſont deus, l'vn du coſté de la
Natolie, l'autre du coſté du Romly ou Grece. Les
Beclerbey gouuerneurs des Prouinces, qui ſont ſept en
nombre, le *Saous baſſi* & *Imralemaga*, & quaſi tous
hommes de groſſe charge: ont leſdits veſtemens. Mais
de ces veſtemens retournons a propos. Ces *Sou-*
lachs, leſquels auons dit eſtre la garde premiere du
Prince, ont pour office, quant il eſt ſur les champs, de Leur office.
garder qu'il n'y ait homme ſinon appellé, qui parle
ou approche du Prince, fors le Baſchia Viſir, qui ſouuent en allant, va coſte a coſte deluy: & quant il paſſe
quelques eaus a cheual, ils ſont touſjours coſte a coſte
& ſi elle eſt profonde, ils ſe mettent a nager aupres de
luy, car tous quaſi ſont faits a nager. Quant eſt
au Camp, ils ont leur pauillon planté par diuers en-
droicts, tout aupres & autour de celuy du prince: &
combien qu'au repoſer les Capigis ou portiers ſoient
gardes, toutesfois ceus icy ont gardes auſsi par quar-
tiers ou veillée: & brief ſont ceus que le Prince garde
au dernier ſouſpir, pour ſauuer ſa perſonne: & s'il eſt
de neceſsité a fuir là ou ils ſont duis, quelque aage qu'
ils ayent courans cõme vng cheual. Les prochains a-

pres sont les Ianitzaires, qui ont esté nouris a la mode
qu'ay dessus ditte, & sont aujourdhuy de nombre
douze mil seullememt, combien qu'auparauant de
Sultan Selim ils fussent quarante ou cinquante mil.

par lequel grand nõbre ont conquesté le monde, ainsi
qu'on voit. La cause pourquoy il les diminua ainsi de
nombre, en tuant ou faisant jetter en vng sac en l'eau
la plus part, est qu'il voyoit qu'ils auoient la puissance
de l'empire, & d'y eslire qui ils vouloient. Car luy ayant chassé son pere Bayazet, & fait empoisonner, ils l'-
auoient fait Prince, & aydé a tuer ses freres & parens:
a la maniere des anciens routiers des Romains, qui
eslisoient & tuoient leurs Empereurs a leur plaisir, ce
qu'ils faisoient, tant par largitions, & qui plus leur don
noit, estoit Empereur. Se voyant donc paisible iceluy
Selim, & qu'il estoit paruenu a ce bien par lesdits Ianit
zaires, qui auoient le pouuoir, ayans esté payés, de luy
iouer le mesme tour, qu'ils auoient fait a son pere, &
a beaucoup, de ses predecesseurs, & aussi qu'il auoit cela de coustume, qu'il inuitoit & incitoit les trahistres
plusque homme du monde, & incontinent apres en
depeschoit le païs: ainsi feist donc des Ianitzaires, qui
de quarante mille ou plus, aujourdhuy ne sont que
douze a treze mille, gens fort vaillans, & exercés a

labeur, sobrieté & obedience. Leurs armes sont arcs,
cimeterre, & harquebouse a long tuyau, desquelles
sçauent diuinement vser. ce sont tous gens de pied, se
tenans pres de la personne du Prince, pour a l'arriere
garde conuenir.   Leurs gages sont aspres & demy,

deus, trois, 4, 5, & aspres & demy pour le plus:

Ils ont Capitaines, diziniers, centeniers: & le capitaine general, qui se nomme *Iamtzari aga*. Le dizenier
se nomme *Odabaßi*, quasi maistre d'vne chambrée:
car de dix en dix ils font vne bande & vne table ensemble. Là ou il y en a vng d'eus qui apprend & qui
sert de vallet & de chambriere, & maistre d'hostel,
comme ja ay dit. L'office de ce chef, ou *Odabaßi* est de
regarder qu'il n'y en aye pas vng qui faille au giste
qu'il enuoye, quant ils sont aupres des villes (car jamais ne paußent ou câpent dedans les villes) que deus
de la bande pour le plus, pour apporter viures, sinon
que quelque vrgente necessité y feust, ou affaires particulieres. Lors les vngs retournés, les autres y vont.
Dauantage, le chef garde qu'ils ne prennent aucunement querelle entr'eus, & qu'ils ne desrobent rien, car
ce sont les deus choses les plus aigrement punies, qui
soient entr'eus: que s'il y a quelque querelle entr'eus,
ou quelque injure, baterie, ou larrecin fait a quelque
pauure homme, & le dizenier ne la punisse, premier
qu'elle apparoisse au centenier, dit *Iaiabaßi*, l'*Odabaßi*,
ou dizenier en porte la peine, s'il ne donne juste &
peremptoire excuse: voire, y eust il cas qui meritast la
mort, il la porte.   Car alors le centenier va a *Taga* ou
capitaine general d'iceus, & luy communique le fait:
cestuy cy au Baßa: le Baßa au Prince, si la chose le
merite: ainsi est gardé vn ordre le plus diuin du monde.   Car pour le premier ils font sobres merueilleu-
sement, & en nourrirés vingt, de quoy vous ne con-
tenterés quatre des plußobres & moins yurongnes & gourmans de deça.   Pour se second, ils ne té.

boyuent point de vin, en Camp principalement, au
danger de cinquante coups de bafton pour vne fois:&
n'ont autre chofe qu'vn peu de ris cuit, auec vn peti
de poudre de chair feichée au Soleil:laquelle fe nomme Paftruma, quant principalement ne s'en trouu
de freche, & pour boire, de belle eau.   Et pour l
grand'obedience ne verrés là les regnieurs de Dieu
vaillans au village : & qui tuent tout fur le bon homme, & au furplus monftreurs de tallons en guerre
Car là les Souldars obeiffent aus Capitaines inferieurs, ceus icy aus fuperieurs.   Le contraire e
en beaucoup de lieus.   Les Capitaines difent eftr
fubgets aus Souldarts, & ne cherchent par plu
que trop conneuë & dommageable experience, qu'
occafion d'aller, faignant venger l'injure de quelqu
querelleus, deftuire quelque pauure village, bour
ou metairie : fi bien que l'ennemy ne fçauroit
grand'peine auoir penfé les maus qui fe font par fau
te de laditte obedience & fobrieté: mais de cecy j'e
laiffe parler a la clameur populaire, & lieus deftruits
& au parauant pauures Capitaines, plus enrichis e
leur païs en demy an robant le peuple, que jamais tou
ceus de leur race n'en gaignerent fur les ennemis
Mais pourtant que les pauures Ianitzaires n'ont pa
grans gages, ni autre que pour auoir du pain, le Prin
ce leur baille a dix vng Cheual, pour porter vn fac d
viures, & a vint vn Cameau pour porter vn pauillo
& de petis tapis, pour dormir deffus.   Leurs Capitaines, feuls entr'eus font a cheual. Le dizenier ayan
dix ou douze afpres le jour.   Le centenier ayan
                                                    qua

quarante aſpres. Le Capitaine general a l'an ſept
mille ducats de *timar*, c'eſt a dire rente, qui ſe prend a
fonds de terre en diuers lieus, ſans venir d'argent, ou
trezor du Prince. Il a dauantage dix mille aſpres pour
faire quelques banquets auſdits Ianitzaires, qui quelques fois la ſemaine ſe trouuent a ſon logis faiſant la
court, & ce font principallement en temps de paix, le
Seigneur eſtant a Conſtantinople. Leur habit ne differe des *Soulachlar* que de bonnet ſeulement : car les
Soulachs ont leur bourc droit en amont, auec vne
belle plume droitte, quaſi ſemblable a vne queuë d'-
aigrette, & eſt boutée en vn fourreau d'argent d'oré,
deuant le front, le tout allant en haut en pointe.
Dauantage il eſt de fil d'or, & celluy des Ianitzaires
n'eſt que de feutre gros, & fait a la forme d'un ſeau,
puis rabatue vne grand queuë par derriere, proprement a la mode d'vn chaperon Pariſien, hors la couleur qui eſt blanche, & quant elle eſt ſalle, ſe reblan-
chiſt d'vn papin blanc, qui tient comme forte colle.
Ie ne veus en ce lieu obmettre vne grande gratuité
qui du Prince Turc eſt faitte a ces compagnons icy,
& eſt, qu'eus eſtans mariés, & ayans enfans, quant ils
viennent a la paye, les voyant & eſtant bien informé
leur Capitaine, on croiſt leur paye pour leurſdits enfans vn aſpre le jour, juſque a ce qu'il puiſſe eſtre mis
en lieu de gagner ſa vie. Quãt ils ont bien long temps
ſerui en guerre, & que l'eage les garde de continuer,
on les met en quelque garniſon, ou en quelque village, là ou ils prennent quelques gages aſſes pour viure. Le pareil eſt fait quant par faute de grace ſont

Des gages du
capitaine.

De leur habit.

C C

caſſés , & cela ſoit des Ianitzaires & gens de pied.
Leſquels pietons, ſont ſeulement ceus ici, & les *Sou-*
lachs auec quelque dix mille *Aſaplar*. Ie ne veus
point ici reciter vng quatre vingts ou cent Laquais,&
excellans coureurs qui ſont autour du Prince, car ils
ſeruët pluſtoſt a plaiſir de courſe, qu'a vtilité de guerre : & outre veus aduertir , que ce que j'eſcri ici eſt
ordinaire de la maiſon du Prince: car les Capitaines
generaus des diuers païs, en ont ſur eus encor' grand
nombre : ce que je diray en ſon lieu. Maintenant il
faut parler des gens de cheual. Ils ſont d'ordinaire a
la court du Prince trois mille *Spachis* ou *Spachi oglam*
tous nourris, cõme deſſus ay dit, ou enfans premiers
nais d'iceus, ja touteſſois idoines a l'office paternel, &
extraits de Ianitzaires, qui ont ſerui cinq ou ſix ans.
Car jamais autrement le Turc ne permet aucun jouïr
d'immunité ou nobleſſe,de quiconque il ſoit fils (fors
la race du Prince, & lignée d'Otomans) juſque a ce
que par office & bonne diligence il puiſſe repreſen-
ter la perſonne de ſon pere , d'effet & non de parolle
ſeulement. Leurs gages ſont pour le moins de dix
aſpres , pour le plus de vint & cinq : qui en a dix eſt
tenu d'auoir homme & deus cheuaus en guerre : qui
en a quinze, trois cheuaus : qui en a vint , en a quatre,
qui vint & cinq,en a cinq pour le plus commun , ainſi
que bien ſouuent pour le fin moins qu'ils puiſſent eſtre , ſont pour trois mille , ſix ou neuf mille. Ceus
icy portent bandiere blanche , & vont a la main dextre du Prince, ou au coſté dextre de l'armée. Il y en
a de l'autre coſté pareil nombre, de pareille condition,

qui ne different que de nom & de bandiere: leur nom
est *Selictarlar*, leur estandart est rouge. Les tiers sont
deus mille a l'Arriere-garde de la personne, & sont
nommés *Ulufegilar* Souldats rentés, ayant bandiere mi partie de blanc & rouge, comme pour con-
joindre les deus autres bendes. Ceus ici tous sont
la tierce garde du Seigneur. Les Soulachlar premiers, & les Ianitzaires sont les seconds, qui a reposer ont leurs pauillons tout a l'entour de celluy du
seigneur, comme pour tierce muraille, les cordes toutes entrelacées ensemble, si bien qu'il ne seroit possible que cheual ne beste peust d'illec approcher.
Au tiers lieu sont ceus dont a present j'ay parlé, auec
leurs pauillons tout entour, fors au deuant ou est le
Porte-enseigne, & Saous & Capigilar. Les Spachis
ont de vingt en vingt vn Capitaine, nommé *Boluc-*
bassi, qui a pour jour trente aspres. Leur Capitaine qui se nomme *Spachiaga* a le jour quatre ducats:
l'Escriuain & Contrerolleur l'vn quarante, l'autre
cent aspres: & comme j'ay dit au commancement,
il n'y a si petite bande qui n'ait son *Iazgi* ou Escriuain, & son *Cahaia*, que j'appellerois volontiers Ser-
gent de bande entre ceus icy, sinon qu'il a beaucoup
plus d'affaires. Le Capitaine des Selictarlar, appellé
Selictarbassi ou *Selictaraga* a deus ceüs cinquante aspres, ou cinq ducats pour jour, *Iazgi* & *Cahaias* ou
Protogero comme dessus. Les *Ulufagiaga*, qui sont
deus a chascun millier d'hommes, ont chascun cent
cinquante aspres. Entre les *Ulufegilar* ici y à quelques
vns qui n'ont pas esté nourris au Serrail auec les Spa-

De l'arriere gar-
de du Prince.

Du Capitaine
des Spachis, &
aultres offices
entr'eus.

Du Capitaine
de Selictarlar.

Du capitaine
l'arriere garde
du Prince.

chis, mais ont fait longue preuue auec les *Caripoglam*, desquels apres diray, puis ont esté mis en cette bande pres du Prince. Ils sont enuirõ des mille de *Caripoglã*, qui sont pauures compagnons, ainsi que sonne le mot *Carip*, qui par habilité & bon seruice ont esté esleus d'entre les *Aquangis* ou *Curts*, ou autres bandes d'*Asappi*, & mis en cette multitude, par preuue de bien manier les armes & vn cheual, pour faire tourner & courir par grande dexterité. Ces deniers icy suyuent a l'Arriere-garde. Les armes dont vsent toutes ces quatre bandes, sont l'arc, la cimeterre auec la rondelle, certaines demis picques, & quelque Spontons. Le Prince fait porter des armures pour vn quarante ou cinquante mille hommes, qu'il ne baille sinon a quelques vns des plus dextres, qui, incontinant qu'ils en ont fait, les rapportent a l'armurier, & encor' ne sont autres que cuiraces, ou chemises de maille, & morions ou salades, la reste du corps nud, pour la debilité de leurs cheuaus. Ils sont tous grans & seurs archers, si bien que beaucoup d'eus tirent deus ou trois fleches tout d'vn coup : dont y a vne grãd' multitude & suitte *d'Ocgilar* faiseurs de flesches & de *Iaygilar* ou Archers. Voila ce qui est ordinaire enuiron le Prince. Dont deuant que d'aller loing en Camp, il nous faut sçauoir que les gouuerneurs des Prouinces, qui s'appellent *Beclerber*, ou *Beclerbey*, ou *Bassalar*, ont chascun vn nombre des gens, que ja auons nombré, asçauoir de Ianitzaires & Spachis: car ce sont les deus plus fortes pieces de leur guerre, & que souuent sous le nom seul de Ianitzaires, se contient

tient le Soulach, & Aſap, s'il eſt hacquebutier, comme ſoubs le Spachi, le Seliƈtar, Vluſagi, Catipoglam,
& toutes gents de cheual.

Parquoy, pour entendre le grand apareil qui ſe
peut faire en vng camp Turc, extreme, nous dirons
ſeulement les noms deſdits *Becler beylar*, pour ſçauoir
combien chaſcun ha de gens en ſe charge : & par a-
pres, au lieu du reuenu, les repeterons, pour ſçauoir
le nombre des Capitaines ou *Sangeachi*, qui ſont
ſoubs eus : & generallement l'incredible puiſſance.
Ce ſera a preſent aſſés, de peur de ſortir de propos,
dire qu'ils ſont ſept Beclerbei, vng en la Romly ou
Grece, & de toute la partie d'Europe qui eſt ſubgette
au Turc, qui a ſoubs luy trente mille Spachis, a 2 0 0
ducats l'an pour chaſcun. En outre vingt mille de
plus pauures, qui ont moins de cent ducats par an:
ce qui ſe prend des deniers & impoſts faits ſur les villages, là ou ils ont leur aſſignation par leurs Capitaines : & tous ceus icy qui ne ſont plus a la court du
Prince, mais ont leurs rentes ou gages ſur le bon
homme, s'appellent *Timarli*, comme de rente fon-
ſiere ou vſufruƈtiere: car Timai c'eſt fruiƈt. Du coſté
de l'Aſie & de l'Affrique, y en ha ſept. Le premier ſe
nomme Natolianum Beclerbec, & ha dix mille
Spachis. Cil de Caraman, jadis nommée Cilicia, cinq
mille Spachis. Celluy d'Amandole ou de l'Armenie, ſept mille Spachis : & peut leuer des Curts
comme ay ſuſdit, juſques a 3 0 0 0 0. Celluy de la
Meſopotamia ou de Merdin, dix mille. De Daſ-
maſcho 2 0 0 0 0 Spachioglam. Du Cayre, dit Miſſir

ou Egypte, feze mille *Spachis*, & trente mille Ianitzaires, pource que le peuple eft là fort fubget a reuolte,comme par apres diray. Dont tout le nombre a prendre par fimple & comptant, tant la maifon du Prince, comme la charge defdits Beclerbeylar, fait deus cents mil dixhuit cents hommes : entre lefquels je compte dauantage foixante mille Acangis , & trente mille Curts feulement, lefquels en ce nombre ne couftent rien au Prince:& en guerre viuent fur le bon homme. Mais fi nous voulons prendre a la verité, comme il eft, qu'il n'y a Spachi qui ne doiue auoir autant de cheuaus & d'hommes en guerre, comme il ha de fois cinq ou fix afpres a defpendre, nous trouuerons le nombre triple pour le moins, qui feront plus de cinq cents milles hommes : car je laiffe les Ianitzaires & Capigi a part , pource qu'ils font perfonnes feules & pauures. Dont pour vfer de multitude grande,ne luy eft ja befoing vuider vng païs de gens pour fecourir l'autre:en ayant en fi grande abondance d'ordinaires.Si donc il fait la guerre du cofté de l'Afie ou Natolie,il fait marcher deuant quelque temps ceus qui font du cofté mefmes de Natolie: comme contre le Sophi,Tartares , ou autre : il baille l'Auant-garde des gents de ce cofté là pour faire l'Auant-garde , & leur donne Capitaine general, ou vn Baffa,ou vng defdits Beclerbeis,dont ay parlé. Tellement qu'il fait & fitue fes Garnifons ou Arrierebans des proches voyfins dont doubte auoir guerre:qui eft grand fecours pour fes gens de guerre de les deliurer de grandes & longues cheuauchées. Si c'eft Rom-

ly ou en l'Europe, ceus de ce cofté de deça aufsi doi-
uen/preceder, comme ayant les chemins mieus con-
gnus auec les ennemis, & leur chef eft volontiers le
Beclerby de la Romeli ou vn Baffa tel qu'il plaift au
Prince : & eftant ainfi l'Auant-garde de ceus du païs,
le Seigneur garde l'Arriere-garde auec lui, pour fecours s'il aduient mal a la pointe ou aus ailes:& alors
enuoie ceus l'autre païs:& s'il eft befoing lui & fa garde fi met là ou ce fait le plus fort de la Guerre.Que s'il
aduenoit qu'il perdift tout ce nombre, qui eft quafi
impofsible,il ha encor pour recours,ce que les Princes de deça ont pour principal & entier, de leuer &
Souldoyer gents extraordinaires. Car morts tous fes
gents,touts leurs gages reuiennent en fes mains, tant
de Timarly,comme des gages en argent de fa maifon. Il nousrefte a cette heure de mettre de la fuitte:
puys apres nous parlerons des eftats & gouuerne-
ments du païs,& des finances.

Ils font quelque feze mille *Sarrachile*, ou Selliers
& faifeurs de mors de brides, & autres acouftremens
pour cheuaus, qui ont chafcun de fix a dix afpres le
jour,pour eftre fubgets a fuyuir le Camp par tout là
ou il va,a leurs defpens : & pour cela font payés autant en Guerre que hors Guerre. *Hebegilar*, ou Ar-
muriers,font feulemét du nombre de 150 hommes
a ferrer & porter les arnois furleschameaus,& a les li-
urer & receuoir entre ceus a qui on les preftre en necefsité,comme ai fufdit : car les Turcs communemét
en guerre ne fe confient ni vfent d'armes, mais feulement de viftefse de cheuaus, ou d'afsiduité de che-

miner ſans repos,& de multitude tolerance & ſobrie-
té.   Ceus qui communement vſent de ces armures,
ſont appellés *Delilar*, fols, ou *Behadur*, vaillants, qui
s’aſſemblent deus ou trois cents, plus ou moins, pour
aller deſcouurir & eſpier au Camp des ennemis, &
autres affaires hazardeus:comme embuſches, eſcar-
mouches,ou autres dangers : & s’appellent *Dely* pour
ce qu’ils s’en vont mettre tout de gré,& ſans peur, au
manifeſte peril de mort. & *Behadur* vaillans, pource
que s’ils en rechapent,ils ſont eſtimés gens de bien,&
mis en grant honneur & ſolde : & pour cela portent
vn habit tout different des aultres : aſſauoir vn grand
chappeau de la forme d’vn boyceau, pendant juſque
ſur les eſpaules, couuert de plumes, ou de deus ailes
d’Aigle, & ont des eſperons long d’vn pié, a la Hon-
gre,vne peau de Lyon,ou de Leopard, ſur les eſpaul-
les,& principallement ceus qui ont tué quelqu’vn
ou quelques vngs dans le Camp de l’ennemy . &
quant tout eſt dit, ils ſont plus dignes & donnent
plus d’argument du premier nom *Dely* (pour lequel
toutesfois tueroient vn homme)que de vaillance.
Auſſi jamais ne viennent en plus grãde dignité, pour
la debilité de leur cerueau : mais leur eſt bien donné
quelque trois cens ou plus Sultains ou Ducats par an,
pour exerciter les pauures a hardieſſe. Des autres qui
vſent d’armes, n’y a guere que les premiers de chaſcune bande, hors les Ianitzaires, qui jamais n’en v-
ſent,je dy que le Prince leur baille. Et incontinent
après le choc donné, qui a bien fait ſon deuoir, eſt
creu en ſolde : & qui mal, a la teſte tranchée:pource

que peine & profit, honte & honneur, font les deus
ailes de vertu. L'vne la fait croiftre par force, l'autre
incite la perfonne ja fondée. Et y a bien plus, que
quant la pointe des Aquengis, ou Curts, & des A-
faplar ou Aduanturiers eft rompue a peu de perte, &
pour leur donner courage, font tués des leur quant
ils retournent en derriere fans raifon : & pour cette
crainte meurent en gens de bien. Les fufdits armu-
riers qui m'ont mis en ce propos, ont chafcun de fept
a huit afpres. Leur *Hebegibaßi* ou Capitaine foixante.
Leur *Iazgi* & *Cahaia*, chafcun trente. Ils font enuiron deus cents bombardiers & canonniers & fon-
deurs d'artillerie, chafcun a de quinze a trente afpres,
& plus, felon leur merite. Car les Turcs ont cela,
que pour bien recompenfer vn bon ouurier d'vn art,
jamais, ou peu defois (& ce feulement quant l'eage
ou empefchement le garde d'vfer de fon dit art) ne
l'oftent de fon office, pour le mettre en vn autre plus
honnorable, comme de pallefrenier le faire Preftre,
Chanoine, Abbé &c. Mais luy continuant l'art, qui
l'a mis en honneur, luy donnent autant qu'il merite,
qui poffible eft (plus qu'a vn Capitaine ou hôme d'-
honneur) plus grand. Le Turc a de couftume, quant
il va en longue & difficile expedition, & là ou par la
difficulté des chemins le lieu eft malaifé pour tirer
l'artillerie, de la faire porter en pieces, comme ay fufdit, en parlant des chameaus qui la portent: puis pres
les limites de l'ennemy, ou apres auoir paffé le mauuais chemin, la fait fondre. La plufpart de ces bombar
diers icy font ponentins ou Occidentaus, afçauoir,

François, Italiens, Espagnols, Allemans, Hongres
regniés & Chrestiens.　Ils ont aussi leur *Topgi baſſi*
ou chef,qui ha 6 0 aspres les jour.l'Escriuain & Con
trerolleur,comme deſſus.　Ils ſe nomment en Turc
Topgilar,& leur chef *Topgibaſſi*. *Arabagiler*, charet-
tiers d'artillerie & gros bagage, comme de bois pour
les ponts,ſont trois mille,ayans de ſix a huit aspres.
Leur chef *Arabagibaſſi* 4 0 *Maſterler* tabourins, &
Zurnalar,ſifrés ou haubois deſquels ils vſent en guer
re,deus cens ou deus cinquante,chaſcun a de quatre a
cinq aspres.*Maſterbaſſi* 3 0. Ils ſont ſubgets auſsi a
l'*Imralem aga* ou *Miralemaga*,qui eſt chef des Bandie
res & Porte enſeignes du Camp, & qui eſt Porte-
enſeigne de la court,ayant d'eſtat quatre Sultannins,
ou deus cens aspres par jour,qui ſont par an mil quatre cent ſoixante ducats.

　De la mode des Tabourins,j'en ay dit aus bāquets,
au premier liure.　Ils ſont deus a deus gros tabourins ſans tymbre, ſourds, ſur leſquels ils frappent par
deuant & par derriere: par deuant, d'vn baſton retors
& reuers : par derriere, d'vne verge. & tous d'vn tel
accord, qu'il ſemble qu'il n'y ait qu'vn tabourin a la
bande,ou en tout le Camp.　Il y en a vn autre, qui a
deus tabourins d'arain,faits a la mode de deus petis chaudrons,qui par deſſus ſont couuers d'airain, &
vrayement ce ſont les tabourins des anciens Traces.
Ces deus petis tabourins, ſont ſur l'arçon de la ſelle a
chaſcun coſté vng,a la mode de leurs plats, que toutes gens de cheual portent au coſté dudit arçon.
Cedit petit plat, lequel je ne veus obmettre, eſt fait a

la mode d’vn cul de pot, couuert d’vn couuercle d’argent le pluſſouuent : auſsi que communement ledit
pot eſt d’argent, ou de cuyure d’oré pour le moins aus
bien pauures.   Là dedans toutes gens de cheual ont
de couſtume porter leur chair, vn chappon rouſti ou
bouilly, ou autre viande, ſans ce qu’elle s’eſuente ou
gaſte pour porter: & cela ſert, quant on fait long chemin ſans repaiſtre.   Dont leſdits petis tabourins
ſont a cette mode, ſinon qu’ils ſont pluſgrands &
& ronds par en bas.   Ils les touchent de petis baſ-
tons de bois dur, frappant dru merueilleuſement.
Il y a le tiers qui ſonne de deus plats d’airain creus,
faits a la mode de deus petis bouclers, ſinon que les
anſes ſont par dehors, & frappent de cela l’vn contre
l’autre, qui fait vn grand bruit, a cauſe des larges
borts.   Ils ſont communement deus *Zurnalar* ou
challumeleurs qui ſonnent comme les haubois de
village de deça, par mode que là ou nous auons icy a
vn tabourin tros perſonnes, ils en ont communement
ſix ou ſept, deus *Zurna* ou fifres, deus grans tabourins,
& les deus autres a nous incongneus auec le platier.
Il eſt de beſoin a ces tabourins d’eſtre a cheual, s’ils
peuuent fors que ceus des Ianitzaires & pietons: car
les deus tabourins d’airain ne peuuent eſtre ſonnés, ſi
vn autre que s’il qui les ſonne ne les ſouſtient. Il y a da
uantage tout cecy, a la maiſon du Prince ſeullement,
ſoixante ou quatre vints *Meĉterler* ou eſtendeurs des
pauillons du Prince, tant pour luy comme pour les
enfants d’honneur de la maiſon.   Car là il ne ſouffre
qu’il y ait perſonne de ſon Camp qui couche ſans pa-

uillon pour deus raiſons : l'vne eſt pour y aprendre le
trauail, & coucher ſur la dure: L'autre eſt qu'eſtãt aupres d'vne ville, il ne permet que perſonne y aille
coucher, de peur de delices & injures, & ſeditions.
Et vrayement, combien qu'ils ne ſachent par l'hiſtoire ancienne (laquelle ils ne reçoiuent, liſent ni approuuent) que les delices en vn Camp ſont la victoire
pour l'ennemy, teſmoings les Gaulois ſoubs Bren-
nus, & les Carthaginois ſoubs Hannibal, les Lydiens
ſoubs Crœſus, & les Romains par force inſurperables
vaincus par les Aſiatiques delices, & toutes religions
par les richeſſes, ſoubs pretexte de pieté accumulées,
en ayant eu ruyneuſes delices. Touteſſois ſi ſont ils
tellement entiers obſeruateurs de la diſcipline mili-
taire, que durant qu'on eſt en Camp, délices ny ſont
permiſes: que pour ce point là, meſme, ſi hardi de mener femme en Camp, ne d'en auoir vſage, ſinon qu'-
on ſe journe quelque temps en quelque ville auec licence, car alors il eſt permis d'y aller, qui y peut auoir
logis. Ie ne veus point icy mettre en Camp les *Za-*
ynogilar ou artiſants, & gents de meſtier qui ont gages du Prince les vngs, les autres exemptions, les autres priuileges, car ils ſont vn grand & indicicible
nombre, pour toutes neceſsités, qu'il faut en vn Camp
lequel je penſe auoir aſſés deſcrit. Ie veus, en peu de
parolles repetter leur mode de camper, ou mettre
pauillon.

Quant a la journée commune des Turcs, ils ſont
ſept ou huit lieus communes pour le plus: car ils ne
ſont vſités a faire trotter leurs cheuaus, ſinon en
grand

grand befoing, & aufsi comme ay ja dit, pourtant
qu'ils ne repofent point aus villes communement, ne
le Prince, ne les Souldars ou Genfdarmes.   Les Du pauillon du
Prince.
Macterler ou Hottagiler dreffeurs de pauillons du
Prince, s'en vont deuant toufjours demye journée, ou
vne journée longue a leur mode, & choyfiffent toufjours vne belle place, fi elle fe peut trouuer, au millieu
de laquelle premier ils plantent le pauillon du Prince,
grand & braue par excellence, accouftré de merueilleufement riches brodures, & couuert d'vn autre, fi
le temps le requiert : puis audit pauillon en eft mis &
encouplé vn autre, en mode d'vne belle allée, au bout
duquel eft le Diuan ou auditoire tenu par les Baf- Du Diuan ou
auditoire.
chiats, & Cadilefquers, a la mode qu'ay efcritte en
la Iuftice au premier liure : & ce fait cela, a celle fin
qu'on penfe que toufjours le Prince y foit efcoutant,
qui aufsi toufjours y peut eftre, puis outre laditte
maifon ou Diuan, ledit pauillon s'eftend en longueur
jufques a la porte de l'Auant-garde : lors eftendent
vn grant enclos tout a l'entour, en forme ouale, d'v-
ne toille haute & drecée a eftançons & attaches, fi
bien qu'il femble eftre les murailles de la plus belle vil
le du monde, faitte en vne heure.   A la partie gauche
dans ledit mur, eft mis affés pres de la porte de l'A-
uant-garde le pauillon, pour defcharger le trefor. A-
la dextre font 3 ou 4 pauillons pour les officiers & Des aultres pa-
uillons de la
fuyte du Prin-
ce.
gens de chambre, qui ont leurs offices dehors a la gau
che. Puis a l'Arriere-garde, ou porte de derriere eft vn
autre pauillon pour le Guet. le tout du pauillon du

Prince, & pour auoir loyſir de drecer ceſt apareil, le
Prince ha touſjours deus pareils pauillons, l’vn là ou
il eſt, l’autre là ou on appareille, ainſi qu’ont auſsi les
Baſchiats & gros perſonnages qui ont dequoy. Ledit
pauillon du Prince planté, & luy venu, incontinent
les Soulacs, ou premiere-garde, ſelon l’ordre a eus
donné, ſe mettent a l’entour en pauillons touts ou-
uers dehors, & par eſpace eſgal.   Apres incontinent
ſont les Ianitzaires auec leurs pauillons ou tentes
toutes entrelacées & encordées, ſi bien que beſte ne
gent a grand peine pourroit approcher du pauillon
dudit Seigneur, ſans rompre leſdits cordes, ou les pauillons. Au tiers lieu ſont les Spachi gents de cheual,
a la mode qu’ay ſuſditte. Les Spachilar a la dextre: les
Selictar a feneſtre. Les Vluſegis a l’Arriere-garde en
leurs pauillons 20 a 20, auec leur Bolucbaſsi ou
vingtenier: & ont des allées par dehors, pour tenir les
cheuaus.   Pour Auant-garde, ſont les Sſaous, Capigilar, & le Imralemaga, auec pareilles allées, jointes a
leurs tantes, pour mettre les cheuaus de la maiſon du
Prince, & les leur, ſi bien en ordre & beau a voir, que
cela ſemble quaſi vne ville cheminante, & qui va de
lieu en autre.   La reſte de l’armée, comme l’artillerie, ſe tient a l’Arriere- garde, & aus ailes. apres eſt
le bagage entremeſlé. Si le Baſchia, ou quiconque a la
charge de l’Auant-garde, eſt en vne meſme bande, il
plante ſon pauillon vis a vis de cil de Zimralen aga,
& ſes capitaines ſubgets au tour de luy, quaſi comme
au Prince, reſte qu’il n’y a point de mur a l’entour.
L’arriere-garde en ſon lieu fait le pareil, en telle ſorte

toutesfois que quant ce vient a donner ſur l'ennemy
il a touſjours gauche & droitte aile auancée plus que
le millieu ou Arriere-garde: dont on dit que leurs armées ſont faittes en forme de croiſſant, pour l'eſpeſ-
ſeur du milieu,& l'Arriere-garde,& pour les deus ailes s'auançant en auant. Voila de leur maniere de pau
ſer & garder forme.

'I'ay delibere de ne parler plus de leur equité de
viure ſur le bon homme, fors qu'aus Aquangis &
Curts,auſquels eſt permis. Car il ſeroit odieus a nos
inſolents de deça a ouïr, qu'vn euf prins ſans paier,
fiſt donner cinquante coups de baſton, s'il eſt con-
gnu du Capitaine : le couple cent. auoir deſrobé choſe qui ne ſert a viure, comme nous gens de deça, qui
deſrobent le cheual au bon homme, pour emporter
ſes meſmes robes, beſongnes, draps de lict, & autres
choſes icy accouſtumées, pour le moindre acte de
tous on eſt pendu,empallé,ou decollé,ſinon que vous
le prénés ſur les ennemis. Mais j'ay aſſés conduit
le Camp, tandis qu'il s'en va faire la guerre a quelqu'vn.

Nous dirons de la commune puiſſance qui ſert a
Paix & guerre au Prince,& a ſon Païs,puis apres diligente examination de leurs faits, verrós de quel art ils
vſent vers l'ennemi. A l'occaſió de la iuſtice qu'ils ad-
miniſtrent par ſentence diffinitiue,j'ay ja parlé des Ba
ſchiats,& ay dit qu'ils ſont communément quatre ala
court qui outre l'office du Diuan, qui eſt principallemét du Viſir ou majeur Baſchia,ont les gouernemés
des prouinces & armées,tant par mer que par tere,ſe-

lon que le Prince leur veult bailler. Mais en recitant ceus qui ſont aujourd’huy, me ſemble que je donneray aſſés a cognoiſtre par quelle grace ou mode ils viennent en cet office. Aujourd’huy le Viſir ou majeur des trois qu’ils ſont, eſt Aias Baſſa, homme de gros eſprit & dur, qui eſt natif de Sinito en Albanie: lequel office luy fut donné le lendemain du ſoir que Hibraim Baſſa fut fait tuer par le Prince en ſon Serrail, par la main du Boſtangi baſsi du Serrail de Conſtantinopoli: & pourtant que j’ay peu a dire de cetuicy, qui jamais encor ne fiſt rien dont il ſoit parlé, je veus vng peu recirer en bref la vie & la cauſe de la mort d’Hibraim. Car l’homme pour ſon bon eſprit le meritoit bien.

Il eſtoit natif de Parga, vng village en la Grece, moitié chemin entre Santa Maura & Corphu a la marine: & ayant eſté eſleu pour *Iamtzarot* ou *Agemoglam* du temps de Sultan Selim pere du Seigneur a preſent, fut donné pour Eſclaue a Schender Celeby Deſterder de la Natolie, qui pour ſa malle verſation a eſté pendu en Babyloine ou Bagdet, dernierement par le ſeigneur Turc l’an 1534 de noſtre ſalut. Ce jeune homme icy de bonne grace, & meilleur eſprit, fut bouté en faueur de ce Prince, des le temps qu’il eſtoit encor Prince en Andrinopoli, & a touſjours ſi bien maintenu ſon train & faueur, qu’il a eſté per & compagnon auec ledit Prince: ce qui eſt merueilleuſement entre Turcs dangereus, comme la fin l’a deſclaré. Eſtant ainſi en grace, & ce Prince fait Prince, incontinent il vint a calomnier les vieus

ſer-

seruiteurs du pere, comme Pharhat & Pirrhi, & Muſtapha Baſſa, dont l'vn fut tué, l'autre deſpoſé de ſon
office, l'autre en malle grace, & Barberouſſe qui de   Barberouſſe.
preſent eſt Déghis Baſſa, ou Amiral de la mer, a ſon
partir a aller a Tunis fut fort calomnié, & dit qu'il alloit vendre & perdre vne ſi belle armée, laquelle choſe meſme luy diſt le Gritti compagnon dudit Baſſa:
lequel auoit eſté cauſe par ſa ſubtilité, des groſſes richeſſes qu'auoit acquiſes ledit Abraham, dit Hybra-   Le baſtard de
him, par ce moyen les Grittis, & Aluigi, & Georgio   Gritti Duc de
baſtards du Prince Andrea Gritti, preſent duc de Ve-   Venize.
nize, bannis de laditte ville de Venize, pour quelque
forfait vers ladite ſeigneurie, s'en allerent a Conſtantinople : & comme ils eſtoient induſtrieus, & faits a
la marchandiſe, a la mode des Gentils-hommes Venitiens, par premiere diligence trouuerent moyen,
principallement le pluſgrand Georges, de ſe joindre
auec ledit Hybrahim, qui eſtoit a l'oreille du Prince:
par tel moyen que non ſeulement la familiarité fut
auec le Baſſa, mais auſsi grande auec le Prince: & feirent eus deus, le Baſſa & Gritti, vn commun accord
de toutes marchandiſes qui viennent de Leuant, com
me eſpiceries, pierreries, muſc, ſoyes, mucaiars ou
camelots ſans onde, bleds, là ou il y auoit traitte, ſi
bien que tout paſſoit par leurs mains, ou de leurs fa-
cteurs, dont fut en moins de ſix ou ſept ans vne richeſſe ineſtimable amaſſée par eus. Puis le Baſſa eut
& retint vers luy la ſucceſsion de Crozillon mar-   Crozillon mar
chant François de Tours, qui valloit deus cens mil-   chãt de Tours.
le ducats du moins, & autres mille choſes l'auoient

dd

bouté en vne richesse pareille ou supérieure au Prince:
par telle condition que ja ne se contenoit plus de vulgaires entreprises: mais apres les victoires acquises
de son temps, vouloit a l'ancienne mode Romaine
porter les triomphes a Constantinople, comme il
fist des statues du Roy Mathias d'Hongrie, qu'il
planta au Prodrome ou Hippodrome & stade, dit
Atmeidané, qui veut dire, place des cheuaus, lieu vis a
vis de son palais, & les dressa a la mode antique, sur
vne colonne. Et hors guerre faisoit les plus braues
entreprises du monde, comme il fist faire le portail
d'oré du Serrail du Seigneur. Les allées auec colon-
nes de marbre. Le Diuan ou auditoire dudit lieu
tout de mesme sa maison, toute a voutes & portails
fort braues sur laditte place ditte Hippodromo:
Iardins braues & grans enuiron Constantinopoli, & a Alep, là ou il auoit fait faire vn Serrail, & a
Andrinopoli vn autre, & quasi par tout ou s'ay-
moit en auoit edifié. Dauantage fist refaire les anciens Aqueducts de Nicomedie, & ceus de la Ca-
ualle ville antique, & ceus de Constantinople: &
bref il a eu pour sa vertu charge contre le Sophi, & a
Belgrade, a Rhodes & autres lieus: & seroit chose
longue, de vouloir en peu comprendre ses magnani-
mes faits: & quelque chose qu'il y eust, tint tousjours la main forte & amytié auec le Gritti, si bien
qu'il le vouloit faire en partie Roy ou Vayuode de
Boudin ou Hongrie: ce que monstra bien ledit Gritti, en presents infinis de vaisselles d'or & d'argēt données par lesdits Hongres, a luy quasi ja seigneur, qui

en ce fut souſtenu dudit Baſchia, juſque a tuer les pluſ
nobles du païs, tant que la reſte auec le populaire, ſe
leuerent, & le prindrent luy & ſon fils qui eſtoit Eueſ‐
que de Sybemberg, ou Septemcaſtra, autrement des
ſept egliſes, en Seruia, lequel le lendemain ils firent
decapiter, en preſence de ſon pere : & le jour apres le
pere : & ainſi fiſt le tyrant meritée fin : qui ſeul, com‐
me deſſus ay dit, auoit eu entre Chreſtiens charge de
Turcs & Chreſtiens enſemble, ſous la ſolde du Turc
contre Chreſtiens : & telle fut la fin de cettu ici, que
s'il euſt veſquu plus longuement, n'en euſt eu moins
que ſon compagnõ le Baſchia. Ledit Baſſa auſsi entre
autres entretint touſjours Sehender Celeby ſon an‐
cien maiſtre : nõ qu'il le vouluſt eſtre ſi grand que luy,
cõme d'eſtre Baſſa & Viſir, mais l'entretint au manie‐
ment des finances, juſque a ce qu'il luy a fallu rendre
compte de la vie. Il imitoit du tout, par grans edifices,
Serrails, & Iardins la magnificence des plus excellens :
ce que je croy qui donna occaſion au Prince de s'en‐
querir d'ou venoient tant de richeſſes, voyãt auſsi que
la clameur du pauure peuple en Arabiſtan, Suriſtan, &
Auandole le condamnoit, pour les grandes pilleries
& exactions qu'il faiſoit ſur ledit pauure peuple : par
tel ſi, que le plus riche n'auoit pas vn tapis pour pou‐
uoir dormir ou ſe ſoir : & que les pieds d'arbres tant
ſteriles que fertiles eſtoient taxés a pris impoſsible.
Et combien que par ſa diligence euſt trouué moyen
au Prince d'vn million d'or, plus que les autres tre‐
ſoriers, toutesfois pour la grand partie qu'il s'en re‐
ſeruoit, & pour les torts faits au peuple, fut cõdamné

d d ij

a eftre pendu & eftranglé dans Bagdet, pres Babyloine, au mois de Septembre : & de ce jour là Hy-
braim Baffa commança a eftre careffé du Prince
plus que de couftume : en telle forte qu'il luy donnoit tout ce qu'il vouloit,& alors luy bailla des quatre cents Soulachs de fa garde, les deus cens, en pareil ordre & dignité comme les fiens, qui jamais ne
le laifferent qu'ils ne l'euffent ramené en Conftantinople,là ou luy fut fini fa vie, le 4 Mars 1536. La
caufe de laquelle mort, entre gents de bon efprit, &
qui connoiffent l'equité du Seigneur, & l'amour
qu'il ha a fon peuple,n'a efté trouué autre, finon qu'il
fouftenoit ledit Schander Celeby, en vne fi grande
mefchanceté:& eftoit dauantage participant au bu-
tin:ce qui a efté monftré & confermé en fon maiftre
d'hoftel Cefti Baly, qui de fon commandement ou
confentement en l'Arabiftan faifoit encor' plus grand
tyrannie a moitié auec fon maiftre, dont auoit efté
comdamné a eftre efcorché par eguillettes en l'Arabiftan,là ou il auoit fait lefdits larrecins,puis eftre de-
capité au Cayre. Mais s'eftant excufé par quelque forte,je croy, par le commandement de fon maiftre, fut
quitté pour confifcation de biens.　Et que le Seigneur foit amateur de Iuftice,& puniffe les larrons du
peuple, il n'eft pas apparu feulement par ces trois ici,
mais par Caffun Baffa, duquel encor' par apres diray
quelque chofe:lequel a caufe qu'il prenoit prefens du
peuple,eftant en l'office de Baffa, a efté caffé de Baffa,& mis Sangeac ou Capitaine de la Morée.　Lequel office, combien que d'eftime, d'argent & reuenu
vaille

vaille eftre Baffa, toutesfois il eft en honneur trop in-
ferieur, comme de Conneftable a fimple cheualier. Le
pareil aufsi monftroit Muftapha Baffa, lequel combien qu’il fuft calomnié dudit Hybrahim, touteffois
fi eftoit il fufpect a receuoir prefents pour judicature. Voyla dont la caufe principale qu’on penfe a
la verité auoir efté de la mort dudit Hybrahim Baffa:
auec ce qu’on dit que Hayradin Baffa Degnis, Amiral dit Barberouffe luy nuyfit fort parlant auec le Seigneur pres Adèna en Caramanly, quant prinfe Mi-
norque fe fut faulué, & que le Prince retournoit de
l’entreprinfe du Sophi : & quels fuffent fes propos,
je ne fçay : touteffois quelques vns dient qu’il luy
donna a entendre, que ce pendant que le Prince &
toute fa force eftoit contre le Sophi, que l’Empereur deuoit venir a Conftantinopoli apres Tunis,
& que pour cela le Baffa luy auoit fait efloigner fes
forces : ce qui n’eft nullement vray, car l’Empereur n’euft failly a telle entreprife, s’il euft eu tel-
fe intelligence. Dont pour donner la chofe mieus
a congnoiftre, je veus mettre icy les caufes, qu’-
on dit ou conjecture auoir efté de fa mort. Les
vngs dient qu’il s’entendoit auec l’Empereur. Les
autres auec le Sophi, & qu’il eftoit caufe de la guerre
par occafion fainte. Les autres que luy fe vouloit
faire Prince. Aucuns qu’il vouloit faire Muftapha
premier nay de ce feigneur Prince, & tuer fon pere.
Les autres dient qu’il eftoit Chreftien fecret.

Qu’il ne s’entédift auec l’Empereur, il eft manifefte
par beaucoup d’argumens, mais principallement par

Les caufes qu’õ
dit de la mort
d’Hibraim Baf-
fa.

d d iiij

vng,qui eſt, Que l'Empereur a eu & perdu la plus belle occaſion durant la guerre contre le Sophi, que jamais aura en ce monde Prince, pour recouurer Conſtantinopoli:car a chaſcun branlement de fueil‑le,tout le peuple trembloit, & n'eſtoient ſeullement de garde en la ville que les habitans, & dix mille A‑gemoglam:dont en ayant vne ſi belle occaſion,jamais ne ſe feuſt allé amuſer a vng More, & a Barberouſ‑ſe,s'il y euſt eu homme ſi grand que ceſtuy là qui l'en euſt aduerti, & luy euſt deu ayder. L'autre eſt qu'a la verité il haïoit tant a ouyr parler de l'Empereur que pluſieurs en a fait mourir, pour luy en vouloir tenir propos : entre leſquels eſtoit Marco de Nico‑lo,qui auoit eſté par deça:& pour ce qu'il diſt auec ſon meſſage, qu'il vouloit dire de grandes choſes de l'‑Empereur , le fiſt decapiter: vray eſt qu'il le fiſt en partie mourir, pource qu'il eſtoit courtier d'enuiron deus cens mille ducats de marchandiſe entre ledit Baſchia & pluſieurs marchants Venitiens & Floren‑tins. Outre que la bonne partie qu'il a tenu & in‑cité luy meſmes de long temps, ne monſtre pas qu'il ait voulu entretenir le chaut & le froid : veu qu'il eſtoit aſſés puiſſant pour faire le contraire, s'il euſt voulu : ou pour le moins, ne faire le neutre , eſtoit en ſa puiſſance. Ceus qui dient qu'il ſe vouloit fere ſeigneur , l'entendent encor' pire : car inuahir Empire, ne ſe fait ſans menées & faueur gros, & ayde des plus grans & puiſſans gents , & intelligen‑ce de la plus part du païs : or n'a il eſté ne ſouſpe‑çonné, ni accuſé, ne tué vng autre ſeul homme , n

d'eſtat, ni autre que luy & ledit Schender Celeby , ce
qui les confute aſſés.   Quant eſt de ceus qui dient
qu'il eſtoit cauſe de la guerre & entrepriſe contre le
Sophi , le contraire eſt la verité. car abſent , & ny
penſant le Baſſa , & eſtant a Conſtantinople , com-
mancerent les guerres entre les Sangeach de Diar-
bech & de Carahmid, qui ſont ſubgets au Baſſa ou
Beclerbey d'Auandole, & auoient ja long temps eſ-
carmouché contre le Sophi : qui tous les jours, contre le conſeil de ſa mere Atliathun (ils ont d'eage lui &
trois freres tous jeunes, luy qui eſt aiſné ſe nomme
Tachmas, ou Tachmas ſach, d'eage de 2 8 a 3 0 ans:
le ſuiuant s'appelle Sſam : le tiers Abocherim : le
quart Elcaſſ, d'eage de 2 2 ans ou plus) ne ceſſoit d'-
inquieter les Curts ou gardeurs de frontiere de Leuant, par telle maniere qu'il fut force que le Beclerbey
de Carmanlu y vint , auec toute ſa force.

Sur ces entreprinſes le Sophi auoit vng general
Capitaine, vaillant homme & expert, appellé *Ulama-*
bey, lequel ayant la charge de la plus part de ſes gens
du Sophi le laiſſe & trahiſt , & s'en vient par grande
diligence vers le Turc a Conſtantinople, luy dire
qu'il falloit en brief reſiſter a ſon maiſtre le Sophi:
& ſe faiſoit fort, mais qu'il euſt gens, de deſſaire ledit Seigneur : alleguant auſsi que ſondit maiſtre eſtant
heretique , & ne receuant qu'vn de leurs quatre docteurs, & ſuiuant Haly & non Muhamed , merite ex-
termination & ruyne , auſsi bien que les Gaours ou
Chreſtiens, & qu'en ce il ne faiſoit nulle trahiſon , de
ſe partir d'vn meſchant homme , pour venir au grand

dd iiij

Seigneur, ainſi que veut eſtre appellé le Turc: auſsi joi-
gnant que ledit Sophi eſt virile, & qu'il auoit juré, ja-
mes ne laiſſer les Turcs en paix. Par leſquelles choſes
perſuada incontinent l'entreprinſe contre ſon maiſtre, & fut enuoyé Hybrahim Baſſa, auec vng Auant-
garde de cinquante mille hommes, qui s'en alla paſſer l'hyuer en Halep, ou Halap, comme ils diſent : &
congregea là les gents du Beclerbey de Mitzir, de celluy de Damaſco, & Horaſſam ou Meſopotamie,
pour attendre ſi l'ennemy entreprendroit rien.　Le
ſeigneur ayant de ce temps là meſmes, ſignifié au
Beclerbey de Romanie qu'il luy amenaſt vng quatre
vingts mille hommes incontinent ſoubs le Feurier.
Partant ſa court, & laditte Arriere-garde merueilleuſement en ordre, & a grans journées s'en vient a-
uec le Baſſa, qui ja eſtoit a Tauris, auec vng tel Camp
qu'on penſe qu'il y auoit cinq cens mille hommes
du moins, & cent mille Cameaus, ſans le bagage.

Le Sophi, venant l'oſt, habandonna Tauris ſentant
l'armée du Baſſa : mais apres voulut donner ſur ledit
Baſſa, qui fut cauſe qu'il fiſt haſter fort le Seigneur,
& perdre beaucoup de cheuaus, a cauſe qu'ils n'a-
uoient pas repoſé depuis Conſtantinopoli, & auoient
deliberé de ſejourner douze ou quinze jours a Er-
giſté fort chaſteau, & belle planure, que le Baſſa auoit
ja oſté au Sophi, là ou ne furent que deus jours, dont
les cheuaus mouroient a force.　Le Sophi ſentant
venir le Turc, il s'en va.　Le Seigneur ne laiſſe point
entrer le Camp en Tauris, mais y laiſſe quarente mille hommes, & la plus groſſe de ſon artillerie, auec for-

ce richeſſes,& quelque Sultanes, le tout en la charge
d'Oulaman,qui eſtoit cauſe de cette entreprinſe : &
ſuyuant le Sophi a grandes journées,tant qu'vn jour
l'attraperent ſi pres,qu'ils eurent vne partie de ſon ba-
gage.Lors luy comme cauteleus, & en ce ayant l'a-
uantage,commance luy & ſes ſoixante mil hommes,
pour le plus, a bruſler tous les viures du païs, qui encore commançoit a eſtre en deſerts. Lors furent bien
eſtonnés deus cens mille hommes ou plus, quils eſtoient,& furent contrains le laiſſer aller, puis que
touſjours vſoit de l'art Fabiane en attendant,& tour-
nerent l'vng d'vng chemin,& luy d'vn autre:eus pour
aller en Bagdet,& luy pour retourner en Tauris.
Les Turcs ce pendant viennent en vne horrible mon
tagne, appellée *Caracandag*,comme la montagne du
Noir ſang, là ou a cauſe des horribles neges & bourbiers, perdirent plus de cent mille animaus,& cinquante mille hommes, voyre de leur rapport : & furent contraints laiſſer vne grande partie de leur artillerie cachée dans la nege. Lors le Sophi eſtant encor' peu loing, & penſant que tous y euſſent demou-
ré,& qu'il ſeroit ſuperieur, retourna de l'autre cou-
ſté de la montagne: mais quant il vit qu'ils eſtoient
encor' quaſi quatre fois autant côme luy,les laiſſa aus
deſerts qu'ils deuoient paſſer, & vint reprendre The-
bris ou Tauris d'aſſaut,& fait fuir ſon trahiſtre Oulaman en Adilgeaus ou Adigeluis fort chaſteau, aſsis
ſur le lac de Vaſtan. Le ſeigneur va tant que ſon oſt
eſtoit demy mort de faim, qui fut contranit paſſer a
gué l'Eufratte, en vn lieu là ou il ſe fend en neuf bras

ou arenes, là ou il demeura infinies beſtes & gens no-
yés, & le Prince meſme paſſa a nage ſur ſon cheual,
gardé par Soulachs nageans.   Lors ayans viures,
furent incontinent en Bagdet pres Babyloine, qui eſtoit le ſiege Royal du Sophi, apres Tauris.   Les
clefs luy furent apportées par le Capitaine, trois jours
par deça: & ne voulut le Turc eſtre receu en pompe,
pour la pauureté qui eſtoit au Camp.   Luy ayant
eſté en Babyloine, ſeullement ceus de la maiſon auec
luy, les autres en l'enuiron, de peur d'affamer ou ſac-
cager la ville, apres quelque temps trois ou quatre
mois, je croy que ſon capitaine, Oulaman luy eſcriuit, que Tauris eſtoit repriſe, & qu'il eſtoit aſsiegé en
Adilgeaus, & les eaus couppées, & que ſans ſecours
plus ne pourroit durer. Lors fut contraint de partir, &
le venir ſecourir. Ce que ſentant le Sophi, & eſtant
riche de la deſpouille & artillerie de Tauris, l'haban-
donne, & ſe retire peu a peu, comme parauant: ayant
bien grãd' affaire, auſsi bien que le Turc: tant qu'il fut
contraint forger de la monnoye de quelque pieces d'-
Artillerie qu'il feiſt valloir certain pris, juſque a la
fin des guerres.   Le grand Seigneur ayant repris
Tauris, ruyna tous les beaus baſtiments & Iardins des
Perſiens, ſaccaga tout, emmena tous les bons eſprits a
Conſtantinople, & munit les chaſteaus qui ſe pouuoient garder: puis s'en vint. Et retournant, fut attra-
pée ſon Arriere-garde par le Sophi, là ou il eut fort
du pire & grand' perte: ſi bien que de cinq cens mil
hommes, n'en reuint de ſains que quatre vingts mille.   I'ay bien voulu en bref toucher cette hiſtoire, a

celle fin qu'on congnoiſſe le Baſſa duquel je parle, qui jamais n'abondonna la compagnie de ſon maiſtre, en tout le voyage, n'auoir nullement eſté cauſe de la perte, ne de l'entrepriſe contre le Sophi, mais ſeulement Oulaman: dont s'enſuit auſsi n'auoir eſté faitte laditte entrepriſe pour l'amour de l'Empereur.

Or maintenant Oulaman eſt ſain & plain de vie, & en grand honneur & reputation a Conſtantinople, & l'autre mort: que ſi le Baſſa fuſt mort pour cette cauſe, ledit Oulaman n'en fuſt en mon auis reſchappé. Car prendre la cauſe ſeconde, & laiſſer la premiere, n'eſt pas commun aus Turcs, non plus qu'a autres gẽs. Le pareil eſt a reſpondre a ceus qui dient qu'il vouloit faire le fils Prince, pour le pere, & que par quelque bruit populaire fut dit, que le fils ayãt perdu par mort ſon *Imrahorbaſſi* ou grand Eſcuyer, & eſtant pourueu d'vn autre par ſon pere, luy manda (ſe confiant de la promeſſe du Baſſa, qui le deuoit faire Prince) qu'il n'eſtoit plus enfant, & qu'il luy appartenoit bien de ſe pouruoir luy meſmes d'Officiers: qui ſeroit autant a dire en leur langue, comme, Tout eſt ja a moy. Et je vous aſſeure, que qui connoiſt les meurs des Mahamediques, n'adjouſtera pas foy, qu'vn Prince moyennant qu'il ait peu, autrement pardonne vne rebellion, a ſon fils meſmes, & n'en euſt il qu'vn, là ou ceſtuici, ſans Muſtapha en a huit autres tous grans, & des filles vn grand nombre. Dont n'eſt a croyre qu'il euſt ſeulement tué le Baſſa, ſans mettre ſon fils pour le moins en quelque garde plus eſtroitte, que parauant, car il eſtoit encor' comme en Serrail,

pour apprendre, a Magnafie, en Natolie:& eſt fils de
famille, combien qu'il eſt Sangeac, & maiſtre de ſes
rentes,& a cette heure eſt Sangeac de Malatie.

Que Muhamediques eſtiment peu la vie de leurs
parens,freres, ou enfans, il appert par Sultan Selym,
qui apres auoir tué ſes deus freres majeurs Ahmad
& Corcut, fiſt auſsi tuer & empoiſonner ſon pere
Bayazet. Et peu d'ans deuant ſa mort,demandant a
ſes enfans qui ſeroit celluy qui regneroit, & qu'il ſe
vouloit deſmetre de ſon Empire, ceus qui furent ſi
temeraires de reſpondre, moururent. Le preſent
Sultan Sulyman admoneſté par ſa mere, qui con-
noiſſoit le Prince, refuſa du tout, & ſe diſt ſon Eſclaue, & non pas ſon fils, & qu'apres ſa mort encor
ne vouloit il pas a grand'peine prendre la charge.
Maule Muhamed Roy de Tunis tua dix & ſept de ſes
freres quant il fut Prince, & apres dix ou douze de
ſes parens prochains:& depuis qu'il fut par l'Empereur remis en regne, contre Barberouſſe, ſon fils luy
creua les yeus. Et bref ſeroit long de racompter
qu'il n'y a quaſi Prince Muhamedique créé, ſans
quelque ſang de parens : dont n'eſt credible qu'il euſt
corrigé & puny vn autre, ſans pour le moins reſſerrer
ſondit fils.

Quant a ce qu'ils dient, qu'il eſtoit Chreſtien en
ſecret, il n'eſt rien ſi faus : car c'eſtoit vn des grans
tyrants du monde, quant il attrapoit quelque bien de
Chreſtiens, qui valluſt le deſrober, jamais n'en ren-
doit vn ſoul. La naue de Marſeilles le declare aus
François,auſsi fait la ſucceſsion de Crouzillon:& aus

Biſ-

Biſcains la groſſe barque ou gallion:aus Venitiens les
biens de Vicentio de Leurieri,Vincentio di Scudi,les
biens que Marco de Nicolo luy auoit mis entre
mains,comme facteur des marchants Venitiens : &
autre mille choſes:tellement que le Prince a eſté tout
eſtonné de trouuer en cette eſponge tant d'humeur,&
qui plus monſtre le mauuais Chreſtiẽ que c'eſtoit eſt,
que quaſi tousles biens du Gritti vouloit auoir,com-
bien qu'il luy donnaſt en ſon viuãt infinis preſents,&
euſt laiſſé ſeſdits biens a frere Georgio Gritti.

Il eſt bien vray que pour deliurer quelque pauure
Chreſtien ou autre,de quelque calonnie ou priſon,ou
autre angarie il le faiſoit volontiers, mais qu'il ne luy
couſtaſt que ſon commandement ou peine, mais non
pas s'il y auoit grandement a prendre. Il eſt certain
auſſi que ſa mere eſt encor' Chreſtienne, demourant
vis a vis de luy au Prodromo, & ſes parens eſtoient
Chreſtiens,ainſi comme ils ſont de tous Ianitzaires
de là ou il eſtoit venu a ce degré.

Mais pource que j'ay eſté vng petit long en cette
hiſtoire,je remets ou lieu du defunct Aias Baſſa, tout
diuers de luy,autant rude que ceſtuicy eſtoit ciuil,qui
ha d'eſtat ſeulement,de 18 a 20000 ducats, là ou
Hybrahim en auoit deus cents quarante mille : & a
eſté vne choſe ineſtimable des richeſſes qui ont eſté
portées par trois jours,ſans ceſſe, de ſon logis a cil du
Prince:ſi bien que le Prince s'eſt conneu pauure auprès
de luy.

Caſſun Baſſa du temps qu'il eſtoit Baſſa,auoit 20
mille ducats,il en peut auoir autant, de Sangeacly de

De ſon huma-
nité enuers les
Chreſtiens.

De ſa mere &
de ſes parents.

Aias Baſſa.

La richeſſe de
Hibraim Baſ-
ſa.

Caſſun Baſſa.

Morea. Maintenant en ſon lieu eſt Muſtapha Baſſa,
qui s'appelle par ſoubriquet Vlac, Muſtapha, le Boſ-
ſu Muſtapha, pource qu'il eſt vng peu vouté ou cro-
chu. Il eſt beaucoup plus lourd & gros d'eſprit que
n'eſtoit Caſſun. Car il eſtoit & auoit le bruit d'eſtre
le plus ciuil homme & mieus parlant qui fuſt en Leuant. Ce Muſtapha Baſſa, au parauant eſtoit Beclerbey ſeigneur des ſeigneurs de la Romly. Car cela eſt
commun, que quant on fait quelque Baſſa nouueau,
qu'il ait eſté Beclerbey de la Romely : pour ce que
c'eſt le plus grand office qui ſoit apres Baſſa : en
apres eſt le Beclerbey de la Natolie qui vient communement en cét office. Il y en a pluſieurs toutesfois , qui ſans auoir eſté Beclerbey ſont faits

Baſſas, par grace du Prince, comme a eſté Hybrahim, & maintenant eſt Hayradin Baſſa, appellé Barberouſſe, natif de Metelin ou de Lesbos, qui eſtoit au
parauant Roy d'Argel. Laquelle ſeigneurie ſon frere
Chreſtien regnié, ainſi comme luy, luy auoit acquiſe
en cours (& donnée pour ſa grande prudence) ſur mer
& auſsi pource qu'il ſe vint rendre de Roy Eſclaue
du grand Seigneur, ainſi que ſe nomment tous Baſſas Eſclaues, en ce titre en Turc, *Hairadin Baſſa, Sultam Suleyman Cuh,* qui veut a dire, Haradin Baſſa, E-
ſclaue de Sultan Selyman, & ainſi tous autres, de

quelque maiſon ou richeſſe qu'ils ſoient, ſe nomment Cul, ou eſclaues. Dont luy pour cesdites
cauſes a eſté fait Baſſa Degnis, ou Amiral de la mer
ayant charge de l'armée. Toutesfois s'il faiſoit encore deus années auſsi peu de fait qu'aus trois plus

fées, & qu’il euſt deus ou trois aduerſaires tels que
Luthſi Baſſa en la Court, il pourroit bien imiter ledit
Hibrahim, eſleu par grace comme luy. Il peut auoir
d’eſtat du Prince 30000 ducats, qu’il prend ſur Gal
lipoli, Metelin & Rhodes. De ſon propre, on dit qu’il
ha quatre vingts mille ducats, je n’en ſçay que pour
ouïr dire.

Ces quatre perſonnages, qui pour le preſent ne ſont
que trois Baſſas, en nom, ont la ſuperintendence des
choſes du Royaume, & de la Iuſtice en ſentence dif-
finitite. Il y a par deſſoubs eus vng *Teſqueregibaſſi,*
qui tient l’office de groſſoier les ordonnances &
commandemens du Prince & de la Court, quant elle en a communiqué auec luy, & eſt comme vng general Secretaire des commandemens, ou Greffier des
libelles du Prince, qui ſe nomment Teſqueré : &
eſt auſsi a luy de modifier les eſcritures, & garder
qu’elles ne portent article doubteus, comme fe--
roit vn Garde des ſeaus, en conſultant auec les Baſſas. Cettuicy qui eſt de preſent, a ſept mille ducats de
Tymar & force Eſclaues, autres & petis greffiers qui
expedient auſsi les commandemens, licences, ſauf-
conduis, & autres lettres dont il apert raiſon. Ceus ici
ſont payés de leurs peines, & peuuent gagner trois
ou quatre cens liures. Ils diſent cil qui eſt a preſent eſtre d’vne ſi grande equité, que jamais en ſa vie
vn ſoul ne receut de perſonne qui euſt affaire. Les
Sangeachs ou Capitaines & gouuerneurs des Prouin
ces, en ont chés eus des Secretaires de meſme pou--
uoir, quant a donner Sauf-conduits, & choſes a eus

promifes, comme feroient icy Secretaires du Roy.

Par tous les païs du Turc, font gouuerneurs autres que les Iuges, Cadis, ou Soubacis, & s'appellent Sangeaclar, ou Porte-enfeigne, ou Capitaines. Leur charge eft principalle d'affembler des gens foubs le Beclerbyat dedans la Capitainerie generalle là ou ils font fubgets. Car pour premiere dignité, apres les Baffas, font les Beclerbecler, les grands gouuerneurs qui refpondent aus Baffats, comme a eus refpondent les Sangeacs, & principallement pour fait de guerre, en apres pour les deniers & tribus du peuple, & aufsi voir que quelque tort ou violence ne fe face.

Mais deuant que de venir aus finances, je veus nombrer combien aujourd'huy font de Sangeacats, & de Beclerbeys fous le Turc. I'ay def-ja au lieu des Gens-d'armes recité, combien il y auoit de Beclerbey, maintenant il refte de fçauoir combien il y a de Sangeacs fubgets a chacun.

Soubs le Romly Beclerbey, ou gouuerneur de la Grece, font trente fix Capitaineries au Sangeaclilar: il a d'eftat du Seigneur en Tymar feze mille ducats, qui vaut le double, pour leur tyrannique exaction. Le Cahaia, ou Protogero, ou Contrerolleur foubs luy ha quatre mille ducats. Cent Efcriuains Iazgilar ont entr'eus dix mille ducats l'an. Il y a foubs 400 Soubacis & autant de Cadis, qui font Preuofts & Iuges, qui ont 400000 ducats.

Celluy de la Natolie ha 12 Sangeacly, & d'eftat quatorze mille ducats: fon Cahaia & Efcriuains comme
me

me deſſus. Car j'ay deſja ſuſdit qu'il n'y a rien d'office qui n'ait touſjours ces perſonnages là,& icy principallement : car il faut par les Receueurs & Collecteurs receuoir les deniers, pour les rendre au trezor
du Prince, dont il y a beſoing de grande diligence,
pluſque autre part. Et pour accumuler ces deniers,
ſont entre les Chreſtiens Protogeros,c'eſt adire premiers vieillarts, & Eſleus au lieu de nos Collecteurs,
tous Chreſtiens, qui reçoiuent des Chreſtiens, comme ſont deça les Collecteurs,puis le baillent aus Cadis ou Soubacis,là ou ſont ſubgets. Ceus icy au Sangeach, & luy au Beclerbey : les Beclerbeys aus generaus des Finances,le tout par Receueurs ſoubs eus.

Des collecteurs
des tailles entre
les Chreſtiens
ſoubs le Turc.

Le Beclerbey d'Auandole en ha ſept Sangeachs
ſoubs luy,dix mille ducats de Tymar.

Celluy de Caraman ou de Cilicia en ha pareil
pris & nombre.

Combien les Be
clerbeys ont de
Sãgeachs ſoubs
eus & de ga-
ges.

Celuy de la Meſopotamie ou Horaſſan, douze
Sangeachs, & 30000 ducats.

De Damaſcho 12 Sangeachs 24000 ducats.

Celuy du Cire ou Mitzir 16 Sangeachs 30000

Ie diray tous les noms des Sangeachts, mais
que je parle du grant païs que tient au jourdui le
Turc.

Il y a dauantage en la Surie quatre ou cinq Capitaines d'Alarbes, ou Arabes, qui viuent en pauillons auec leurs beſtes, & ſont fort riches. Leſquels moyennant l'eſtat que leur donne le Turc eſtoient ſuggets a Mithligeolu ou Mithlig, le grand &
puiſſant Capitaine ſur eus, & eſt comme vng Becler-

Des capitaines
qui ſont en la
Surie & de leur
Beclerbey ou
Coronnal.

e e

bec, & iceus comme Sangeach. Il n'y a quaſi Sangeac qui n'aie l'vn portant l'autre ſix mille Sultannins par an. Mais tel y en a qui en a douze mil, l'autre
deus mil, ſelon le païs là ou ils ſont, & ſelon qu'ils
ſont grans larrons, car cela en conſcience leur eſt baillé ſur les villages, ou villes, ou Daces, ou Gabelles, là
ou ils croiſſent l'exaction ſouuent, tant que les Spachis & Ianitzaires, & autres compagnons n'y peuuent pas auoir la moitié de leur paye, & que ſouuent
leur larrecin quant la plainte en vient du peuple au
Prince, leur fait abbreger leur vicieuſe vie.   Ils ſont
en nombre cent & quatre, comptant les trois Alarbes, & huit Beclerbeis, comptant Mithligeolu pour
vn, qui combien qu'il n'en ait le nom, ſi en a il l'eſtat.

Maintenant nous parlerons du nerf de Guerre, ſans
lequel tout ce qui eſt ſuſdit n'eſt rien, c'eſt des Finances, deſquelles y en a en Conſtantinopoli continuellement deus Generaus qui s'appellent *Deſterderler*, de
Deſter, qui eſt a dire quittance ou libelle, pour ce que
ce ſont ceus qui baillent le Recepiſſé & acquit aus
Prouinces, de ce qu'ils peuuent deuoir au Prince. Il y
en a vn qui reçoit les deniers du coſté, de l'Europe, ou
d'Occident, ou de Romly, qui ſe nomme pour le
jourd'huy Mahmud Celeby, c'eſt a dire Mahmud le
Gentil-homme: car la diction *Celebey* eſt comme qui
diroit, Gentil: & ſe dit proprement de ceus qui ſont
enfans d'vn pere authoriſé, & en mocquant ſe dit de
ceus qui ont eſté fort familiairement en leur jeuneſſe
auec le Prince, fauorits en ſecret.   Son eſtat du Prin-

ce font fept mille ducats de Tymar. Il a trente cinq
Efcriuains qui ont la charge pour chacun quartier de
receuoir & fricaffer les afpres, auec les Seraphgi, pour
voir s'ils font bons, & s'ils endurent le feu, autrement ne les reçoiuent pour mettre en trezor, mais les
font changer aus Receueurs. Et leur maniere de receuoir en cas de monnoye, eft qu'ils comptent mil
afpres, qui vallent vingt Sultannins, & puis les mettent en vne balence, & poifent les autres toutes, par
pois, pource que jamais plus haut que par mille afpres ne comptent, & y eft le pois fi jufte, qu'en vingt
mil afpres, l'vn pois portant l'autre, n'y aura faute de
quatre.

Il a enuiron demie douzaine de Secretaires, qui
feruent comme de Contrerolleurs, & de voir le compte des autres, qui ont tous de 25 a 30 afpres d'eftat.
Celluy la de Natolie reçoit de là ou ileft & d'Auãdolé
ou d'Armenie, & de Carmanie, & a quelque peu plus
d'officiers, Secretaires, Efcriuans que l'autre, pour
les diuers païs : touteffois font tous d'vne mefme
condition en gages. Ceftuicy de Natolie a prefent
fe nomme Chaidar Celeby.

Leur recepte aus Princes, hors les Tymars (qui jamais ne fe prennent du trezor, mais fur les lieus)
monte vn million & fix cents mille ducats.

La recepte de la Surie, cent cinquante mille ducats.

Celle de Choraffam ou Mefopotamie, deus cens
cinquante mille ducats.

D'Egypte, ou Mitzir, ou du Cayre, monte fept
cents mille ducats.

D'autre reuenu de Tailles, Imposts, & Dace, vn
million trois cens mille ducats.

Somme toute quatre millions.& cecy est selon l'e-
stime du Gritti, qu'il obserua il y a cinq ans.

Le Iouio dit qu'il en a six millions,& qu'il en des-
pend les cinq communement. I'ay entendu de plusieurs a ce connoissans,qu'il a douze millions d'or.
Mais a la verité je croy que c'est en estimant les Ty-
marly. Toutesfois que c'est vne chose impossible d'-
estimer que son reuenu,pour beaucoup de causes L'y-
ne est pource que de chascun qui meurt en sa solde
sans hoirs,tout luy reuient, meuble & heritage, là ou
y a office a part, Tresoriers a part,nommez *Petalmagi-
lar* pour solliciter lesdits deniers.S'il meurt auec hoirs
il fait vendre ou estimer les biens,& en prend dix pour
cent.

D'auantage il a des gens desquels il prent la moit-
tié du reuenu,& le septiesme de l'autre moitié,& s'appellent *Surgondi*, qui est a dire *coloni* en Latin, qui sont
ceus qu'il trouue en quelque païs bien habité, lequel
il gagne par guerre. Lors en laissant de ses gens en leur
place,les maine au haut & au loing, en lieu desert, de
bonne terre toutesfois,& leur en baille 1 2 ou 1 5 ar-
pans, autant du plus que du moins a chascun, & vne
paire de buffles, & du blé pour semer & viure vne année, puis les laisse reposer douze ans sans rien paier;
puis par apres prend de leur bien de terre laditte somme.   Tous les lieus maritimes de la Natolie sont
ainsi habités de gents Chrestiens Esclauons, Bosnois,
Vlaches & autres des frontieres de deça. & fut cet

te inuention trouuée de Sultan Muhamed.

Il y a vne autre raifon, qui ne laiffe eftimer a la verité fondit reuenu, & eft, que d'an en an quafi, il y a quelqu'vn gros & riche, qui afferme les impofts, & gabelle, a vn pris trop plus haut qu'on n'auoit accouftumé, qui eft fuperieur au precedant, toufjours d'vn cinquante mille efcus pour prouince : dont j'en laiffe l'eftime a la verité, voyant que fa puiffance croift toufjours. Tous ces deniers ici fe rendent a Conftantinople, entre les mains d'vn *Rofanamagi* chef des Contrerolleurs, qui mettent les deniers dans les trezors, & les deliurent par le commandement feulement des Generaus, ou du Prince : car en cette matiere il faut que les Baffas mefmes leur facent la court. Ils font vingt & cinq Contrerolleurs foubs ledit *Rofanamagi*.

Du Rofanamagi ou chef des Côtrerolleurs.

Il y a dauantage vn Chafnandar-Baffi, maiftre du trezor, qui eft Eunuque le pluffouuent, pource qu'il liure l'argent aus jeunes gens du Serrail, & conuerfe auec eus : & font fous luy dix petis trezoriers. Par deffus lefquels y a vn *Chafna Emin* qui liure les deniers extraordinaires, comme penfions & autres affaires.

Du maiftre du threfor & threforiers foubs luy.

Du threforier des deniers extraordinaires.

Et pourtant qu'il y a grans & diuers païs fubgets a luy, là ou on vfe de diuerfes mônoyes, & aufsi qu'on pourroit receuoir faus deniers, il y a auec les Generaus cinq *Seraphgilar* qui vifitent la monnoye, & l'eftiment a jufte pris : & font ceus principallemēt qui fricaffent les afpres, pour les prouuer. Les Iuifs qui ont pratiqué par tout le monde, changēt toutes monnoyes.

Des Seraphgilar.

Les Iuifs changeurs de monnoyes.

noyes,& les font valloir a peu pres.

Ce trezor grand,eſt principallement au Serrail du Prince.

Il y en a vn autre aus Sept tours, qui eſt vn coing de Conſtantinopoli vers midy , ou y a vn chaſteau. Mais ces deniers ſont des aumoſnes , & du reſte des Meſgedes de trois Princes Muhamed, Bayazet , & Selim, auec leſquels on dit que ſont auſsi ceus de ſainte Sophie , leſquels ſont gardés a part, pour la guerre contre les infidelles , par leſquels ils entendent gens diuers de leur loy. Ce trezor ſe prend ſur la ville de Conſtantinopoli : lequel les malheureus Preſtres Grecs , auoient accumulé , juſque a deus cens mille ducats par an: leſquels la diuine prouidence a tourné contr'eus meſmes,qui par leur auarice & pompe , auoient fait la maiſon de Dieu cauerne & receptacle de larrons,& temple Babylonique, or ils ont leur ſaulce par eus meſmes broyée.

Il y a des trezoriers auſsi des deniers qui ne ſe reçoiuent pas,c'eſt le Deſterder *emin* qui regarde quant quelqu'vn meurt, ayant eſtat du Roy, & eſtant Tymarli, qu'il y en ait vng autre en ſon office, & que les intercurrents deniers , ou vacans auec ſa decime, ou le tout, comme ay dit ,ſoit receu & appliqué au trezor du Seigneur.

Pour congnoiſtre la reſte de la grand'puiſſance qu'a au jourd'huy le Seigneur Turc, faudroit auſsi cōnoiſtre les forces qu'il peut auoir en Mer. Leſquelles cōbien que ſouuent elles ſe ſoient mōſtrées inferieures au bruit,touteffois frequēte experience les a mōſtrées

superieures a ce qui s'en voit. Deuant Rhodes y a-
uoit quatre cens voilles & plus. Sultan Muhamed
quant il mourut faisant doubles entreprinses, en a-
uoit plus de trois cens. Quant Barberousse alla en
Barbarie, aus despens du Turc, il en quatre vingts &
plus:& y en auoit de reste soixante en Constantinopoli, toutes grosses,& mal maniables Galeres,& Palandries. Quant j'en partis premierement l'an 1 5 4 6
il estoit bruit qu'en Amazis y en auoit trente: en Nicomedie soixante: en Constãtinopoli six vingts, contant les Palandries : en Galipoli douze : en Rhodes
douze : & a Laualone vingt Palandries, qui est
grand nombre, j'entends tousjours de Galeres, ou
pour le moins vaisseaus a rames, comme fustes,
brigantins, galeres, galeaces, maones, palandries,
gallions, &c. Car de Naues ils en ont plus qu'il n'en
faut.

Il y a quelque nombre de gens souldoiés continuellement a la marine: Premier deus cens Patrons, qui ont l'vn plus, l'autre moins, jusques a la
somme de vingt mille ducats entr'eus. *Assapi ou*
gents de bonne voglia pour les armer dix mille, a
deus aspres le jour, & plus promis que baillé:
Quant on a affaire de gents pour la marine, Barberousse, où quiconque est Capitaine de la mer, en
va leuer sur le plat païs tant Grecs ou Chrestiens
comme Turcs, jusque a temps que la guerre soit fi-
nie,& les paient de fait ou de promesse : de fait ne se
trouue aucune paie retenue, sauf qu'a telles gens de
rame. D'autres ouuriers a l'arsenal, là ou il y a cent dix

neuf retrettes de vaiſſeaus ou corps de logis pour retirer les galeres en ſec,ils ſont enuiron quarante mille que cordiers, ferronniers, cherpantiers, qu'autres,
qui quant ils beſongnent, ont dix aſpres : quant ils
ceſſent ſix.　　Maiſtres ſuperintendans 50 (ſans le
Iuſtinian gentil-homme Venitien, qui faiſoit faire
les galeres pour le Turc) ont de trente a ſoixante a-
ſpres le jour.

Laiſſant maintenant cette incredible & formida-
ble puiſſance, a eſtre eſtimée par l'experiance de ſes
faits,qui ſont certes a toutes autres puiſſances incom-
parables,ſoit par celerité ou multitude, & auſsi parce
que deſſus en ay eſcrit:je veus paſſer en l'autre partie
de mon argumēt,qui eſt du grād païs qu'au jourd'hui
occupe cette nation.　Et pourtant qu'au premier
liure,a cauſe de la Religion ay parlé des meurs de tous
Muhamediſtes,il me ſemble eſtre bon d'eſcrire en general le grand païs qu'aujourd'huy occupe cette loy
Alcoranique:& premier pour mettre en ſomme.Tou
te l'Affrique ou Barbarie eſt tenuë de la langue Arabique,& loy de Muhamed,& a depuis la Surie juſque
au deſtroit de Maroc,langue vulgaire Arabique, toute
ſemblable, & ſi pres de ſa grammatique Arabique,
comme eſt l'Italien du Latin & plus.Il y a ſeulement
au meilleu de l'Etiopie le Preſtre Ian,qui vſe de lettres propres Indiques:toutesfois la pluſpart de ſes
voiſins ſont tous Muhamediques.　Toute l'Aſie ou
Natolie,generallement (reſte les Terres neufũes, re-
tournantes par les Antipodes, qui ſont Idolatres, &
ſauf les Indiens & Narſingiens,qui adorent le diable)

eſt toute de cette ſecte, & vſant de grammatique A-
rabique:ſi bien que qui ſçait la ditte langue,peut aller
par tout le monde,ſans interprette, j'entens qui ſçait
le Literal & Grammatique: car ſelon le païs (fors en
la Barbarie prochaine comme ay dit)le vulgaire ſe
change:dont les Perſes ont langue a part : le Tartare
langue a part: les Turcs langue a part: Guzrat langue
a part.Mais par tout eſt entendu l'Arabic Grammatique,par les doctes Preſtres & Iuges.

Ie m'en vois reciter les païs de ce Seigneur & tous
les Sangeachs,dont ay peu auoir le nom, qui luy ſont
ſubgets,commançant a l'Egypte: puis en bref reduy-
ray le tout.

En Egypte, ou Mitzir, comme ils nomment,eſt
le plus riche gouuerneur de païs, qui ſoit entre tous
les autres Beclerbeis(hors toutesfois celluy de Rom- _De l'Egypte ou_
ly)& le plus fiable. Il eſt premier, a cauſe des riches _Mirtzi._
traffiques d'Eſpiceries qui paſſent par Alexandrie, &
par l'Arabiſtan : l'autre cauſe eſt,que les Alarbes voiſins ſont quaſi touſjours en mutinerie,dont faut qu'il
y ait vn homme fidelle,qui ne laiſſe point releuer les
Circaſsi & Mameluchi. Suleiman Baſſa prudent vieil-
lart y eſtoit a mon partir, & vint a Conſtantinopoli
pour faire renuoier ou ramener les prouiſions qui eſtoient au Cayre, pour mettre en la Mer rouge,pour _De Suleiman_
paſſer contre le Portugalois, qui a coupé le cours aus _Baſſa._
Eſpiceries,au gros prejudice,nonſeulement du Turc,
mais des Venitiens,Raguſées, Florentins, Piſans, Ge- _Des Portuga-_
neuois,& toutes gens de Marine : & pourtant que là _lois & ce qu'ils_
ſe faiſoit groſſe deſpenſe, a entretenir les Eſclaues a _ont contre le_
Turc.

refaire la foſſe des anciens, faitte pour amener la
Mer rouge vers le Nil, & vers noſtre mer, comme aufsi pour le grand nombre de chameaus qui
portoient le bois a edifier vaiſſeaus en la Mer rouge,
ou n'y en a point, & pour autres mille deſpenſes qui
ſe font a nouuelle œuure de marine, vint ledit Suliman donner conſeil de ceſſer vne telle deſpenſe, & de
peu de profit : voyant aufsi que la diſpoſition du
temps ne requeroit point telle deſpenſe, connoiſſant
que le Prince auoit fait grand'perte contre le Sophi, &
Barberouſſe contre l'Empereur, qui ne ſembloit pas
ſe vouloir contenter de cela.   Des dix & ſept San-

Du Beclerbey d'Egypte & de ſes Sangeachs.

geacs qu'il a ſoubs luy, n'ai ſceu le nom que d'Alca-
hir, le Caire, Scanderie, Alexandrie, Engil, Mecha,
Gebur, Turehan. Son Beclerbeiat s'eſtend juſques
deça Alexandrie deus cens mille, a la marine juſque a
Porto patriarcha, & quatre cens mil auant amont le
Nil, & juſque a la Meche ou moitié de l'Arabiſtan,
& tout ce qui eſt de là des deſers de Suriſtan, juſque a
Gazara.

Du Beclerbey de Surie.

Celluy de Surie ou Suriſtan a douze Sangeacs, de
Damas, Malatia, Deruegi, Andep, Antiochia, Hala-
pia, Alep, Tripoli de Surie, Comaana, Hams, Sephet,
Codsbarich qui eſt Hieruſalem, Gazara, & de Legi-
on. Les limittes de ſon païs ſont de Midi aus deſers
d'Orient, au fleuue Pherat ou Eufrate : d'Occident,
noſtre mer : de Nort Caradag le Mont noir, appellé
Amanus anciennement.

Du Beclerby de Meſopotamie ou Horaſſan.

De la Meſopotamie ou Horaſſan, ſont douze
Sangeachs, Dirbech, Charachmit, Ergin, Tolgic, Caſ

fancief, Meridin, Carput, Mofful, Vzron, Baibourt,
Bithliff, Naximanouaffi. Son païs eft fini d'Occident
au fleuue, d'Orient a Perfe & foubs Morat dit Tigris:
de Midi aus fables d'Arabie : de Septentrion a l'Armenie grande. & contient Mefopotamie, Affyrie, A-
diabene,& vne partie de l'Armenie & Caldée. Il a gagné jufque a la Balfara, ville marchâde fur la mer Per-
fique, depuis mon premier voyage.

Il en fut fait vn au voyage penultime en Bagdet, qui
a je ne fçay combien de Sangeachs foubs luy:& pour   Du Beclerbey
ce que c'eft nouueau conqueft, j'en'ay encor' fceu voir   de Bagdet.
les roles des eftats de delà : car il eft poffible qu'il eft
defja caffé par le Sophi.

Celluy d'Auandole, qui eft en l'Ermenly ou Ar-   De celuy d'A-
menie mineur a cinq Sangeachs, Maraff, Sfarmoffuc,   uandole.
Biftanouaffi, Adna, Torfis. Les fins de fon païs font
communs & conneus.

De la Caramanie, Ciogna ou Gogna, Narandaf-   De celuy de la
far, Effeciaffar, Vargfagly, Suyrraffar : fon païs eftant Cilicia & Pam-
la Cicilia & Pamphilia, eft conneu par anciens limi-   philia.
tes.   De Capadocia, appellée en partie Othomanli   De celuy de Ca
font Amafia, Ciorni, Sauich, Caraiffar, Seuicun, Tre-   padoce.
pezond.

De Natolie, qui eft l'Afie mineur tenant Galla-   De l'Afie mi-
cia ou Gallogrecia, Bythinia, Phrygia, Ionia, Eolis,   neur & de fes
Doris, Lycia, & Caria, & Troas, font douze Sange-   Sangeachs.
achs Cuthahie, Ergi, Oli, Boly, Caftamom, Auguri,
Cangri, Tefqueli, Matiffeli, Hardinchy, Heraly, Bur-
fia, Magnefia. les fins de ces trois derniers font en la
propre Afie, confinants enfemble, l'vn du Midi le

Carmani, l'autre du Nort l'Othmanly, l'autre a l'Occident a noftre mer : refte celluy de la Rhomanie qui
eft le plus grand de tous, & a fous luy trête fept Sangeachs, Capha qui eftoit Geneuois, Seliftria, Nicopo-
li, Boudin, Samâdria, qui eft ville fondée par les Turcs
pres Belgrade, Seruia, Belgrade, Siormech, Bofna,
Erfecdil Duché, Seutari, Valone, Lauiana, Carlali, le
Panto, Morea, Negroponte, Trigala, Gallipoli, Kirc
Eglifſ, ou quarente Eglifes, Viffa, Crumun, Cioftan-
dil, Vlcotrin, Brifdrem, Ocria, Alaffaffar, Hebbaffan,
Voinic, Cingene, Taiffa, Philipopoli, Sophia, Dura-
zo, Albania, Scopia & Cochia. Les limites de fon
païs font du cofté de leuant l'Archipelago, le deftroit
de Gallipoli ou Propontis, la Mer noire ou Pontus
Euxinus, la Temerinde ou Meotis, jufque au Don
ou Tanais. Du Nort les Mofchouites, Ruffes rouges
Valaches & Hongres montagnois, auec le Sybenb-
berg, qui font tous a luy fi ne feuffent là ou les montagnes & fleuues l'ôt plus gardé de paffer que les armes
voifines. Du cofté d'Occidét il a l'Auftriche, & partie
de la Hôgrie, & la Carniolle, & le Friul. De Midi il ne
s'en faut que bien peu de villes des Venitiens & des
Raguzées qu'il n'ait le Golphe de Venize pour limite. Or en fomme, ce Prince tient ce qui anciennement fe nommoit l'Arabie, Egypte, Surie, Mefopotamie, Chaldée, partie de Pérfe & de Medie, Affyrie, Adiabene, partie de l'Armenie grande, toute la
petite, & vne partie des Cholchi, qu'ils appellent Mingrelles, que Ptolemée appelloit Manrali, toute l'A-
fie mineur ou propre, qui contient Cilicia, Capado-

cia,

cia, Pamphilia, Galatia, & les deuant dittes Prouin
ces: & en Europe partie des Sarmates ou Getes, les
Daces, Mises, Thraces, Macedoniens, Grecs, Alba-
nois, Dalmates, Panones, Iaziges, Metanastes, & milles petites prouinces soubs ces grandes ici, que les
pōpeuses & plus celebrées que vrayes armes des Romains auoient jadis plus ouï que senti, qui doit faire
grand' peur aus voisins, de voir ceci estre cōquesté par
peuple qu'on nomme Barbare, en moins de deus cens
ans: & estre si bien tenu, que jamais du prins, vn pié ne
leur eschappe : ce qu'oncques en six cens ans tout le
conseil, prudence, & tyrannie Romaine ne sceut faire.

Il nous faut voir maintenant comment & depuis
quel temps ils ont conquesté vn si grand païs. Laquel
le chose pour mieus entendre, nous commancerons
(encor' que ce soit nostre matiere principale de parler
des Turcs) a l'origine de tous les Empires qui sont de
cette loy Ismaelique, Alcoranique, ou Muhamedique:
pource que beaucoup de gens pensent qu'ils soient
tous d'vne origine. Ie faits commancement par l'autheur de cette loy Muhamed Arabe, duquel la vie se
pourra voir en la religion, au liure precedent, mais
beaucoup mieus au second de nostre concorde du
monde, & passe a ses successeurs.

Les Muhamedistes ont par escrit en leur *hediiselalem*
ou l'histoire du monde que Muhamed predist qu'il
auoit douze successeurs, qui tous maintiendroient la
loy qu'il leur auoit baillée, auec l'Empire, lesquels douze ils ont en partie par escrit: toutesfois ils ne mettent
point quels païs ils gaignerent, mais l'effet nous le

De l'histoire
du monde qu'.
ont par deuers
eus les Muha-
medistes.

monftre. De ces douze, ils en nomment fept feulement, Abocherim, autrement nommé Abubecher, ou
Eubocara: Homar, que les autres appellent Humran,
les autres Gumebran, & qui fut fondateur du temple
dift de Salomon. Odum, qu'on dit Odman au Otman: Haly neueu de Muhamed, auquel plus qu'a
Muhamed le Sophi croit: Elcaffin: Maule abi, qu'on
appelle Moalbi, qui conquift beaucoup apres Haly: &
paffa la mer en Italie aus ifles, & en Efpagne: Zeid
eft feptiefme de ceus qu'ils nomment. Ceus ici gagne-
rent l'Affrique, la Surie, & la Perfe, & y planterent la
doctrine laquelle ils gardent. Tous ces conquerans
icy fe font faits appeller Roys & Prophetes, chan-
gant l'vn les dits de l'autre, & fuggerant toufjours les
preceptes d'obeir aus Princes & aus Euefques pour
l'amour de Dieu, encor' qu'ils fuffent mauluais. Toutesfois il y en a quatre, qui font au nombre des Do-

Des docteurs des Muhame-diques.

cteurs & Saints, Abucherim, Haly, Odman, ou Otman & Homar. Les autres font des Docteurs autres
& a part, qui font Sephei, Hanibali, Malichi, & Abo-
hanipha. Mais laiffant la loy, venons al'Empire, qui
fut fait incontinat grand, a caufe qu'ils eftoient entre
les Perfes & l'Affrique: lefquels Perfes du temps d'-

De la Source de la loy de Muhamed.

Heraclius auoient occupé & fubjugué toute l'Affrique: laquelle au mouuement des chofes qui furent entre Heraclius & Chofroes eftoit quafi fans Empire,
ou fans Prince, & furent paifibles poffeffeurs de Perfe, Surie & Barbarie, jufque a Muhamed & Imrael
Princes de la Perfe, qui commacerent cent ans depuis
Muhamed le prophete a contefter, dont l'vn appella

l'ayde des Turcs, qui lors estoient là ou jadis s'en allerent les dix Tribus d'Israel transportées de Samarie
enuiron la Tartarie, en leur païs de Turquestan, en
grand bruit & force, l'an 730 de IESVS. Lesquels venus, bouterent telle paix entr'eus qu'il les despouille-
rent de leur Empire, & firent vn Prince en Babyloine,
& vng en Egypte ou Caire: & receurent lors la loy
de Muhamed.

Les vieus culteurs d'icelle loy estoient en Affrique,
là ou la plus part de ceus de Leuant, pour la ferocité
des Scithes ou Turcs, qui veut a dire habandonnés &
maudits, se retirerent en la Barbarie: ou se voyans
grand nombre, & qui n'auoient que perdre, ne se con-
tenterent pas de l'Affrique, mais incontinent passerêt
en l'Europe, partie aus isles de Corse, Sardaigne &
Cecille. Les autres en Espagne auec Emir elmumin
qui est dit le Capitaine des fideles, qui pour lors estoit Roy des Barbares. Combien que ce nom fut com
mun des Princes d'alors. Car en ce temps, ils se nommoient tous ou Emir, Prince, & qui peut comman-
der, ou Emirelmumin, Princes des fidelles: ou Amur-
duc, ou Caleph protecteur & arbitre, ou Sultan domi-
nateur: comme aujourd'huy se nomment Maule, riche Prince: Melich Roy, &c.

Au mesme temps les susdits Turcs, non contants
de l'Empire gagné sur ceus icy, gagnent toute l'Asie
mineur, qui est entre la mer de Cypre, ou golphe de la
Iasse, & Trebizonde, & passerent en Grece, & prindrent beaucoup de villes, & assiegerent Constantinopoli, de laquelle estoit Empereur Leon tiers. Leur Ca-

pitaine se nommoit Suleiman. Ne pouuant auoir le
chef de l'Empire, s'en reuont en Asie, & partis-
sent l'Empire, en diuerses parts, comme par apres
dirons.

Ceus de la Barbarie, deus cents ans apres, occu-
perent toute la Cecille, & vne grande part de l'Italie,
& passerent jusque au golphe de Venize, dit Adria-
tique, & firent guerre aus Venitiens : de l'autre côs-
té pillerent les Geneuoys & Pisans.

De la victoire de Charles Martel côtre les Muhamediques.

Ceus qui estoient en Espagne, l'aiant ja occupée, deus cens cinquante ans, voulurent venir en
France, & s'y disoient incités par Eudon duc de
Guienne, contre Charles Martel, qui en martela &
deffist pour vng jour, pres Poitiers, trois cens mille.
La reste de leur compagnons eurent de mauluais
temps, soubs Charlemaigne, & furent chassés la plus
part : mais si ont il tousjours eu l'Epagne jusque a
Ferdinant Empereur, qui les renuoia tous en Barbarie ou tua. Ceus qui vindrent en Italie depuis quarante ans, qu'ils eurent occupé le royaume de Neapo-
li, furent deffaits, par la force des parens de Charlemaigne, & par la richesse & deuotion des François.

De la victoyre de l'Empereur Ferdinand.

Des autres pais conquestés par les Muhamedi-ques.

Ceus d'Asie ayant esté frustrés de leur entreprise d'Europe par mortalité de peste, perdirent leur
conqueste de l'Asie mineur, jusques a ce qu'vng jour
qu'ils estoient beaucoup en Perse, en païs voisins de
l'Armenie, firent certaines partsa conquester, l'an de
salut 1200. Et estoient les Capitaines, selon
quelques vngs, quatre, Cassan, qui s'est autremēt
appellé

appellé Caſſambenc,& Vſſun Caſſan.Carmãqui con
queſta la Cilicia, & l'appella Caramanie, & Otoman
ou Odman qui eut le millieu de l'Aſie mineur ou Natolie,qu'ils appellent Otmanly:& Candelor qui conquiſt l'empire de Trebizõde,& furẽt pour lors,a cauſe
de la cõuerſatiõ des Chreſtiẽs partie faits Chreſtiens.

Ie ne veus point ici reciter comme ils auoient eſté
chaſſés de la Natolie, par Godefroy de Buillon, en
allant a la conqueſte de la Terre ſaincte,qui eſtoit entre les mains du Sultan du Caire. Car on n'en trouue
autre choſe par eſcrit de deça. Les hiſtoires d'Orient
eſcriuent, que ledit Solyman eſtoit vaſſal du Roy de
Perſe. Ie trouue par les Turcs meſmes, que le Souldan d'Egypte, qui pour lors, je di l'an 1200 ou
enuiron, ayant occupé toute la partie de Perſe, &
ja ayant conqueſté de nouueau partie de l'Aſie mineur pourcequ'elle eſtoit contre mauuais voyſins, &
de diuerſe loy , aſçauoir Chreſtienne, il y laiſſa ſept
Capitaines ſous nommés : Otambenc, Ermenbenc,
Caramenbenc,Mentesbenc,Germinbẽc, Aſdinbenc,
Zarchanbenc, qui veut a dire vn tel & vn tel ſeigneur,
en langue Turque, ou Ermineſque. Ceus ici donnerent le nom a autant de Prouinces depuis l'Armenie
& la Surie juſque a la Natolie :deſquels noms la plus
part eſt encor'aujourd'huy en vſage.

Enuiron ce temps là,on parla aus Tartares, qui eſtoient voſins, de receuoir la loy de Muhamed , leſquels au parauant eſtoient Payens & Idolatres. Vne
partie la receurent, enuiron cent ans apres, du temps
que les Moſchouites furent fais Chreſtiẽs. Les autres
non.

f f

De la victoire de Godefroy de Buillon.

Du Souldan d'Egypte.

Des Tartares.

En ce mefme temps,vint vn grand nombre de Sou
dars de Tartarie, d'aupres de la Mer noire, ditte d
Temerinde ou Meotis, & du Don,ou Tanais, qui ef
toient moitié figue, moitié raifin, c'eft a dire, moiti
Muhamediques,& moitié Chreftiens : & occuperen
vne partie de l'Armenie majeur,fe nommãs Circaſſi
qui vaut a dire vaillãs:& n'eftãs aſſés fuffifans pour t
nir long temps fe rendirẽt au Souldã d'Egypte,com
me ferfs, & fe nommerent Mamluch, c'eft a dire fub
gets au Prince,ou Roy : defquelspour leur vaillantiſ
principallement a efté nommé l'Empire des Mame
luchs,& Circaſſi,ſi vaillãs pour deffendre,ou aſſaillir
que mefme les Sultãs fe font efleus d'eus.La refte d
ces Chreftiens Grecs Circaſſi, eft encor'pres laMe
noire,de là ou ils partirent,& font tous les jours ven
dus aus Tartares ,& Perfes, & Turcs pour Efclaues

　　Deuant que je parle des fept Capitaines ,& de l'o-
rigine des Turcs, je veus, a caufe que je l'ay ja nommé,parler de Caffan benc,ou Vzum Caffan,qui eft l
grand Caffan,qui certesjamais n'a efté en Empire a
uec les Turcs, mais a part en Perfe, & beaucoup depuis les fept fufdits Capitaines. Car luy & Demi
benc,ou Demirly , que nous appellons Tamburlan
ou Tamerlan eftoient d'vn temps tous deus , de petite race:touteffois Caffumbenc,eftoit de noble mai
fon,feigneur pres de l'Armenie, qui par fortune vain
quit le Roy de Perfe,& s'en fift Roy, & donna fa fil
le en mariage a vn docteur parent du Prophette (def
quels parens ay dit au premier liure) lequel eftoit
grand,fçauãt homme,& aftronome fingulier, & d'o-
pinion de fainteté. Ayant efpoufé cette fille, Vſſun

Caſſa l’auoit ordonné Roy : mais vn frere d’elle,
nommé Iacobbenc, le chaſſa, pour vn temps, juſques
a ce qu’il euſt eu vn fils appellé Iſmail, lequel a force Iſmail.
d’armes conquiſt l’Empire, dont ſon pere auoit eſté
chaſſé. Il fiſt bruſler le corps de ſon oncle Iacobbenc,
qui eſtoit mort premier qu’il s’en peuſt venger : de laquelle choſe l’ayant reprins ſa mere, la fiſt mourir, ou
tua luy meſmes : & toutesfois eſtoit appellé Sophi, qui
veut a dire Saint, qui mieus ſe diroit faint : mais l’opinion de la bonté de ſon pere luy dōna a tort ce bruit :
comme aujourd’huy a beaucoup de Nobleſſe : C’eſt le
pere de Tahmas aujourd’huy Roy de Perſe, & de ſes
freres, deſquels ay cy deſſus parlé.

Du temps de ſon pere grant, fut ce cruel tyrant Demirly dit Tamberlan, qui ruina toute l’Aſie, & print Tamberlam
Bayazeit premier de ce nom, Prince Turc, & le fiſt prend Bayazeit
mourir en chaines d’or. Ie m’en vois dire des Turcs. graud Turc.

Les ſept Capitaines dont ay cy deuant parlé,
ou ſoit qu’ils fuſſent mis de ſoy ou du Sultan d’-
Egypte, qui eſtoit d’origine Turc, comme auons
veu, aus Capitaineries, qui aujourd’huy en la Natolie gardent leur nom, ny durerent gueres en la fidelité : car Otoman entr’eus ſe leua, & deffiſt les d’Otoman.
autres ſix, fors celluy de Caramenie ou Cilicia, qui
perſeuera juſques au temps de Muhamed benc, ou Sul
tan Muhamed. Car premierement leurs Princes ne
ſe nommoient pas Sultan ou Prince, mais Benc, ou
Bec, qui vaut a dire Seigneur, & quelquesfois Celeby,
que nous auons appellé Calepin, pour leur langue qui
ſe liſt ſans points ou voyelles, comme auſsi de Bec ou

Benc auons fait Bachin, en Lamora Bachin.

Du nombre des Princes de Turquie.

Mais paſſons outre, ſeulement depuis Selim, ſe ſont fait appeller Sultan, a cauſe je croy qu'il auoit vaincu le Souldan d'Egypte. Du nombre de leurs Princes ils en cōnoiſſent moins que nous. Car communemēt ils n'en comptent que ſix, Muſtapha, Muhamed, Selim, Baiazeit, Selim, Suliman. Pource que les autres, ne ſe nommoient que Capitaines : les autres en eſcriuent juſque a douze, Otman, Orchana, Hamurat, Bayazeit, Calebin, autrement appellé Celeby, & Cyriceleby de voix Greque & Turque, Moſes, Mahumed, Hamurat ſecond, Mahmed ſecond, Baiazeit ſecond, Selim, que les autres nomment Sezim, & Suliman qui a preſent regne.

Les autres ſans nombrer le premier & Moſes ont le meſme nombre & ordre : dont Otman gagna la part de ſes cōpagnons : ſon fils Orchanes acheua de gagner

Orchanes fils d'Otman.

toute la Natolie juſque en Bruſſe, qui a gagner luy coſta la vie : Hamurat ſon fils gardant l'Empire paternel

Hamurat fils d'Orchanes.

fut appellé par confederation de Philippes Catacuſin Empereur pour lors de Conſtantinopoli : quelques vngs dient, que ce fut l'vn des Paleologues, appellé Antonio, eſtant ou pretendant a meſme dignité : comme qu'il en ſoit, il appella ledit Hamurat a ſa malle heure & des ſiens, & luy fiſt gagner ſon Empire, juſque a la Morée, & a la Seruia, & Boſna, là ou fut tué ledit

Baiazet fils de Hamurat.

Hamurat par vn ſien eſclaue : & laiſſa ſon fils Bayazeit fort vaillant homme, qui acquiſt entierement la

Les Francois vaincus.

Seruia & Boſna, & partie de la Hongrie, & Sybenberg, & fiſt la desfaite des temeraires François, qu'on

appelle

appelle du nom de fon pere, la journée de Lamoraba-
chin, voulant dire d'Hamurat Benc. & la gagna ledit
Turc, par vng artifice bien fort commun entr'eus, a
faindre de fuir en premiere pointe, pour inciter les
gens d'armes a fuiuir & rompre l'ordre, pour aller a la
boucherie au fort de l'armée, qui cõmunement eft fait
de forme triangle, creufe par vng cofté, ou en forme
de lune croiffant: autant en fut fait aus Venitiens a
la journée de Lizontio, & a la journée d'Humades de
Hongrie auec Varadin & Strigonia a Varne, & en autres lieus affés: car ils ont, ou celeriré & multitude &
tollerance pour compagnée pareille, & d'eus fupera-
ble, ou autrement vfent de cet artifice, & d'eftre prefts
a l'impourueu. Car autant qu'ils vont a loyfir, autant
durent ils en chemin, jour & nuiá, fans defmonter.

Ceftui Bayazeit voulant fe deffendre de Tamberlan fut prins par luy, & lié de chaifnes d'or jufques
a la mort. apres la mort duquel Moyfe fon oncle, &
Celebi & Muhamed ne firent autre chofe que defendre ce qui eftoit acquis, refte que Celeby gagna vne
bataille contre Sigifmond Roy de Hongrie a Zolum-
bez: & Mahumet regagna vne partie de ce qu'auoit
conquis Tamerlan, qui eftoit vn vray Hannibal en cas
de gagner & mal garder : car il ne fut pluftoft mort,
que tout eut perdu : fauf la cité de Samarcand, laquelle du refte de fon oft on fonda ou amplifia.

Muhamed fecond gagna l'Albanie & la Dalmatie,
& Valachie ou Bogdam en partie: print Belgrade: ba-
tailla a Varne contre Ichan Humiades : & print la
Morée, l'Aualone, & infinits autres lieus. Ledit Ma-

humed benc, adjoignit quelques villes d'Albanie &
Bofna a fon Empire auec Conftantinopoli, & prin
les plus belles Ifles de l'Archipelago, comme Negro-
pont, Metelin, Stalimene, & autres. Du cofté de Leuant ou Orient, gagna fur Vffum Caffam Roy de
Perfe beaucoup de villes & païs : puis desfift l'Empire de Trebizonde, & effaya a gagner cil de Carra-
manlj : & print plufieurs villes en la Mer noire, comme Caffa des Geneuois, & alors gagna le Pruclupi j
dis appellé Taurica Cherfonefus, qui eftoit aus Tartares. Il enuoia par deus endroits, & par deus foi
en Italie, l'vne par le païs de Friul, l'autre par l'Aualone a Otrante, qu'il tint deus ans, & l'euft encor
s'il ne fuft mort foubs l'entreprife de Rhodes : de ce
cy d'Otranto, & du Sultan du Cayre, & veritable
ment on le croit le plus Gentil-homme, & du plu
grand efprit qui ait encor' regné en Turquie. Il aimo
les gens doctes, & les ftipendioit pour eftre a fa court
Il fe recreoit aus anciennes hiftoires, ce que peu d
Turcs font. Au refte il n'eftoit de nulle loy ou re
ligion, mais vfoit d'une equité merueilleufemen
grande.

De Baiazeit fe
cond & defes
uictoires.

De Selim fils
de Baiazeit.

Bayazeit fecond fift croiftre fon Empire de la Vala
chic de là le fleuue Danubio dit Dunauf : print Du
razzo fur les Venitiens en la Dalmatie, & par Coda
Bêc Sangeach gagna vne partie de la Croacia, & Co
bauia : luy en perfonne print Coron & Modon, & l
Zonchio : puis fe mift a eftudier, & fut en fin chaffé &
fait mourir par fon fils Selim, lequel Selim vainqui
le Sophi Ifmail en Chalderandag, ou en Chalderann

Vafsi, plaine ou montaigne de Chalderan, & gagna
defon royaume quafi vingt journées. Puis desfit le
Sultan d'Egypte, lequel vouloit ayder au Perfe : &
vouloit faire guerre au Sultan d'Halapie Cahierbey,
qui fe rendit audit Selim, qui luy furent deus victoires
des plus grandes qui ont efté faittes de cinq cens ans.
En outre desfit l'Aladuly feigneur d'vne partie de l'-
Armenie : & vainquit le Roy du Caraman, duquel
tous les Turcs difoient au parauant qu'il eftoit inuin-
cible, ce qui luy fut monftré du contraire, mettant vn
Sangeach en fon lieu.

De Sultan Suleyman qui eft a prefent, je ne veus
pas parler, car fes faits ne font accomplis, & ne fe
peut encores louer, fauf que par fon Humanité, Iuftice
& Fidelité, outre auoit gaigné Rhodes & Belgrade, &
desfait le Roy Lois de Hongrie, a rendu pacifique aus
fiens l'Empire d'Egypte & Syrie, aiant desfait le Ga-
zella Italien regnié, qui vouloit remettre fus les Cercafsi & Mameluch.

De Sultan Su-
leyman & de
fes victoires.

Puis dernierement, combien qu'a groffe perte, il a
gagné fur le Sophi, pour le moins vn mois de chemin,
& fes deus villes Imperialles Tauris & Bagdet : & eft,
fi nature ne luy fait tort, pour faire encor' de grandes
chofes, que Dieu contre les Chreftiens ne permette.
En outre il a entre les autres vn fils nommé Muftafa
merueilleufement bien inftitué, & prudent & d'eage
de regner : car il a de 2 3 a 2 4 ans : & Dieu ne permette qu'vne Barbarie fi grande vienne fi pres de nous.
Voila la fomme de mon dire.

Muftapha fils
de Baiazeit.

Pour refifter a vne telle puiffance il me femble qu'il

n'eſt tel que d'vſer de ſon baſton. Sobrieté, patience
obedience, richeſſe, multitude, celerité, & auoir toute
parties de ſon païs bien garnies de gens: & pourſuiui
la victoire, ſans ſe departir, quât elle eſt commancée:&
les aborder en lieu, s'il eſt poſsible, que les forces d'A-
ſie & d'Europe ne ſe puiſſent joindre, en occupant le
deſtroit de la mer:& leurs chaſteaus, & garder que ſur
la vie n'y euſt vaiſſeau qui en paſſaſt vn deça ne delà:
& la principale choſe eſt d'eſtre ſecret en affaire: car en
dix ou vingts jours ils aſſemblent cent mille hommes
enuiron Conſtantinopoli, ſi peu ſoient ils aduertis.
Et ne ſe faut fier que le peuple Chreſtien ſe leue pour
nous aider, pour deus raiſons: l'vne qu'il a eſté chaſtié
d'auoir aydé a l'Empereur a prendre Coron, l'autre
eſt que le plus riche de Grece ne ſçauroit donner du
pain a vingt hommes par jour, durant quatre jours, &
n'ont verge ne baſton, ni arc, ne fleſche en leur maiſon
dont faut auoir ſon beſoin & veſtement. Mais ce n'eſt
que trop conneu en eus, & peu en nous, dont penſer
faut de s'en deffendre, & nõ de le ſaſſaillir, juſques a ce
que les choſes Chreſtiennes ſoient reduittes en parfaitte concorde & vnion.

Conclusion & finale raison de cette histoire.

EDICT diuin, beaucoup pluftoft que de
Prince du monde, doit fortir fon effet.

Nous fçauons par Diuin decret, qu'il faut
qu'Ifmael & tous les Ifmaëlites (tant de fang que de
religion) foient reprouués & jettés hors de la catholi-
que maifon ou heritage de Sarra & d'Abraham, ou de
vraie religion, laiffant la feule legitime race des Ifa-
kiens audit heritage. Ayant la Chreftienté comme vraie garde des diuins edits, & des diuines loix,
experimenté en fa plufgrande domination, conuient
felon le dire de faint Paul, a caufe qu'elle n'eft pas de-
mourée en fa fidelité, charité & perfection, elle a efté
degettée de tout le dommaine de l'Orient, & principallement de la Terre fainte : & ce par le Iudaïfme,
reftitué en la Baftarde race defdits Ifmaelites. Et
connoiffant laditte Chreftienté qui doit eftre feule &
legitime Princeffe du monde, tant en fpirituel comme
en temporel (parce qu'a IESVS CHRIST a efté donnée toute la puiffance du monde, tant en terre comme
au ciel) connoiffant dif-je qu'il faut qu'en tout le mon
de fous IESVS fe face vn feul pafteur, & vne feule ber-
gerie, ou eftat politique en ce monde, & non feulemét
au ciel, il faut neceffairement que de la fainte maifon
& dommaine de verité, foit ledit Ifmael en premier
lieu chaffé, & debouté de la maifon hereditaire de l'E-
glife, ou de fon baftard naturel. Dont eftant du tout
neceffaire de chaffer laditte race Ifmaelique (foit qu'-
elle foit par raifon ou par authorité & force dechaffée

il faut qu'on y procede ayant vrayemét parfaitte con
noiſſance tant de ſon eſtre ou nature temporelle,com
me de la nature ſpirituelle ou religieuſe,affin qu'on ſe
prepare par deça entre les vrais Iſaakiens ou fideles,
ſoit de raiſons,ou ſoit d'authorité de les vaincre,& en
leur fauſſe nature les abolir, comme on deffait, de-
chaſſe,& tue le faus d'auec le vray,le tort auec la raiſon. C'eſt pour cecy que S. Paul ha appellé les Iuifs
du nom d'Iſmael,par l'infidelité,comme les Galathes
ou Gentils,legitimes & vrais enfans d'Iſaac & de Sara,ſachant en eſprit que le Iudaïſme eſtant abaſtardi,
quant la religion vraye ſeroit abaſtardie par mauluais
gouuernement & œuures damnables, ſeroit en noſtre
lieu reſtitué. Ce m'eſt donc aſſés, d'auoir expoſé aus
Chreſtiens & principalement en la langue des Roys
& peuples Treſchreſtiens cette deſcription:pour donner, en ayant vraye connoiſſance de l'ennemy, le
moien de luy reſiſter,ainſi que j'ay conclud au chapitre ſecond De la conſideration:intitulé,Pourquoy j'-
ay eſcrit en François. Si je l'euſſe fait pour en acquerir gloire propre,je n'vſſe failly a enrichir les deus volumes, l'vn de la Religion, & ceſtuici de l'eſtat de la
Court, de beaucoup d'hiſtoires & choſes par moy a
ce dernier voiage obſeruées. Mais n'ayant autre but
que ce deſſus,& eſtant aſſeuré que j'ay aſſés expoſé l'-
origine, predeſtination & vray naturel des Iſmaelites
ou du Iudaïſme reſtitué pour eſtre du peuple propre
du vainqueur du monde connu en ſa langue, j'en ay a
autres le reſte delaiſſé.

F I N.